소상공인의 식당 경영을 위한

ChatGPT 활용법

대박 식당 경영을 위한 프롬프트 엔지니어링

김영갑 지음

이프레스

이 책의 구성 (2장부터 적용됩니다)

- **주제의 중요성** : 이 부분에서는 소상공인에게 해당 내용이 왜 중요한지 설명합니다.
- **문제인식** : 이 부분에서는 소상공인들이 겪는 현실적인 어려움을 다룹니다.
- **ChatGPT 활용법** : 이 부분에서는 ChatGPT를 활용하기 위한 구체적인 프롬프트 예시를 7가지 제공합니다.
- **기대효과** : 이 부분에서는 ChatGPT를 활용하여 얻을 수 있는 효과를 설명합니다.
- **추가 팁** : 이 부분에서는 ChatGPT를 더 효과적으로 활용할 수 있는 실용적인 팁들을 제공합니다.

머리말

현대의 식당 운영은 단순히 맛있는 음식을 제공하는 것만으로는 성공하기 어려운 시대에 접어들었습니다. 빠르게 변화하는 외식 트렌드와 치열한 경쟁 속에서 살아남기 위해서는 철저한 경영 전략, 효율적인 운영, 고객과의 소통이 필수입니다. 하지만 이러한 요소를 모두 충족하기 위해서는 많은 시간과 자원이 필요하고, 특히 소상공인 식당 경영자들에게는 시간과 인력의 한계가 크게 다가옵니다.

이러한 한계를 극복하기 위해 ChatGPT와 같은 인공지능 도구는 새로운 돌파구를 제공합니다. AI 기술의 발전 덕분에 이제 소상공인들도 대기업 못지않은 첨단 경영 기법을 손쉽게 활용할 수 있는 시대가 열렸습니다. 그 중에서도 ChatGPT는 실시간으로 경영 전략을 수립하고, 메뉴 개발 아이디어를 도출하며, 효율적인 업무 문서를 작성하는 등 다양한 분야에서 도움을 줄 수 있는 강력한 도구입니다.

2022년 11월 공개 이후 ChatGPT는 전 세계적으로 급격히 확산되었으며, 식당 창업과 운영에서도 그 가능성을 입증하고 있습니다. 메뉴판 작성, 고객 리뷰 관리, 마케팅 콘텐츠 제작, 상권 분석, 창업 계획서 작성 등 식당 운영의 전반적인 영역에서 생산성을 크게 향상시키고 있습니다. 그러나 이러한 도구를 제대로 활용하기 위해서는 그 핵심인 '프롬프트' 작성법을 익히는 것이 중요합니다. ChatGPT의 능력은 질문의 질에 따라 달라지기 때문에, 적절한 프롬프트를 통해 복잡한 경영 문제를 해결할 수 있습니다.

이 책은 소상공인 식당 경영자와 창업자들이 ChatGPT를 활용해 경영 효율성을 극대화하고, 창의적인 해결책을 찾을 수 있도록 돕는 실질적이고 구체적인 가이드입니다. 메뉴 개발, 경영 전략 수립, 상권 분석, 고객 응대 등 여러 측면에서 ChatGPT를 효과적으로 활용할 수 있는 방법을 제시하며, 이를 통해 스마트하고 효율적인 식당 경영을 실현할 수 있도록 안내합니다.

이 책에 담긴 프롬프트 예시와 응용 방안을 통해 여러분은 경영 전반에 ChatGPT를 쉽게 적용할 수 있을 것입니다. 새로운 메뉴를 개발하고, 고객 맞춤형 서비스를 제안하며, 운영 효율성을 높이는 데 ChatGPT가 큰 역할을 할 것입니다. 어려운 경제 상황 속에서도 꾸준히 성공적인 식당을 운영하기 위해 이 책이 도움이 되길 바랍니다.

AI 기술을 적극 활용하여 새로운 식당 경영의 시대를 함께 열어나가시길 바랍니다.

2024년 11월

저자 김영갑

차례

제1장

ChatGPT 프롬프트로 식당 경영을 혁신하는 비결

1. 식당 성공의 비밀, 최적의 프롬프트 전략
2. 답변의 질을 높이는 완벽한 질문 공식
3. 전문가 역할을 부여해서 최고 성과 달성
4. 맞춤형 답변을 얻는 출력 형식
5. 복잡한 문제 해결, 질문 분할의 마법
6. 다단계 대화로 완벽한 답변을 이끌어내는 기술
7. 글로벌 경쟁력 강화, 영어로 묻고 답을 더 풍부하게 만들기
8. 한층 더 강력하게 만드는 마법의 키워드
9. 피해야 할 함정과 실수 방지법
10. 성공을 부르는 프롬프트의 핵심 구조와 적용법
11. 프롬프트 실전 활용법, 현장에서 바로 써먹는 전략
12. 나만의 비서로 맞춤 설정하는 비결

제1장

ChatGPT 프롬프트로 식당 경영을 혁신하는 비결

1. 식당 성공의 비밀, 최적의 프롬프트 전략

ChatGPT를 효과적으로 사용하기 위해서는 '프롬프트'가 매우 중요한 역할을 합니다. 2022년 OpenAI에서 출시된 ChatGPT는 빠르게 전 세계 사용자들에게 주목받았으며, 특히 식당 창업과 경영에 실질적인 도움을 줄 수 있는 도구로 자리잡고 있습니다. ChatGPT는 메뉴 개발, 상권 분석, 마케팅 전략 수립, 서비스 개선, 그리고 인테리어 디자인까지 다양한 분야에서 활용될 수 있으며, 이를 최대한 활용하려면 '프롬프트' 작성 방법을 익히는 것이 필수적입니다.

프롬프트란 ChatGPT에 제공하는 질문 또는 지시를 의미합니다. 이 프롬프트가 얼마나 명확하고 구체적이냐에 따라 ChatGPT의 답변이 크게 달라집니다. 식당 창업 및 운영에서 좋은 프롬프트는 메뉴 개발, 고객 서비스 개선, 마케팅 전략 수립 등에 유용한 정보를 제공합니다. 예를 들어, 새로운 메뉴 아이디어를 얻고자 할 때 모호한 질문보다는 구체적인 질문을 던짐으로써 원하는 결과를 얻을 가능성이 높아집니다.

좋은 프롬프트와 나쁜 프롬프트

좋은 프롬프트는 식당 경영에 필요한 정보를 명확하고 구체적으로 끌어내는 문장을 의미합니다. 예를 들어, 한식당에서 새로운 저녁 메뉴를 개발하고자 할 때 다음과 같은 구체적인 질문을 던질 수 있습니다.

"저녁 메뉴에 어울리는 세 가지 새로운 한식 메인 요리를 추천해 주세요. 젊은 직장인을 타깃으로, 건강하고 간편하게 제공할 수 있는 메뉴를 제안해 주세요."

이처럼 구체적인 요구사항을 포함한 질문을 던지면, ChatGPT는 타깃 고객층과 메뉴 특성에 맞춘 창의적이고 맞춤형 아이디어를 제공할 수 있습니다.

반면에, "저녁 메뉴에 무엇을 추가할까요?"와 같은 모호한 질문은 ChatGPT가 답변할 때 구체성이 부족해 원하는 결과를 얻기 어려울 수 있습니다. 이처럼 질문이 구체적일수록 ChatGPT는 보다 정확하고 실질적인 답변을 제공합니다.

또한, '예/아니오'로 답변할 수 있는 질문보다는 이유나 구체적인 정보를 요구하는 질문이 더 좋은 결과를 얻는 데 유리합니다. 예를 들어, "이 지역에서 경쟁력 있는 외식 브랜드를 개발하기 위한 마케팅 전략을 제안해 주세요. 온라인과 오프라인을 결합한 캠페인을 포함해 주세요."라는 질문은 더 구체적이고 실용적인 답변을 받을 수 있습니다.

최신 정보의 한계 문제는 해결됨

과거 ChatGPT는 최신 정보를 실시간으로 제공하지 못하는 한계가 있었습니다. 그러나 이제는 브라우징 기능이나 플러그인을 통해 최신 뉴스, 상권 정보, 트렌드, 경쟁사 분석 등을 실시간으로 제공받을 수 있는 기능이 추가되었습니다. 이를 통해 식당 창업 시 최신 트렌드에 맞는 메뉴 개발, 상권 분석, 마케팅 전략 수립 등 최신 정보를 반영한 조언을 얻을 수 있습니다.

따라서 ChatGPT의 최신 정보 제공 한계는 크게 개선되었으며, 더 이상 실시간 정보에 대한 걱정 없이 다양한 분야에서 ChatGPT를 활용할 수 있습니다. 이는 식당 창업 및 경영에서 더욱 신속하고 정확한 결정을 내리는 데 큰 도움이 될 것입니다.

프롬프트의 중요성

식당 창업과 경영, 마케팅, 디자인 등 다양한 분야에서 ChatGPT를 효과적으로 활용하기 위해서는 적절한 프롬프트 작성이 필수적입니다. 예를 들어, 새로운 메뉴 개발을 위한 아이디어를 얻거나, 상권 분석을 통해 타깃 고객층을 파악하고, 경쟁력 있는 마케팅 전략을 세우며, 효율적인 식당 운영 방안을 마련하는 등 ChatGPT는 매우 다양한 방식으로 활용될 수 있습니다.

이를 위해서는 질문을 구체적으로 하고, 식당 경영에 필요한 정보를 명확하게 요구하는 것이 중요합니다. 예를 들어, "서울 강남구에서 직장인을 대상으로 한 트렌디한 한식당의 마케팅 전략을 제안해 주세요. SNS 광고와 현장 프로모션을 포함해 주세요."와 같은 질문을 통해, ChatGPT가 보다 정확하고 실질적인 전략을 제공할 수 있습니다.

결론적으로, ChatGPT의 활용도는 프롬프트 작성 능력에 따라 크게 좌우됩니다. 식당 창업과 경영, 마케팅, 메뉴 개발, 서비스 개선, 인테리어 디자인에 이르기까지, ChatGPT는 다양한 문제를 해결할 수 있는 유용한 도구가 될 수 있습니다. 이를 최대한 활용하기 위해서는 구체적이고 명확한 질문을 던지는 것이 성공의 열쇠입니다.

2. 답변의 질을 높이는 완벽한 질문 공식

프롬프트는 단순히 단어를 나열하는 것이 아니라, 명확한 의도를 전달할 수 있는 완전한 문장의 형태로 작성하는 것이 중요합니다. ChatGPT는 다양한 정보를 바탕으로 답변을 제공하지만, 질문이 불명확하거나 너무 짧고 간단하다면 의도를 제대로 이해하지 못해 원하는 답변을 받기 어려울 수 있습니다. 특히 식당 창업자나 경영자, 마케터가 구체적인 문제를 해결하려면 명확한 문장으로 질문하는 것이 필요합니다.

다음은 식당 운영과 관련된 질문에서 좋은 프롬프트와 나쁜 프롬프트의 예입니다.

프롬프트 예시

나쁜 예: 비용 절감 방법

좋은 예: 식재료 비용을 절감하면서도 메뉴 품질을 유지할 수 있는 세 가지 전략을 제안해 주세요.

“비용 절감 방법”이라는 단어만 나열한 프롬프트는 너무 모호하여 ChatGPT가 정확한 답변을 주기 어렵습니다. 어떤 비용을 줄여야 하는지, 어떤 방식으로 절감하고 싶은지 명확하지 않기 때문에, 답변이 포괄적이거나 관련이 없는 정보를 제공할 수 있습니다. 반면에, “식재료 비용을 절감하면서도 메뉴 품질을 유지할 수 있는 세 가지 전략을 제안해 주세요”라고 질문하면, ChatGPT는 명확한 목적을 파악하고 그에 맞는 구체적인 답변을 줄 수 있습니다.

프롬프트 예시

나쁜 예: 고객 서비스

좋은 예: 저녁 피크 타임에 대기 시간을 줄이면서 고객 만족도를 높일 수 있는 서비스 개선 방안을 제안해 주세요.

"고객 서비스"라는 단어만 나열된 질문은 어떤 측면에서 고객 서비스를 개선하고 싶은지 알 수 없어, ChatGPT가 실질적인 답변을 제공하기 어렵습니다. 하지만 "저녁 피크 타임에 대기 시간을 줄이면서 고객 만족도를 높일 수 있는 서비스 개선 방안을 제안해 주세요"라고 구체적인 상황과 요구사항을 명시하면, Chat GPT는 상황에 맞는 실질적인 해결책을 제안할 수 있습니다.

결론적으로, ChatGPT를 통해 식당 경영의 문제를 해결하려면 단순히 키워드를 나열하는 것이 아니라, 목적과 상황을 명확하게 전달할 수 있는 완전한 문장으로 프롬프트를 작성해야 합니다. 이를 통해 창업자, 경영자, 마케터는 ChatGPT로부터 더 구체적이고 실질적인 답변을 얻을 수 있습니다.

3. 전문가 역할을 부여해서 최고 성과 달성

ChatGPT에게 특정 역할을 부여하면 그에 맞는 맞춤형 답변을 받을 수 있습니다. 식당 창업자, 경영자, 마케터가 다양한 상황에서 ChatGPT를 활용할 때, 역할을 부여하는 것은 매우 효과적인 방법입니다. ChatGPT는 맡은 역할에 따라 답변의 내용과 깊이가 달라지기 때문에, 원하는 정보를 보다 구체적으로 얻을 수 있습니다.

예를 들어, 메뉴 개발에 대한 조언을 원할 때, ChatGPT에게 단순히 “메뉴를 추천해 주세요”라고 묻는 것보다 “당신은 유명한 미슐랭 셰프입니다. 30대 여성 고객을 타깃으로 한 건강한 저녁 메뉴를 제안해 주세요”라고 질문하면, 더 세부적이고 목표에 맞는 답변을 받을 수 있습니다. 여기서 “미슐랭 셰프”라는 역할을 부여함으로써 전문적이고 고급스러운 메뉴 제안을 받을 수 있는 것입니다.

또한, 마케팅 전략을 수립할 때도 마찬가지입니다. 단순히 “마케팅 전략을 제안해 주세요”라고 묻기보다, “당신은 외식업 전문 마케팅 전문가입니다. SNS를 활용한 효과적인 마케팅 전략을 제안해 주세요”라고 역할을 부여하면, 보다 구체적이고 실질적인 조언을 얻을 수 있습니다. 이처럼 ChatGPT에게 특정 역할을 부여하면, 답변이 그 역할에 맞게 조정되어 더 높은 품질의 결과를 얻게 됩니다.

프롬프트 예시

나쁜 예: 마케팅 전략 제안

좋은 예: 당신은 외식업계에서 10년간 경력을 쌓은 마케팅 전문가입니다. 저녁 피크 타임 매출을 높이기 위한 SNS 마케팅 전략을 제안해 주세요.

단순한 질문은 포괄적인 답변을 제공하지만, 역할을 구체적으로 지정하면 더 세밀한 전략을 제시받을 수 있습니다.

또한, 역할에 "최고의"라는 수식어를 더하면, 답변이 더 상세하고 고급스러워질 수 있습니다. 예를 들어, "당신은 외식업계 최고의 셰프입니다"라고 부여하면 더 창의적이고 세부적인 요리 제안을 받을 수 있습니다. 다만, 모든 상황에서 상세한 답변이 필요하지 않을 수 있으므로, 경우에 따라 역할을 간단하게 지정하는 것도 좋습니다.

결론적으로, ChatGPT에게 특정 역할을 부여함으로써 답변을 원하는 방향으로 조정할 수 있습니다. 이를 통해 식당 창업자, 경영자, 마케터는 메뉴 개발, 서비스 개선, 마케팅 전략 수립 등에서 더 맞춤형 조언을 얻을 수 있습니다. 역할을 명확히 설정하면 ChatGPT의 답변이 더 구체적이고 실질적으로 다가올 것입니다.

4. 맞춤형 답변을 얻는 출력 형식

ChatGPT를 사용할 때, 원하는 답변의 출력 형식을 지정하는 것은 매우 유용한 방법입니다. 답변을 "간략히 작성", "○개 나열", "표 형식으로" 등으로 요청하면, 더 명확하고 정리된 답변을 받을 수 있어 이해하기 쉬워집니다. 식당 창업자나 경영자, 마케터는 여러 가지 복잡한 정보를 빠르게 파악해야 하기 때문에, 출력 형식을 지정하는 것은 시간을 절약하고 중요한 정보를 빠르게 확인할 수 있는 효과적인 방법입니다.

출력 형식을 지정하지 않으면, ChatGPT는 일반적인 연설형 답변을 제공할 수 있으며, 정보가 길고 복잡해질 수 있습니다. 하지만 형식을 미리 지정해 두면, 답변이 더 일관되고 깔끔하게 나와서 원하는 내용을 명확하게 전달받을 수 있습니다.

예를 들어, 새로운 메뉴 개발을 위해 몇 가지 아이디어가 필요할 때 "5개의 새로운 한식 메뉴 아이디어를 나열해 주세요"라고 요청하면, ChatGPT는 딱 5개의 아이디어를 나열하여 간결하게 제시합니다. 혹은 마케팅 전략을 비교할 때 "SNS 마케팅과 전통 마케팅의 차이점을 표 형식으로 요약해 주세요"라고 요청하면, 두 전략의 차이점을 한눈에 보기 쉽도록 정리된 표 형식으로 제공받을 수 있습니다.

출력 형식을 지정하는 프롬프트 예시

나쁜 예: 메뉴 아이디어 추천해 주세요.
좋은 예: 5개의 새로운 저녁 메뉴 아이디어를 간략히 나열해 주세요.

이와 같이, 나열 형식을 지정하면 답변이 명확하고 빠르게 파악할 수 있습니다.

또한, 식당 운영비 절감을 위한 여러 아이디어를 제시받고 싶다면, "식당 운영비 절감을 위한 3가지 방법을 간략히 제시해 주세요"라고 요청하면, 핵심만 간추린 답변을 받을 수 있습니다.

표 형식의 예시

나쁜 예: SNS 마케팅과 전통 마케팅의 차이점은 무엇인가요?
좋은 예: SNS 마케팅과 전통 마케팅의 주요 차이점을 표 형식으로 요약해 주세요.

표 형식을 지정하면 각 항목이 깔끔하게 정리되어 쉽게 비교할 수 있습니다.

결론적으로, 출력 형식을 지정하는 것은 식당 창업자, 경영자, 마케터가 ChatGPT를 활용할 때 매우 유용한 전략입니다. 원하는 정보를 명확하고 빠르게 얻을 수 있으며, 복잡한 정보를 간결하게 정리해 주는 효과를 누릴 수 있습니다.

5. 복잡한 문제 해결, 질문 분할의 마법

ChatGPT는 복잡한 문장이나 질문도 어느 정도 이해할 수 있지만, 더 나은 답변을 얻으려면 질문을 적절히 분할하는 것이 효과적입니다. 식당 창업자, 경영자, 마케터가 복잡한 상황에 대한 조언이나 전략을 ChatGPT에게 요청할 때, 질문을 구분해서 작성하면 답변의 정확성과 명확성을 높일 수 있습니다.

질문을 분할하면 ChatGPT가 각 항목을 보다 구체적으로 이해하고 답변할 수 있으며, 질문을 작성한 사람도 필요한 부분을 수정하거나 추가할 때 쉽게 관리할 수 있습니다. 특히, 메뉴 개발, 마케팅 전략 수립, 비용 절감 방안 등 여러 주제를 한꺼번에 다루고자 할 때는 질문을 분할하여 프롬프트를 작성하는 것이 매우 유리합니다.

예를 들어, 마케팅 전략과 고객 서비스 개선을 한꺼번에 묻고 싶다면, 한 질문에 모두 포함시키기보다는 다음과 같이 분할하여 질문하는 것이 좋습니다.

프롬프트 예시

나쁜 예:

마케팅 전략과 고객 서비스를 개선하려면 어떻게 해야 할까요?

좋은 예:

 # 마케팅 전략

강남 지역에서 20~30대 직장인을 대상으로 한 한식당의 효과적인 SNS 마케팅 전략을 제안해 주세요.

 # 고객 서비스 개선

저녁 피크 타임에 고객 대기 시간을 줄이고 서비스 만족도를 높일 수 있는 방법을 제안해 주세요.

이와 같이 질문을 명확히 분할하고 각 항목에 제목을 붙이면, ChatGPT는 각각의 질문에 맞는 구체적인 답변을 제공할 수 있습니다.

또한, 조건을 명확히 지정해 주면 더욱 효과적인 답변을 얻을 수 있습니다. 예를 들어, 메뉴 개발을 요청할 때 특정 요구 사항을 추가하면, 답변이 더욱 세부적이고 실질적으로 다가옵니다.

프롬프트 예시

메뉴 개발

- 30대 여성 고객을 타깃으로 한 저칼로리 메뉴
- 3가지 아이디어 제시
- 각 메뉴는 한식 퓨전 스타일

문장

저녁 메뉴에 어울리는 새로운 아이디어를 제안해 주세요.

이처럼 질문을 분할하고, 각 항목에 조건과 제목을 명확히 달아주면 ChatGPT가 여러분의 의도를 쉽게 파악하고 보다 정확한 답변을 제공할 수 있습니다.

결론적으로, 질문을 분할하고 구체적인 제목을 달아주는 방식은 ChatGPT가 답변을 명확하게 할 수 있도록 돕고, 복잡한 요구사항도 쉽게 전달할 수 있는 방법입니다. 이를 통해 식당 창업자, 경영자, 마케터는 더 나은 전략과 아이디어를 얻을 수 있습니다.

6. 다단계 대화로 완벽한 답변을 이끌어내는 기술

한 번에 완벽한 답변을 기대하지 마세요

ChatGPT를 활용할 때, 한 번의 질문으로 완벽한 답변을 얻는 것은 어려울 수 있습니다. 대신 여러 번 질문을 던지며 대화를 이어가는 멀티턴(Multi-turn) 대화 방식을 활용하는 것이 더 효과적입니다. 식당 창업자, 경영자, 마케터가 복잡한 문제를 해결하거나 구체적인 정보를 얻고자 할 때, 프롬프트를 한 번에 완벽하게 작성하는 대신, 여러 번의 질문과 답변을 통해 점진적으로 원하는 결과를 도출할 수 있습니다.

멀티턴 대화는 ChatGPT가 이전 질문과 답변을 기억하면서 대화를 이어가기 때문에, 첫 질문이 완벽하지 않아도 추가적인 질문을 통해 점차적으로 원하는 정보를 구체화할 수 있습니다. 이를 통해 처음에는 모호했던 질문도 차차 더 구체적이고 실질적인 답변을 얻을 수 있습니다.

예를 들어, 새로운 메뉴 개발에 대한 정보를 얻고 싶을 때, 처음부터 모든 조건을 다 포함한 질문을 하기보다는 간단한 질문에서 시작해 추가 질문을 던지며 원하는 답변을 구체화할 수 있습니다.

멀티턴 대화 프롬프트 예시

1. Q: 건강을 중시하는 30대 여성 고객을 위한 저녁 메뉴를 추천해 주세요.
2. Q: 추천해 주신 메뉴의 주재료와 그 건강상의 이점을 더 자세히 설명해 주세요.
3. Q: 이 메뉴를 쉽게 만들 수 있는 간단한 조리법도 알려 주세요.
4. Q: 초보 요리사도 따라 할 수 있게 쉽게 설명해 주세요.

이처럼 한 번의 질문으로 모든 답변을 얻으려 하기보다는, 멀티턴 대화를 통해 ChatGPT와 계속해서 대화를 이어가며 점차적으로 더 구체적인 답변을 얻는 것이 좋습니다. 이는 정보를 세부적으로 다듬고, 더 깊이 있는 답변을 도출하는 데 매우 유용합니다.

또 다른 예시

1. Q: 식당의 매출을 올릴 수 있는 마케팅 전략을 제안해 주세요.
2. Q: 저녁 피크 타임 매출을 올릴 수 있는 구체적인 방법을 알려 주세요.
3. Q: SNS를 활용한 마케팅 전략 중 가장 효과적인 방법 3가지를 제안해 주세요.
4. Q: 이 전략을 실행할 때 유의해야 할 점을 간략히 설명해 주세요.

멀티턴 대화의 장점

- 질문을 점차적으로 구체화하면서 원하는 답변을 정교하게 도출할 수 있습니다.
- 한 번의 시도에서 원하는 답변을 얻지 못하더라도, 대화를 이어가면서 질문을 조정할 수 있습니다.
- ChatGPT가 이전 질문과 답변을 기억하기 때문에 대화를 자연스럽게 이어나갈 수 있습니다.

결론적으로, ChatGPT와의 대화에서는 한 번에 완벽한 답변을 기대하지 않고, 여러 번의 시도와 대화를 통해 답변을 구체화하는 멀티턴 대화 방식을 활용하는 것이 중요합니다. 식당 창업자, 경영자, 마케터는 이 방식을 통해 더 정밀하고 유용한 정보를 얻을 수 있으며, 시간이 지남에 따라 원하는 결과에 도달할 수 있습니다.

7. 글로벌 경쟁력 강화, 영어로 묻고 답을 더 풍부하게 만들기

ChatGPT는 방대한 양의 데이터를 학습했으며, 그중 대부분은 영어로 된 텍스트입니다. 특히, 외식사업 창업, 경영, 마케팅, 서비스, 디자인에 대한 연구와 정보가 가장 먼저, 그리고 가장 많이 이루어진 곳은 미국입니다. 따라서 외식사업과 관련된 많은 정보와 지식이 영어로 축적되어 있어, 영어로 질문할 경우 더 정확하고 우수한 답변을 받을 가능성이 큽니다.

만약 한국어로 작성한 질문에서 원하는 답변을 얻지 못했다면, 영어로 프롬프트를 작성해 보는 것이 좋은 해결책이 될 수 있습니다. 영어로 질문하면 더 많은 정보와 구체적인 답변을 받을 가능성이 높습니다.

영어로 프롬프트를 작성하는 것이 부담스러울 수 있지만, 이때 번역 도구를 활용하면 쉽게 해결할 수 있습니다. 네이버 파파고, 구글 번역 등 번역 도구를 이용해 한국어로 작성한 질문을 영어로 번역한 후 ChatGPT에 입력하는 방식입니다. 또한, ChatGPT 자체에게 번역을 요청할 수도 있습니다. 예를 들어, "다음 문장을 영어로 번역해 주세요"라고 질문하고, 그 뒤에 번역할 문장을 입력하면 ChatGPT가 번역을 도와줍니다.

번역 도구 사용 방법

■ 네이버 파파고

네이버에서 제공하는 번역 서비스로, 한국어에서 영어로 자연스럽게 번역됩니다. 브라우저에서 사용하거나 모바일 앱을 다운로드하여 사용할 수 있습니다.

■ 구글 번역

구글 번역은 빠르고 편리하게 한국어를 영어로 번역할 수 있는 도구입니다. 이 역시 브라우저나 앱을 통해 쉽게 접근할 수 있습니다.

■ ChatGPT에 번역 요청

번역 앱을 사용하기 번거롭다면, ChatGPT에게 직접 번역을 요청할 수도 있습니다. 예를 들어, "이 문장을 영어로 번역해 주세요: '저녁 메뉴에 어울리는 건강한 한식 요리를 추천해 주세요.'"라고 요청하면 ChatGPT가 즉시 번역해 줍니다.

프롬프트 예시

 # 한국어 질문

"저녁 피크 타임에 매출을 올릴 수 있는 방법을 추천해 주세요."

 # 영어로 번역된 질문

"Please recommend some strategies to increase sales during the dinner peak time."

이처럼 영어로 질문하면, 특히 외식사업과 관련된 분야에서는 ChatGPT가 더 많은 정보와 세부적인 답변을 제공할 수 있습니다. 영어로 된 학술 연구, 최신 마케팅 전략, 디자인 트렌드 등을 바탕으로 답변이 생성되기 때문입니다.

결론적으로, 외식사업 창업, 경영, 마케팅, 서비스, 디자인에 관한 더 깊이 있는 정보를 얻고자 할 때, 영어로 질문하는 것이 매우 유리합니다. 영어는 외식사업과 관련된 지식과 정보가 가장 많이 축적된 언어이기 때문에, 영어로 질문할 때 ChatGPT가 제공하는 답변의 질이 훨씬 높아질 수 있습니다. 번역 도구나 ChatGPT의 번역 기능을 활용하면 영어가 부담스러운 사용자도 쉽게 프롬프트를 영어로 변환해 더 나은 답변을 받을 수 있습니다.

8. 한층 더 강력하게 만드는 마법의 키워드

ChatGPT에게 더 정확하고 유용한 답변을 얻기 위해서는 특정 키워드를 활용하는 것이 중요합니다. 이러한 키워드는 ChatGPT가 답변을 보다 명확하고 단계적으로 제공하도록 유도하는 일종의 "마법의 단어" 역할을 합니다. 식당 창업자, 경영자, 마케터는 키워드를 적절히 활용하여 더욱 구체적이고 오류 없는 답변을 받을 수 있습니다.

가장 대표적인 키워드 중 하나는 "스텝바이스텝으로"입니다. 이 키워드를 사용하면 ChatGPT는 답변을 단계별로 설명하며, 더 세부적인 과정이나 절차를 제시할 수 있습니다. 예를 들어, 새로운 메뉴를 개발하는 방법을 묻거나, 마케팅 전략을 세우는 과정을 단계별로 알고 싶을 때 매우 유용합니다.

프롬프트 예시

Q: 저녁 피크 타임에 매출을 올리기 위한 마케팅 전략을 스텝바이스텝으로 설명해 주세요.

이렇게 질문하면 ChatGPT는 전체적인 전략을 하나씩 설명하면서 세부적인 실행 방법을 제공할 수 있습니다.

또한, 필수 정보가 부족할 경우 이를 보충하도록 ChatGPT에 요청하는 것도 좋은 전략입니다. 답변의 품질을 높이기 위해 중요한 정보가 누락되었을 때, ChatGPT가 스스로 추가적인 세부 사항을 요청하도록 만들 수 있습니다. 예를 들어, 메뉴 개발에 필요한 재료나 예산과 같은 중요한 정보가 누락되었을 때, ChatGPT가 그것을 인식하고 질문을 통해 보충할 수 있습니다.

프롬프트 예시

Q: 저녁 메뉴를 위한 세 가지 아이디어를 제안해 주세요. 만약 재료나 예산 정보가 부족하다면 저에게 질문해 주세요.

이렇게 하면 ChatGPT가 필요한 정보를 추가적으로 요구하여, 더 정확한 답변을 제공할 수 있습니다.

또한, 잘못된 답변을 피하기 위한 키워드를 활용하는 것도 중요합니다. ChatGPT는 때때로 모르는 정보에 대해 "그럴듯한" 답변을 생성할 수 있는데, 이를 방지하기 위해 "답변할 수 없으면, 답변할 수 없다고 말해 주세요"라는 문구를 추가할 수 있습니다. 이를 통해 부정확한 답변을 피하고, 신뢰도 높은 답변만 받을 수 있습니다.

프롬프트 예시

Q: 이 지역에서 고객을 가장 많이 끌어올 수 있는 외식 트렌드를 제안해 주세요. 답변할 수 없으면, 답변할 수 없다고 말해 주세요.

이렇게 하면 ChatGPT는 정확하지 않거나 모르는 정보를 억지로 제공하지 않게 됩니다.

결론적으로, 특정 마법의 키워드를 사용하면 ChatGPT의 답변 품질을 크게 향상시킬 수 있습니다. 단계적인 설명이 필요할 때는 "스텝바이스텝으로"를 사용하고, 중요한 정보가 누락될 경우 이를 보충할 수 있도록 추가 정보를 요청하는 문구를 사용하며, 잘못된 답변을 방지하기 위해 "답변할 수 없으면 말해 주세요" 라는 문구를 활용하는 것이 좋은 방법입니다. 이를 통해 식당 창업자, 경영자, 마케터는 ChatGPT로부터 더욱 구체적이고 신뢰할 수 있는 정보를 얻을 수 있습니다.

9. 피해야 할 함정과 실수 방지법

ChatGPT를 사용하다 보면 일부 사용자가 "ChatGPT는 쓸모없다"고 말하는 경우가 있습니다. 이런 경우 대부분은 ChatGPT에게 "물어보지 말아야 할 것"을 질문하는 데서 비롯됩니다. 특히 식당 창업자, 경영자, 마케터가 ChatGPT를 활용할 때, 정확한 정보가 필요한 주제나 너무 복잡하고 구체적인 전문 지식을 물어볼 때는 기대에 못 미치는 답변이 나올 수 있습니다.

정확한 정보가 필요한 질문을 피하라

예를 들어, 식당 운영과 관련된 법률적인 세부 사항이나 최신 데이터에 대한 질문은 ChatGPT에게 물어보기에 적합하지 않을 수 있습니다. "최신 식품 위생법 개정 사항이 무엇인가요?" 같은 질문은 ChatGPT가 실시간으로 업데이트되지 않은 정보를 기반으로 답변하기 때문에 정확하지 않을 수 있습니다. 이럴 때는 신뢰할 수 있는 정부 사이트나 전문가의 조언을 참고하는 것이 더 적절합니다.

자신이 확인할 수 없는 복잡한 기술적 질문을 피하라

예를 들어, "주방 동선 최적화 프로그램을 만들어 주세요" 또는 "복잡한 재무 모델을 위한 엑셀 수식을 만들어 주세요"와 같은 질문은 매우 구체적이거나 기술적인 답변을 요구하기 때문에, ChatGPT의 답변이 정확하더라도 검증하기 어렵습니다. 이러한 경우, ChatGPT가 제공한 정보를 바탕으로 직접 실험하거나, 관련 전문가의 검토를 받는 것이 필요합니다.

의견이나 아이디어를 물어라

대신, 정답이 명확하지 않은 주제에 대해 의견이나 아이디어를 묻는 방식으로 ChatGPT를 활용하는 것이 좋습니다. 예를 들어, "이 지역에 맞는 창의적인 마케팅 아이디어를 제안해 주세요"나 "고객 만족도를 높이기 위한 서비스 개선 방법을 추천해 주세요" 같은 질문은 ChatGPT가 다양한 참고 의견과 아이디어를 제공할 수 있는 주제입니다. 이러한 경우, ChatGPT는 여러 가지 아이디어를 제시해 주며, 이를 바탕으로 자신만의 전략을 수립할 수 있습니다.

결과를 스스로 확인할 수 있는 작업을 맡겨라

ChatGPT를 사용할 때는 자신이 직접 확인할 수 있는 작업을 맡기는 것이 좋습니다. 예를 들어, 문장 요약, 홍보문 작성, 간단한 계산 작업 등은 ChatGPT가 잘 수행할 수 있는 작업입니다. 식당 홍보 콘텐츠를 작성할 때 간단한 마케팅 글을 부탁하거나, 보고서의 문장을 간단하게 요약하는 작업은 ChatGPT가 유용하게 활용될 수 있는 영역입니다. 이처럼 결과를 스스로 확인할 수 있는 작업은 ChatGPT의 강점이 발휘되는 부분입니다.

결론적으로, ChatGPT를 현명하게 활용하려면 무엇을 물어봐야 하고, 무엇을 물어보지 말아야 할지를 아는 것이 중요합니다. 식당 창업자, 경영자, 마케터는 정보의 정확성이 중요한 부분에서는 다른 신뢰할 수 있는 출처를 사용하고, 아이디어와 의견을 얻거나 확인 가능한 작업을 수행하는 데 ChatGPT를 활용하는 것이 좋습니다. 이렇게 하면 ChatGPT는 매우 유용한 도구로서, 식당 운영의 다양한 과제 해결에 큰 도움이 될 수 있습니다.

10. 성공을 부르는 프롬프트의 핵심 구조와 적용법

프롬프트를 효율적으로 작성하려면 기본적인 구조를 이해하는 것이 중요합니다. ChatGPT를 사용할 때 "이렇게 작성해야 한다"는 엄격한 규칙은 없지만, 기본적인 프롬프트의 형태를 이해하고 이를 기반으로 질문을 작성하면 답변의 품질을 높일 수 있습니다. 특히 식당 창업자, 경영자, 마케터는 프롬프트의 기본 형태를 바탕으로 질문을 맞춤형으로 구성하여 더 유용한 정보를 얻을 수 있습니다.

ChatGPT에 대한 프롬프트의 기본 형태는 다음과 같습니다.

프롬프트의 기본 형태

1. 역할
2. 지시 또는 질문
3. 목적
4. 조건
5. 답변 샘플
6. 처리 대상의 데이터
7. 출력 형식

이 항목들은 모든 프롬프트에 반드시 포함될 필요는 없으며, 상황에 따라 생략하거나 조정할 수 있습니다. 그러나 지시 또는 질문은 반드시 명확하게 포함되어야 합니다. 이 외에는 필요한 정보에 따라 항목을 추가하거나 순서를 조정할 수 있습니다.

각 항목을 식당 운영과 관련된 예시로 설명하겠습니다.

1) 역할

ChatGPT에게 특정한 역할을 부여하면 답변의 방향을 설정할 수 있습니다. 예를 들어, "당신은 외식업계에서 20년 이상 경력을 쌓은 마케팅 전문가입니다"라고 설정하면, ChatGPT는 그 역할에 맞게 더 전문적인 답변을 제공할 것입니다.

2) 지시 또는 질문

ChatGPT에게 수행하도록 할 지시나 질문을 여기에 작성합니다. 가능한 구체적으로 작성할수록 더 명확한 답변을 얻을 수 있습니다. 예를 들어, "서울 지역에서 30대 직장인을 타깃으로 한 마케팅 전략을 제안해 주세요"라고 질문하면, ChatGPT는 이에 맞춰 구체적인 전략을 제안할 것입니다.

3) 목적

프롬프트의 목적을 명확히 하면 답변의 방향성이 달라질 수 있습니다. 예를 들어, "이 전략은 SNS 마케팅 캠페인에 사용하기 위한 것입니다"라고 명시하면, ChatGPT는 해당 목적에 맞는 답변을 제공할 수 있습니다.

4) 조건

ChatGPT가 답변을 생성할 때 따라야 할 조건을 제시하면, 더 정확한 결과를 얻을 수 있습니다. 예를 들어, "매출 증대를 목표로 하되, 예산을 최대한 절감하는 방법을 포함해 주세요"라고 조건을 제시할 수 있습니다.

5) 답변 샘플

원하는 답변의 스타일이나 톤을 제시할 때 사용됩니다. 예를 들어, "명확한 문장과 간단한 요약을 포함해 주세요"와 같은 답변 샘플을 제공하여 답변의 일관성을 높일 수 있습니다.

6) 처리 대상의 데이터

문서나 표 등의 데이터 처리와 관련된 작업을 요청할 때 사용합니다. 예를 들어, "이 표의 매출 데이터를 요약해 주세요"처럼 구체적인 데이터를 제공하면 ChatGPT가 이를 바탕으로 분석할 수 있습니다.

7) 출력 형식

답변의 형식을 지정하면 ChatGPT는 더 정리된 방식으로 답변을 제공합니다. 예를 들어, "단락 형식으로 답변해 주세요" 또는 "리스트 형식으로 제안해 주세요"라고 요청하면 원하는 형식으로 답변이 제공됩니다.

11. 프롬프트 실전 활용법, 현장에서 바로 써먹는 전략

프롬프트를 작성할 때, 기본적인 항목을 포함하면 ChatGPT가 더 정확하고 구체적인 답변을 제공할 수 있습니다. 이제 이 원칙을 적용하여 식당 창업자, 경영자, 마케터가 활용할 수 있는 예시를 소개하겠습니다. 예시에서는 신메뉴 소개를 위한 홍보 문구를 요청하는 프롬프트를 작성해 보겠습니다. 이 프롬프트는 식당의 신메뉴를 효과적으로 홍보하기 위해, 메뉴의 특징과 목표를 명확히 제시하는 방식으로 구성되었습니다.

메뉴 홍보 문구를 만드는 프롬프트 예시 1

Q:

 # 역할

- 당신은 외식업계에서 10년 이상 경력을 쌓은 최고의 마케팅 전문가입니다.

 # 지시 · 질문

- 새로 출시한 저녁 코스 메뉴의 홍보 문구 5개를 작성해 주세요.

 # 제품의 특징

- 제철 재료를 사용한 건강한 한식 코스
- 3가지 메인 요리 중 선택 가능 (육류, 해산물, 채식)
- 메뉴당 평균 500칼로리 이하, 칼로리 조절 식단
- 친환경 농장에서 직접 공수한 재료로 요리
- 고급스러운 프레젠테이션, 젊은 직장인 고객 타깃
- 저녁 피크 타임에 한정 제공

 # 목적

- 신메뉴가 건강하고 맛있다는 점을 강조해 고객을 끌어들이기 위한 홍보 문구로 사용할 것

 # 답변 샘플

- "지금까지 없던 특별한 경험! 제철 재료로 만든 건강한 코스를 만나 보세요!"

- "한정된 시간 동안만! 저녁을 더 특별하게 만드는 신선한 요리들!"

조건

- 각 홍보 문구는 30자 이내로, 간결하게 작성해 주세요.
- 건강과 고급스러움을 강조하는 단어 사용.
- '!'를 효과적으로 사용.

ChatGPT의 답변 예시

- 제철 재료로 완성한 건강한 한식 코스!
- 500칼로리 이하, 맛과 건강을 동시에!
- 채식, 해산물, 육류 중 선택! 당신만의 저녁을 만들어 보세요!
- 친환경 재료로 완성된 고급 한식, 저녁 한정 제공!
- 건강과 맛을 모두 담은 저녁 코스, 지금 예약하세요!

이처럼 프롬프트의 기본 형태를 적용하여 ChatGPT에게 신메뉴 홍보 문구를 요청하면, 구체적이고 타깃에 맞춘 답변을 얻을 수 있습니다. 이를 통해 식당 창업자나 마케터는 마케팅 전략을 보다 효과적으로 구현할 수 있습니다.

브랜드 스토리를 만드는 프롬프트 예시 2

프롬프트 예시:

Q:

 # 역할

- 당신은 외식업 브랜드 전문가입니다.

 # 지시 · 질문

- 신규 오픈하는 한식당의 브랜드 스토리를 작성해 주세요.

 # 브랜드의 특징

- 친환경 재료만을 사용하는 프리미엄 한식당
- 한국 전통 요리를 현대적으로 재해석한 메뉴
- 지역 농장에서 신선한 재료를 직거래
- 젊은 직장인과 건강을 중시하는 고객을 타깃으로 함
- 도심 속에서 자연을 느낄 수 있는 인테리어 콘셉트

 # 목적

- 고객들이 이 한식당이 추구하는 가치를 이해하고, 브랜드에 대한 감성적 연결을 느낄 수 있도록 하기 위함

 # 조건

- 스토리는 3단락으로 작성해 주세요.
- 브랜드의 철학과 가치를 감성적으로 표현해 주세요.
- '자연', '건강', '전통과 현대의 조화'라는 키워드를 사용해 주세요.

ChatGPT의 브랜드 스토리 예시

도심 속에서도 자연의 숨결을 느낄 수 있는 공간, [브랜드 이름]은 한국 전통의 맛을 현대적으로 재해석한 프리미엄 한식당입니다. 우리는 건강한 식사를 위해 최상의 재료를 사용하고자 합니다. 친환경 재료만을 고집하며, 지역 농장에서 직거래로 공수한 신선한 재료들로 요리합니다. 이를 통해 우리 고객들에게 자연의 건강함을 그대로 전달하고 있습니다.

[브랜드 이름]은 한국 전통 요리의 깊은 맛과 현대적인 감각을 조화롭게 접목한 메뉴를 선보입니다. 전통 한식의 철학을 바탕으로, 젊은 직장인들과 건강을 중시하는 고객들에게 새로운 미식을 제안합니다. 각 요리는 오랜 시간 연구와 실험을 통해 개발되었으며, 손님들이 매 순간 신선하고 건강한 식사를 경험할 수 있도록 최선을 다하고 있습니다.

우리가 만든 공간은 단순한 식당이 아닌, 도심 속 자연과 평화를 느낄 수 있는 힐링의 장소입니다. 자연스러운 인테리어와 편안한 분위기에서 고객들은 전통과 현대가 어우러진 특별한 한식을 경험하게 될 것입니다. [브랜드 이름]은 고객들이 맛뿐만 아니라 건강하고 가치 있는 삶을 영위할 수 있도록 함께합니다.

이 예시처럼, 브랜드 스토리를 작성할 때는 브랜드가 추구하는 핵심 가치와 고객들이 느낄 수 있는 감성적 요소를 강조하는 것이 중요합니다. ChatGPT를 활용하여 브랜드의 철학과 가치를 고객에게 효과적으로 전달할 수 있는 스토리를 만들 수 있습니다.

12. 나만의 비서로 맞춤 설정하는 비결

"ChatGPT가 더 나은 응답을 제공해 드리기 위해 사용자님에 대해 알아두어야 할 것이 있다면 무엇인가요?"에 넣을 내용과 예시는 다음과 같습니다.

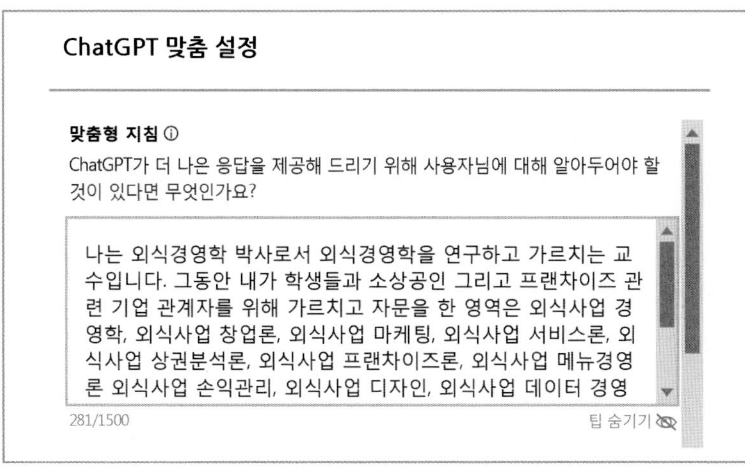

이 질문은 ChatGPT가 사용자에게 맞춤형으로 더 나은 답변을 제공하기 위해, 사용자의 배경 정보와 선호도를 이해하는 데 초점을 둡니다. 사용자가 ChatGPT에게 자신에 대한 정보를 제공하면, ChatGPT는 이를 바탕으로 더 관련성 있는 답변을 제공

할 수 있습니다.

넣을 내용과 예시

- **직업** : 외식업계에 종사하는 사람일 경우, "저는 식당을 운영하고 있으며, 외식업 관련 경영, 마케팅, 고객 서비스 개선, 메뉴 개발 등의 조언을 주로 필요로 합니다."라고 적을 수 있습니다. 이 정보는 ChatGPT가 식당 경영에 관련된 맞춤형 조언을 제공하는 데 도움이 됩니다.
- **관심사** : "저는 최신 외식 트렌드, 매출 증대를 위한 전략, 그리고 고객 경험 개선에 관심이 많습니다."라고 적으면, ChatGPT는 이러한 주제와 관련된 최신 정보를 기반으로 답변을 제공할 수 있습니다.
- **목표** : "저는 외식업체의 브랜드를 확립하고, 매출을 높이기 위한 온라인 마케팅 전략을 개발하고 싶습니다."라는 내용을 넣으면, ChatGPT는 사용자 목표에 맞춘 구체적인 조언을 할 수 있습니다.
- **일반적인 업무 내용** : "하루의 대부분을 직원 교육, 고객 서비스 평가, 그리고 메뉴 계획에 사용하고 있습니다."라는 내용을 포함하면, ChatGPT는 사용자 업무에 더 적합한 조언을 줄 수 있습니다.

"ChatGPT가 어떻게 응답했으면 하시나요?"에 넣을 내용과 예시는 다음과 같습니다.

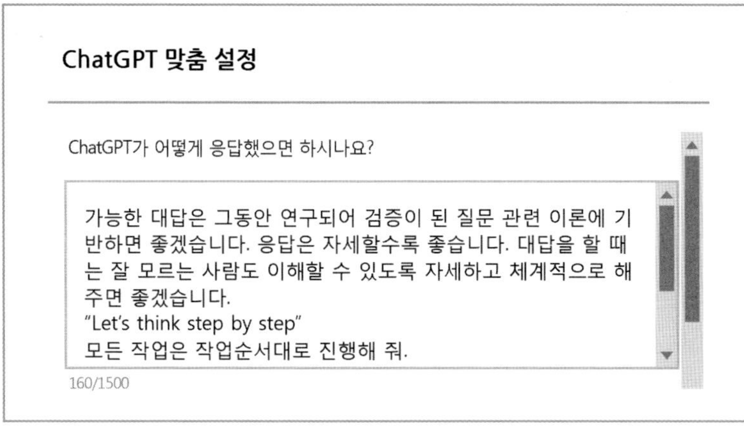

이 부분은 ChatGPT가 답변을 제공할 때의 스타일과 형식을 정의하는 것입니다. 사용자가 선호하는 응답 방식을 명확히 알려 주면 ChatGPT가 이를 반영하여 더 맞춤형으로 답변을 제공합니다.

넣을 내용과 예시

- **간결함:** "답변은 가능한 한 간결하고 요점만 포함해 주세요. 시간이 제한되어 있을 때 참고하기 쉽도록 짧은 문장을 사용해 주세요."라고 요청하면, ChatGPT는 핵심만 간략히 설명하는 답변을 제공합니다.
- **단계별 설명:** "단계별로 문제를 해결할 수 있도록 설명해 주세요. 처음부터 끝까지 단계별로 안내해 주는 형식을 선호합니다."라고 적으면, 복잡한 작업이나 전략을 더 쉽게 이해할 수 있는 답변을 받을 수 있습니다.

- **세부사항 추가 요청:** "응답 시 핵심 내용을 먼저 요약한 뒤, 필요한 경우 더 깊이 있는 세부사항을 추가해 주세요." 이렇게 요구하면, 먼저 전체적인 개요를 이해하고 필요할 때 세부적으로 들어갈 수 있는 답변을 받을 수 있습니다.
- **사례 기반 설명:** "답변을 제공할 때 실제 사례나 예시를 포함해 주세요. 제가 실제 업무에 적용할 수 있도록 구체적인 사례와 함께 설명해 주시면 좋겠습니다."라고 작성하면, ChatGPT는 더욱 현실적이고 구체적인 사례를 포함한 답변을 제공합니다.

사례를 통한 맞춤형 응답 예시

사례 1: 외식업 종사자

 # ChatGPT가 더 나은 응답을 제공해 드리기 위해 알아야 할 것

"저는 서울에서 한식당을 운영하는 외식업 경영자입니다. 매출을 올리고, 고객 만족도를 높이는 데 관심이 많습니다. 주로 직원 교육, 온라인 마케팅, 메뉴 개발에 집중하고 있으며, 타깃 고객층은 20~40대 직장인입니다."

 # ChatGPT가 어떻게 응답했으면 하시나요?

"답변은 요점을 중심으로 간결하게 제공해 주되, 필요할 때는 단계별로 세부 설명을 추가해 주세요. 실제 사례나 트렌드 정보가 포함되면 더 좋습니다."

이처럼 맞춤 설정을 통해 ChatGPT가 사용자의 상황에 맞는 더 정교하고 관련성 높은 답변을 제공할 수 있습니다.

제2장

식당 업무 문서를 ChatGPT로 작성하기

제2장

식당 업무 문서를 ChatGPT로 작성하기

13. 사업 계획서 작성

주제의 중요성

사업 계획서는 식당 창업과 경영의 중요한 출발점입니다. 성공적인 사업을 위해서는 체계적인 계획이 필수적이며, 이 계획서는 투자자나 은행과 같은 자금을 지원하는 기관들에게 사업의 가능성을 보여주는 중요한 도구입니다. 잘 작성된 사업 계획서는 명확한 목표 설정, 구체적인 운영 계획, 재정 관리 방법을 제시함으로써 사업의 성공 가능성을 높여줍니다.

문제인식

많은 창업자들이 사업 계획서를 작성할 때 어떤 정보를 포함해야 할지, 데이터를 어떻게 분석하고 정리해야 할지에 대해 어려움을 겪습니다. 경험이 부족한 창업자는 시장 조사나 수익 예측과 같은 항목을 다루는 데 익숙하지 않으며, 문서 작성의 구조적 흐름을 잡는 것도 어려울 수 있습니다. 이런 상황에서 계획서 작성의 미비는 투자자 설득이나 은행 대출에 불리하게 작용할 수 있습니다.

ChatGPT 활용법

ChatGPT는 사업 계획서 작성의 각 단계를 쉽게 처리할 수 있도록 도와줍니다. 필요한 정보나 데이터를 정리해 주고, 사업 목표, 시장 분석, 경쟁 분석, 재정 계획 등 사업 계획서에서 다뤄야 할 항목들을 체계적으로 설명할 수 있습니다. 또한, 복잡한 개념을 쉽게 풀어주고, 계획서에서 사용할 수 있는 문구를 제안해 주어 문서 작성의 부담을 덜어줍니다.

프롬프트 예시

1. "식당 사업 계획서에 꼭 포함해야 하는 항목들을 알려 주세요."
2. "서울 강남구 지역에서의 타깃 고객층을 분석해 사업 계획서에 어떻게 적으면 좋을까요?"
3. "사업 계획서에서 매출 예측을 할 때 고려해야 할 요소들을 설명해 주세요."
4. "내 식당의 핵심 경쟁력을 강조하는 사업 계획서 문구를 작성해 주세요."

5. “내 식당의 초기 투자금과 예상 수익을 계획서에 어떻게 표현하면 좋을지 알려 주세요.”
6. “식당의 운영 계획을 사업 계획서에 효과적으로 서술하는 방법을 알려 주세요.”
7. “경쟁 분석 결과를 사업 계획서에서 효과적으로 제시할 수 있는 방법을 설명해 주세요.”

기대효과

ChatGPT를 활용하여 사업 계획서를 작성한 한 창업자는 경쟁 시장에서 자신의 식당을 어떻게 차별화할지 명확히 설명할 수 있었고, 지역 상권 분석을 구체적으로 제시하여 투자자들에게 신뢰를 줄 수 있었습니다. 또한, ChatGPT가 제공한 수익 예측 데이터를 바탕으로 사업의 수익성을 명확하게 제시한 결과, 자금 유치를 성공적으로 이루었습니다. 이처럼 ChatGPT는 복잡한 정보를 체계적으로 정리하고, 사업 계획서를 보다 전문적이면서도 이해하기 쉽게 작성하는 데 도움을 줄 수 있습니다.

추가 팁

- **구체적으로 질문하기:** ChatGPT에 질문할 때는 가능한 한 구체적으로 정보를 입력하는 것이 좋습니다. 예를 들어, 상권 분석을 요청할 때는 위치와 타깃 고객층을 명확히 제시하면 더 유용한 답변을 받을 수 있습니다.

- **작성된 내용을 검토**: ChatGPT가 작성한 내용을 여러 차례 검토하고, 수정 요청을 통해 문구나 표현을 다듬을 수 있습니다. 이를 통해 더 완성도 높은 사업 계획서를 만들 수 있습니다.
- **여러 차례 대화 이어가기**: 사업 계획서는 한 번에 완성되지 않습니다. 여러 번에 걸쳐 ChatGPT와 대화하면서 점진적으로 계획서를 발전시키는 방식이 효과적입니다.

14. 재무 보고서 및 수익성 분석 자동화

주제의 중요성

소상공인 식당 경영에 있어 재무 보고서 작성과 수익성 분석은 매우 중요한 요소입니다. 정확한 수익성과 비용 분석을 통해 사업의 현황을 파악하고, 이를 바탕으로 미래 계획을 세우는 것은 성공적인 경영의 핵심입니다. 그러나 많은 소상공인들은 이 작업이 복잡하고 시간이 많이 걸리기 때문에 어려움을 겪습니다. 이를 해결하기 위해 ChatGPT를 활용하면 시간과 노력을 절약하면서도 효율적인 재무 보고서를 작성하고 분석할 수 있습니다.

문제인식

많은 소상공인들은 매출, 지출, 인건비 등의 복잡한 수치를 정리하고 분석하는 데 어려움을 느낍니다. 특히 재무 보고서를 작성하거나 수익성을 분석할 때 수작업으로 처리해야 하는 데이터가 많아 실수를 범하기 쉽습니다. 또한, 이를 전문적으로 도와줄 인력을 고용하기엔 비용이 부담될 수 있습니다.

ChatGPT 활용법

ChatGPT는 사용자가 제공한 데이터나 정보를 바탕으로 자동으로 계산하고 분석할 수 있는 능력이 있습니다. 이를 활용해 매출과 지출을 입력하면 자동으로 수익성을 분석해 주고, 재무 보고서의 기본 틀을 제공하여 보고서 작성을 자동화할 수 있습니다. 뿐만 아니라, 특정한 분석 방법이나 재무 지표를 기준으로 보고서를 작성할 수 있어 효율성을 크게 높일 수 있습니다.

프롬프트 예시

1. "지난달 매출이 5,000만 원, 지출이 3,500만 원일 때, 이익률을 계산하고 수익성을 분석해 줘."
2. "식당 운영비(임대료, 인건비, 재료비)를 항목별로 구분해, 지난 6개월간의 월별 평균을 계산해 줘."
3. "지난해 월별 매출 데이터를 기준으로 매출 성장률을 분석해 줘."
4. "재무 보고서에 들어갈 간단한 수익성 분석 템플릿을 만들어 줘."
5. "임대료 150만 원, 인건비 500만 원, 재료비 700만 원일 때, 각 비용이 전체 비용에서 차지하는 비율을 계산해 줘."

6. "지난 3개월간 지출 데이터를 제공할 테니, 이를 요약하여 보고서를 만들어 줘."
7. "식당 매출 분석을 위한 기본적인 재무 지표 목록과 그 계산 방법을 알려 줘."

기대효과

ChatGPT를 활용해 자동으로 수익성 분석을 하고 재무 보고서를 작성하면, 시간을 크게 절약할 수 있습니다. 매출과 비용 항목만 입력하면 자동으로 분석 결과를 도출해 주기 때문에 복잡한 계산을 할 필요가 없으며, 이를 통해 보다 빠르게 경영 상태를 파악하고 문제를 해결할 수 있습니다. 예를 들어, 한 소상공인이 ChatGPT를 사용해 월별 수익성 분석을 진행한 후, 특정 월에 불필요한 지출이 많았다는 것을 인식하고 이를 줄여 연간 15%의 비용 절감을 이룰 수 있었습니다.

추가 팁

- **데이터는 구체적으로 제공하라**: ChatGPT가 제공한 답변의 정확성을 높이기 위해 매출과 비용 데이터를 가능한 한 구체적으로 입력하는 것이 좋습니다.
- **정기적으로 사용하라**: 매달 혹은 주기적으로 재무 보고서 작성을 ChatGPT와 함께 진행하면, 실시간으로 수익성을 추적하고 개선할 수 있습니다.

- **분석 방법 다양화:** 여러 가지 재무 지표와 분석 방법을 시도해 봄으로써, 더욱 깊이 있는 분석이 가능합니다. 예를 들어, ROI (Return on Investment)나 BEP(Break-Even Point)를 분석해 보세요.

15. 비즈니스 제안서와 계약서 작성법

주제의 중요성

소상공인 식당을 운영하면서 새로운 파트너를 만나거나 공급 업체와 계약을 맺을 때, 비즈니스 제안서와 계약서 작성은 필수적입니다. 이 문서들은 사업의 신뢰도를 높이고 협업의 기초를 다지는 중요한 역할을 합니다. 그러나 대부분의 소상공인들은 이러한 문서를 작성하는 데 익숙하지 않거나 시간이 부족해 어려움을 겪습니다. ChatGPT를 활용하면 효율적이고 전문적인 제안서와 계약서를 빠르게 작성할 수 있습니다.

문제인식

소상공인들은 보통 식당 운영에만 집중하다 보니, 비즈니스 문서를 작성하는 데 필요한 지식과 경험이 부족한 경우가 많습니다. 특히, 계약서와 같은 문서는 법적 효력이 있어 실수를 하면 큰 문제가 될 수 있습니다. 또, 제안서를 작성할 때 어떻게 내용을 구성해야 할지 막막하거나 시간이 오래 걸릴 수 있습니다. 외주를 맡기기엔 비용이 부담되고, 직접 작성하기엔 부담스러운 상황이 많습니다.

ChatGPT 활용법

ChatGPT는 비즈니스 제안서와 계약서를 체계적으로 작성하는 데 도움을 줄 수 있습니다. 필요로 하는 정보와 조건을 입력하면, 그에 맞는 문서를 자동으로 작성해 줍니다. 특히, 제안서의 경우 파트너에게 전달할 사업 목표, 시장 분석, 협업의 이점 등을 구체적으로 서술할 수 있고, 계약서는 법적 용어와 구체적인 조건을 기반으로 신뢰성 있게 작성됩니다. 이런 방법을 통해 시간을 절약하면서도 완성도 높은 문서를 만들 수 있습니다.

프롬프트 예시

1. "식재료 공급 업체와의 계약서 초안을 작성해 줘. 계약 기간은 1년이며, 매달 500만 원 상당의 식재료를 공급받는 조건이야."
2. "우리 식당의 메뉴 개발 파트너에게 보낼 비즈니스 제안서를 작성해 줘. 우리 식당의 현황과 시장 분석, 협업의 이점을 포함해서."
3. "식재료 납품 계약서에 들어가야 할 필수 항목들을 알려 줘."
4. "인테리어 시공업체와 계약을 맺을 때 사용할 계약서 예시를 작성해 줘. 시공 기간과 보증 기간도 명시해 줘."

5. “새로운 식자재 공급 계약을 위한 제안서를 작성해 줘. 품질 보장과 가격 협상을 중점으로.”
6. “우리 식당 프랜차이즈 확장에 대한 제안서를 작성해 줘. 시장 진출 계획과 예상 수익을 포함해서.”
7. “계약서에 들어갈 계약 해지 조건과 손해 배상 조항을 어떻게 작성하면 좋을지 알려 줘.”

기대효과

ChatGPT를 사용해 제안서와 계약서를 작성한 소상공인들은 문서 작성에 소요되는 시간을 크게 줄일 수 있으며, 그 결과 더 많은 시간과 자원을 본업에 투자할 수 있습니다. 예를 들어, 한 식당 경영자는 새로운 메뉴 개발을 위해 파트너와 협력할 때, ChatGPT로 비즈니스 제안서를 작성해 30분 만에 전문적인 문서를 완성했습니다. 덕분에 협업이 신속하게 이루어졌고, 새로운 메뉴를 성공적으로 출시할 수 있었습니다. 또한, ChatGPT가 제공한 계약서 초안을 활용해 법적 문제 없이 공급 업체와 안정적인 계약을 맺을 수 있었습니다.

추가 팁

- **필요한 정보를 명확히 제공하라**: 제안서나 계약서에 포함될 세부사항을 ChatGPT에게 정확하게 입력하면 더욱 완성도 높은 문서를 작성할 수 있습니다.

- **법적 검토는 필수:** ChatGPT가 제공한 계약서 초안은 기초 자료로 활용하고, 실제 계약서로 사용하기 전에 변호사나 법률 전문가의 검토를 받는 것이 중요합니다.
- **문서 형식 유지:** ChatGPT로 작성된 문서를 사용하기 전에 문서의 형식이나 레이아웃을 수정해, 읽기 쉽고 깔끔한 형태로 다듬는 것이 좋습니다.
- **맞춤형 제안서 작성:** 파트너사나 고객의 요구사항에 맞게 제안서의 내용을 유연하게 수정하면, 더 좋은 반응을 얻을 수 있습니다.

16. 네이버 스마트 플레이스 새 소식 작성법

주제의 중요성

소상공인 식당 운영에 있어 온라인 마케팅은 필수적인 요소가 되었습니다. 특히, 네이버 스마트 플레이스에서 고객에게 가게의 새 소식을 효과적으로 전달하는 것은 고객과의 소통을 강화하고, 방문율을 높이는 중요한 방법입니다. 그러나 많은 소상공인들은 어떻게 새 소식을 효과적으로 작성할지 어려움을 느끼곤 합니다. ChatGPT를 활용하면 매력적인 새 소식 글을 빠르고 쉽게 작성할 수 있습니다.

문제인식

소상공인들은 바쁜 식당 운영으로 인해 네이버 스마트 플레이스에 자주 새 소식을 업데이트하지 못하는 경우가 많습니다. 또, 어떤 내용을 올려야 고객의 관심을 끌 수 있을지 고민하는 경우도 흔합니다. 글쓰기나 마케팅에 익숙하지 않으면 새 소식 작성이 부담스럽고, 비슷한 내용만 반복적으로 게시하여 효과를 보지 못하는 경우도 있습니다.

ChatGPT 활용법

ChatGPT는 간단한 설명만으로도 고객의 흥미를 끌 수 있는 새 소식 글을 빠르게 작성하는 데 도움을 줄 수 있습니다. 예를 들어, 신메뉴 소개, 이벤트 공지, 특별 할인 소식 등을 ChatGPT에 설명하면 매력적이고 짧은 글을 생성할 수 있습니다. 또한, 게시물에 사용할 적절한 해시태그, 고객 유도 문구 등을 함께 작성하여 온라인 마케팅 효과를 극대화할 수 있습니다.

프롬프트 예시

1. "우리 가게에서 새로 출시한 메뉴인 '불고기 덮밥'을 소개하는 글을 작성해 줘. 메뉴의 특징과 가격을 포함해서."
2. "이번 주말 진행하는 10% 할인 이벤트를 소개하는 글을 써줘. 날짜와 할인 조건도 포함해서."

3. "가을 맞이 특별 메뉴로 단호박 크림 스프를 판매할 예정인데, 이를 홍보하는 새 소식 글을 작성해 줘."
4. "우리 식당이 네이버 예약을 시작했으니, 이를 고객에게 알리는 새 소식 글을 써줘."
5. "이달의 인기 메뉴를 소개하는 새 소식 글을 작성해 줘. 사진을 포함할 수 있다고 강조해 줘."
6. "고객에게 감사 인사를 전하고, 다음 달 새로운 이벤트를 예고하는 글을 작성해 줘."
7. "한정 수량으로 판매하는 디저트를 홍보하는 글을 써줘. 고객들이 서둘러 방문하도록 강조해 줘."

기대효과

ChatGPT를 활용하여 네이버 스마트 플레이스에 새 소식을 꾸준히 게시하면, 고객의 관심을 끌고 매출을 향상시킬 수 있습니다. 예를 들어, 한 소상공인이 ChatGPT로 주말 할인 이벤트를 홍보하는 글을 작성하여 게시한 후, 예약율이 20% 증가했습니다. 또 다른 사례로, 신메뉴 소개 글을 ChatGPT로 작성하여 간단하고 매력적으로 표현한 덕분에 SNS에서 공유가 늘어나면서 신규 고객 유입이 크게 증가했습니다.

추가 팁

- **짧고 간결하게 작성하라:** 온라인 글은 간결할수록 좋습니다. 중

요한 정보와 혜택을 빠르게 전달할 수 있도록 간결한 문장을 유지하세요.

- **사진과 함께 활용하라:** ChatGPT로 작성된 글과 함께 매력적인 사진을 업로드하면 더 효과적인 새 소식이 됩니다.
- **해시태그 적극 활용:** 신메뉴, 할인, 이벤트 등 적절한 해시태그를 활용하면 더 많은 사람들이 게시물을 볼 수 있습니다. ChatGPT에게 해시태그 추천을 요청할 수도 있습니다.
- **고객과의 상호작용:** 새 소식 게시글에 고객 리뷰를 유도하거나, 댓글을 통해 소통하는 것도 고객 충성도를 높이는 좋은 방법입니다. ChatGPT를 활용해 고객에게 자연스럽게 피드백을 요청하는 문구를 작성할 수 있습니다.

17. 소셜 미디어 콘텐츠 기획 및 작성법

주제의 중요성

오늘날 소상공인 식당이 성공하기 위해서는 소셜 미디어(SNS)를 적극적으로 활용하는 것이 필수입니다. Instagram, Facebook, TikTok과 같은 플랫폼은 고객과의 소통을 강화하고 브랜드 인지도를 높이는 데 중요한 역할을 합니다. 하지만 바쁜 식당 운영 속에서 어떻게 효과적인 소셜 미디어 콘텐츠를 기획하고 작성할지 막막한 경우가 많습니다. ChatGPT를 활용하면 효율적으로 콘텐츠를 기획하고 작성할 수 있습니다.

문제인식

많은 소상공인들은 무엇을 포스팅할지, 언제 포스팅해야 할지에 대한 명확한 계획이 없어서 SNS 마케팅에 어려움을 겪습니다. 단조로운 콘텐츠, 일관성 없는 게시물, 고객의 반응을 이끌어내지 못하는 게시물 등으로 인해 소셜 미디어의 잠재력을 충분히 활용하지 못하는 경우가 많습니다. 매력적인 글을 자주 작성하기에는 시간과 아이디어가 부족할 수 있습니다.

ChatGPT 활용법

ChatGPT는 콘텐츠 기획부터 작성까지의 과정을 쉽게 도와줄 수 있습니다. 예를 들어, 주간 혹은 월간 콘텐츠 계획을 세우거나, 매력적인 글과 이미지 설명을 자동으로 작성하는 데 도움을 받을 수 있습니다. 또한, 타깃 고객층에 맞춘 맞춤형 메시지를 작성하거나, 특정 이벤트에 맞는 특별한 콘텐츠를 기획하는 데 유용합니다. 고객의 관심을 끌기 위한 해시태그, 글의 톤, 이미지 아이디어까지도 ChatGPT가 제안할 수 있습니다.

프롬프트 예시

1. "우리 식당의 9월 한 달간의 SNS 콘텐츠 캘린더를 만들어 줘. 매주 2번 포스팅할 계획이야."
2. "신메뉴 '매콤 갈비찜'을 소개하는 Instagram 게시물 문구를 작

성해 줘. 매콤한 맛을 강조해 줘."

3. "이번 주말 진행하는 할인 이벤트를 홍보하는 Facebook 게시물 글을 작성해 줘."
4. "인스타그램 스토리에서 사용하기 좋은 짧고 임팩트 있는 문구를 만들어 줘. '오늘만 10% 할인'을 주제로."
5. "TikTok에서 사용할 수 있는 신메뉴 홍보 영상 콘텐츠 아이디어를 3가지 제안해 줘."
6. "가을 시즌을 맞아 우리 식당의 따뜻한 분위기를 강조할 수 있는 SNS 게시물 아이디어를 5가지 제안해 줘."
7. "고객 리뷰를 기반으로 한 SNS 콘텐츠를 기획해 줘. 고객의 긍정적인 반응을 자연스럽게 홍보할 수 있는 방향으로."

기대효과

ChatGPT를 활용해 소셜 미디어 콘텐츠를 기획하고 작성하면, 일관된 포스팅이 가능해지고 고객의 반응도 더욱 활발해질 것입니다. 예를 들어, 한 소상공인이 ChatGPT를 통해 주간 콘텐츠 캘린더를 미리 계획해 두고 신메뉴 소개와 이벤트 소식을 효과적으로 전달한 결과, 팔로워 수가 15% 증가하고, 매장 방문율도 높아졌습니다. 또한, ChatGPT가 작성한 재미있는 인스타그램 릴스 콘텐츠 아이디어로 고객들의 호응을 얻어 매출이 상승한 사례도 있습니다.

추가 팁

- **일관성 있는 게시물:** 매주 정해진 시간에 일관된 주제로 콘텐츠를 포스팅하면 고객의 관심을 꾸준히 유지할 수 있습니다.
- **고객과 소통하는 콘텐츠:** 질문을 던지거나, 고객의 피드백을 유도하는 콘텐츠는 참여를 유도하는 데 효과적입니다. ChatGPT에게 자연스러운 고객 유도 문구를 요청할 수 있습니다.
- **사진과 영상의 중요성:** 매력적인 사진과 영상을 함께 사용하면 게시물의 효과가 극대화됩니다. 글과 함께 사용할 이미지나 영상에 대한 아이디어도 ChatGPT에게 요청하세요.
- **트렌드 반영:** 소셜 미디어는 빠르게 변하는 트렌드에 민감합니다. ChatGPT에게 최신 트렌드에 맞는 콘텐츠 아이디어를 요청하면, 트렌디한 게시물을 작성할 수 있습니다.

18. 고객 응대 스크립트 작성법

주제의 중요성

소상공인 식당에서 고객 응대는 성공적인 경영의 중요한 요소입니다. 고객의 문의나 불만을 어떻게 처리하느냐에 따라 가게의 이미지가 크게 달라질 수 있습니다. 특히, 온라인 리뷰와 SNS가 중요한 요즘, 친절하고 일관성 있는 응대는 재방문 고객을 늘리는 데 필수적입니다. 하지만 응대 경험이 부족한 직원이 있거나, 상황에 맞는 적절한 응답을 찾는 것이 어려울 수 있습니다. ChatGPT를 활용하면 다양한 상황에 맞는 고객 응대 스크립트를 쉽게 작성할 수 있습니다.

문제인식

식당 운영 중에는 다양한 고객 요청이나 불만에 즉각적이고 효과적으로 대응해야 할 때가 많습니다. 예를 들어, 예약 변경, 음식에 대한 불만, 대기 시간에 대한 문의 등 여러 가지 상황이 발생할 수 있습니다. 많은 소상공인들은 일관성 있는 응대를 위해 직원들에게 매뉴얼을 제공하려고 하지만, 다양한 상황을 모두 다루는 스크립트를 작성하는 것은 시간과 노력이 많이 들기 때문에 어려움을 겪습니다.

ChatGPT 활용법

ChatGPT는 다양한 상황에 맞는 고객 응대 스크립트를 빠르고 간편하게 작성할 수 있습니다. 간단한 설명만으로도 친절하고 프로페셔널한 응대 문구를 생성할 수 있어, 직원들이 일관성 있게 응대할 수 있도록 돕습니다. 예약 문의, 음식에 대한 불만 처리, 주문 관련 응대 등 여러 상황에 맞는 스크립트를 만들어 응대 매뉴얼을 구성할 수 있습니다.

프롬프트 예시

1. "고객이 전화로 예약을 변경하고 싶을 때 사용할 수 있는 응대 스크립트를 만들어 줘."
2. "음식이 마음에 들지 않는다는 고객에게 어떻게 응대해야 할지 스크립트를 작성해 줘."
3. "손님이 대기 시간이 길다고 불평할 때 사용할 친절한 응대 문구를 작성해 줘."
4. "배달 음식을 받은 고객이 음식이 식었다고 불만을 제기할 때 사용할 응대 스크립트를 만들어 줘."
5. "고객이 식사 후 긍정적인 피드백을 남길 때 감사 인사를 전하는 응대 스크립트를 작성해 줘."
6. "단체 예약 문의가 들어왔을 때 사용할 안내 스크립트를 작성해 줘."
7. "고객이 SNS에 불만을 남겼을 때 대응하는 방법을 안내하는 응대 문구를 만들어 줘."

기대효과

ChatGPT로 작성된 고객 응대 스크립트를 직원들에게 제공하면, 다양한 상황에서도 신속하고 일관성 있는 응대가 가능해집니다. 예를 들어, 한 소상공인 식당에서는 예약 변경 요청이 빈번하게 발생했는데, ChatGPT로 작성한 예약 변경 응대 스크립트를 직원들이 사용하면서 고객 응대 시간이 줄고, 고객 만족도가 높아졌습니다. 또, 음식에 대한 불만을 접수했을 때도 사과와 해결 방안을 빠르게 제시하는 응대 덕분에 고객이 다시 방문하는 경우가 많아졌습니다.

추가 팁

- **다양한 상황을 미리 준비하라:** ChatGPT를 활용해 가능한 다양한 응대 상황을 미리 고려하여 스크립트를 만들어두면, 예기치 못한 상황에서도 신속하게 대응할 수 있습니다.
- **친절한 어조 유지:** 모든 응대 스크립트에서 일관된 친절한 어조를 유지하는 것이 중요합니다. ChatGPT로 작성된 스크립트를 사용하면서도, 직원들에게 친절함의 중요성을 강조하세요.
- **주기적인 업데이트:** 고객 응대 스크립트는 시간이 지나면서 상황에 맞게 업데이트가 필요합니다. 새로운 상황이나 고객의 피드백을 반영하여 정기적으로 ChatGPT를 활용해 응대 매뉴얼을 업데이트하세요.
- **직원 교육:** 작성된 스크립트를 활용해 직원들에게 응대 교육을 진행하면, 누구나 같은 수준의 서비스를 제공할 수 있어 고객 만족도를 높일 수 있습니다.

19. 고객 리뷰 및 피드백 관리

주제의 중요성

고객 리뷰는 소상공인 식당 운영에 있어 매우 중요한 요소입니다. 긍정적인 리뷰는 새로운 고객을 끌어들이고, 부정적인 리뷰는 개선의 기회를 제공합니다. 하지만 리뷰에 대한 적절한 답글을 다는 것은 많은 식당 경영자에게 어려운 일입니다. 긍정적인 리뷰에는 감사를 표하고, 부정적인 리뷰에는 적절하게 대응해야 하며, 이를 잘못 처리하면 가게의 이미지를 손상시킬 수 있습니다. ChatGPT를 활용하면 상황에 맞는 적절한 답글을 작성하여 고객과의 소통을 원활히 할 수 있습니다.

문제인식

많은 소상공인들은 바쁜 운영 속에서 고객 리뷰에 일일이 답변하기 어려워합니다. 긍정적인 리뷰에는 단순히 감사 인사만 남기고 넘어가거나, 부정적인 리뷰에는 감정적으로 대응해 문제가 커지는 경우도 있습니다. 또한, 답글을 너무 늦게 달면 고객이 가게에 대한 관심을 잃을 수 있어, 신속하면서도 적절한 대응이 필요합니다.

ChatGPT 활용법

ChatGPT는 긍정적이든 부정적이든 다양한 리뷰에 대한 답글을 빠르고 효과적으로 작성하는 데 도움을 줄 수 있습니다. 예를 들어, 감사 인사를 전할 때 따뜻하고 정중한 어조로 답글을 작성할 수 있으며, 부정적인 리뷰에는 사과와 문제 해결 방안을 제시하는 답글을 작성해 고객의 불만을 해결할 수 있습니다. 이를 통해 가게의 이미지를 개선하고, 고객과의 신뢰를 쌓을 수 있습니다.

프롬프트 예시

1. "고객이 '음식이 정말 맛있었어요!'라고 남긴 리뷰에 대한 감사 답글을 작성해 줘."
2. "고객이 '서비스가 조금 느렸어요'라고 남긴 리뷰에 대한 사과와 개선 방안을 제시하는 답글을 작성해 줘."
3. "고객이 '청결 상태가 별로였어요'라고 남긴 부정적인 리뷰에 대한 사과와 해결 방안을 담은 답글을 작성해 줘."
4. "고객이 '가족과 즐거운 시간을 보냈어요!'라고 남긴 긍정적인 리뷰에 대한 감사 답글을 정성스럽게 작성해 줘."
5. "고객이 '음식이 생각보다 짜서 실망했어요'라고 남긴 리뷰에 대해 개선 의지와 함께 재방문을 권유하는 답글을 작성해 줘."
6. "고객이 '재료가 신선하지 않았던 것 같아요'라고 남긴 부정적인 리뷰에 대한 사과와 문제 해결 방안을 담은 답글을 작성해 줘."
7. "고객이 '여기 자주 오는데 항상 만족해요!'라고 남긴 리뷰에 대해 감사의 답글을 작성해 줘. 단골 손님에게 더 감사하는 마음을 표현해 줘."

기대효과

ChatGPT를 활용해 고객 리뷰에 신속하고 정성스러운 답글을 작성하면, 고객과의 관계가 더욱 돈독해질 수 있습니다. 예를 들어, 한 소상공인이 부정적인 리뷰에 대해 빠르게 사과하고 문제를 해결하는 답글을 달았더니, 고객이 리뷰를 수정하고 가게를 다시 방문하는 사례가 있었습니다. 또한, 긍정적인 리뷰에 대한 진심 어린 답글을 작성한 결과, 해당 고객이 SNS에 가게를 더 널리 홍보해 매출 상승에 기여한 경우도 있습니다.

추가 팁

- **긍정적인 리뷰는 더 따뜻하게:** 단순히 "감사합니다"로 끝내지 않고, 구체적으로 어떤 점이 기뻤는지 이야기하면 고객이 더 특별하게 느낄 수 있습니다.
- **부정적인 리뷰는 문제 해결 의지를 강조:** 사과는 기본이며, 고객의 불만을 어떻게 해결할 것인지 명확하게 설명하고, 재방문을 유도하는 것이 중요합니다.
- **정기적인 리뷰 확인:** 리뷰에 대한 답글은 빠를수록 좋습니다. 정기적으로 리뷰를 확인하고 ChatGPT를 활용해 답글을 작성하는 습관을 들이세요.
- **맞춤형 답글 작성:** 모든 답글이 똑같은 내용이 되지 않도록, 리뷰 내용에 맞게 맞춤형 답글을 작성하세요. 고객이 남긴 구체적인 피드백을 언급하면 더 신뢰감을 줄 수 있습니다.
- **감정적 대응은 피하라:** 부정적인 리뷰에 화가 나더라도 감정적으

로 대응하지 말고, 침착하게 사과하고 해결책을 제시하는 것이 중요합니다. ChatGPT를 통해 감정을 배제한 답글을 작성하는 데 도움을 받을 수 있습니다.

20. 보고서와 발표 자료 작성법

주제의 중요성

소상공인 식당 운영자는 다양한 상황에서 보고서나 발표 자료를 작성해야 할 때가 있습니다. 예를 들어, 매출 분석 보고서, 시장 조사 결과 발표, 투자자에게 사업 계획을 설명하는 자리 등에서 자료의 체계적 구성과 명확한 전달이 필수적입니다. 그러나 바쁜 운영 속에서 보고서를 작성하고 발표 자료를 만드는 일은 번거롭고 시간이 많이 소요됩니다. ChatGPT를 활용하면 효율적이고 전문적인 보고서와 발표 자료를 빠르게 준비할 수 있습니다.

문제인식

많은 소상공인들은 보고서 작성이나 발표 자료 준비에 어려움을 겪습니다. 주제를 체계적으로 정리하고, 데이터를 분석하며, 시각적으로 보기 좋은 발표 자료를 만드는 일은 매우 복잡할 수 있습니다. 또한, 경험이 부족하면 보고서나 발표 자료의 흐름이 매끄럽지 않거나, 중요한 정보를 누락하는 실수를 범할 수 있습니다. 이 때문에 시간과 노력이 과도하게 소모되며, 때로는 자료 준비가 미흡하여 의사소통에 문제가 생기기도 합니다.

ChatGPT 활용법

ChatGPT는 보고서와 발표 자료를 체계적으로 구성하는 데 도움을 줄 수 있습니다. 원하는 주제나 데이터만 입력하면 ChatGPT는 해당 내용을 기반으로 논리적이고 일관된 보고서나 발표 자료의 초안을 만들어줍니다. 또한, 데이터를 시각적으로 표현하기 위한 차트나 도표 구성 아이디어도 제안받을 수 있어 더욱 효과적인 자료를 만들 수 있습니다.

프롬프트 예시

1. “지난 3개월간의 매출 데이터를 분석하여 간단한 보고서를 작성해 줘.”
2. “신메뉴 출시 계획을 발표하기 위한 발표 자료 목차를 구성해 줘.”
3. “식당의 월별 비용 분석 결과를 포함한 보고서 초안을 작성해 줘.”
4. “투자자들에게 제시할 식당 확장 계획 발표 자료의 주요 항목을 정리해 줘.”
5. “우리 식당의 올해 매출 성장률을 그래프로 보여줄 방법을 제안해 줘.”
6. “식재료 비용 절감 방안을 발표할 때 사용할 수 있는 발표 자료의

요점을 작성해 줘."

7. "고객 만족도 설문조사 결과를 발표하기 위한 간단한 슬라이드 자료를 만들어 줘."

기대효과

ChatGPT를 활용하면 보고서와 발표 자료를 준비하는 시간이 크게 단축될 수 있습니다. 예를 들어, 한 소상공인은 매출 데이터를 바탕으로 ChatGPT가 작성한 보고서를 활용해 한눈에 매출 변동을 파악할 수 있었으며, 이를 통해 비용 절감 전략을 세웠습니다. 또 다른 사례로, 새로운 투자자를 만나는 자리에서 ChatGPT가 준비한 발표 자료의 초안을 활용해 체계적이고 설득력 있는 프레젠테이션을 성공적으로 진행한 사례도 있습니다.

추가 팁

- **자료의 목적을 명확히 하라:** 보고서나 발표 자료의 목적에 따라 초점이 달라지므로, ChatGPT에게 구체적인 목표를 알려 주면 더욱 적합한 자료를 얻을 수 있습니다.
- **시각적 요소 활용:** 발표 자료에서는 차트, 그래프, 이미지 등 시각적인 자료를 활용하는 것이 중요합니다. ChatGPT에게 어떤 시각적 자료를 포함하면 좋을지 물어보고 제안을 받아보세요.
- **간결하고 명확하게:** 보고서나 발표 자료는 간결하면서도 핵심을

전달하는 것이 중요합니다. ChatGPT를 활용해 불필요한 내용을 걸러내고, 중요한 정보만 포함되도록 구성할 수 있습니다.

- **슬라이드 내용은 요약하라:** 발표 자료는 슬라이드에 많은 글을 넣기보다, 요약된 내용을 담고 발표자가 설명하는 방식이 좋습니다. ChatGPT에게 슬라이드용 요약본을 요청하세요.
- **발표 연습:** ChatGPT로 작성된 자료를 바탕으로 발표를 준비할 때, 발표 내용을 자연스럽게 연결하는 연습을 병행하면 더 효과적인 프레젠테이션을 할 수 있습니다.

21. 주간 또는 월간 운영 리포트 작성법

주제의 중요성

소상공인 식당을 운영하는 데 있어, 주간 또는 월간 운영 리포트를 작성하는 것은 매우 중요한 관리 도구입니다. 이를 통해 매출, 비용, 재고, 고객 피드백 등 주요 지표를 체계적으로 정리하고 분석할 수 있으며, 이를 바탕으로 더 나은 의사결정을 내릴 수 있습니다. 하지만 바쁜 일정 속에서 리포트를 꾸준히 작성하는 것은 많은 소상공인에게 부담스러운 일입니다. ChatGPT를 활용하면 짧은 시간 안에 체계적이고 전문적인 운영 리포트를 작성할 수 있습니다.

문제인식

많은 소상공인들은 리포트를 작성하는 데 필요한 시간과 노력을 부담스러워하며, 어떤 데이터를 어떻게 정리해야 할지 막막해할 수 있습니다. 매출, 지출, 재고 변동 등의 정보를 분석하고, 이를 바탕으로 개선점을 도출하는 과정이 복잡하고 번거로울 수 있습니다. 또한, 주간 또는 월간 리포트를 꾸준히 작성하지 않으면 경영 상태를 정확히 파악하기 어려워지는 문제도 발생합니다.

ChatGPT 활용법

ChatGPT는 매출, 비용, 고객 피드백 등 필요한 데이터를 간단히 입력하는 것만으로도 주간 또는 월간 운영 리포트를 자동으로 작성하는 데 도움을 줍니다. 리포트에는 매출 분석, 비용 구조, 재고 상황, 고객 피드백 분석 등이 포함될 수 있으며, 이를 바탕으로 다음 달의 목표나 개선점을 도출하는 내용도 작성할 수 있습니다. ChatGPT는 리포트의 형식도 제안해 주어 보다 효율적으로 리포트를 관리할 수 있습니다.

프롬프트 예시

1. “지난주 매출, 지출, 재고 변동을 포함한 주간 운영 리포트를 작성해 줘.”

2. "이번 달 고객 피드백을 분석하고, 개선할 점을 제안하는 월간 리포트를 작성해 줘."
3. "매출 5,000만 원, 지출 3,500만 원, 순이익 1,500만 원일 때의 월간 운영 리포트 초안을 작성해 줘."
4. "이번 달 식재료 비용이 많이 들었는데, 이를 분석하고 개선 방안을 제시하는 리포트를 만들어 줘."
5. "주간 매출 분석과 인기 메뉴 순위를 포함한 주간 리포트를 작성해 줘."
6. "지난달 매출 추이와 그에 따른 마케팅 성과를 분석하는 월간 리포트를 작성해 줘."
7. "재고 관리 현황과 그에 따른 문제점, 개선 방안을 제시하는 리포트를 만들어 줘."

기대효과

ChatGPT를 활용해 주간 또는 월간 운영 리포트를 작성하면, 짧은 시간 안에 체계적인 리포트를 완성할 수 있으며, 이를 통해 매장의 운영 상태를 더욱 명확하게 파악할 수 있습니다. 예를 들어, 한 소상공인은 ChatGPT를 사용해 매달 재고 관리 리포트를 작성하여 불필요한 재고 비용을 줄일 수 있었고, 매출을 10% 이상 증대시켰습니다. 또한, 고객 피드백을 반영한 리포트를 통해 서비스 개선이 이루어져 고객 만족도가 크게 향상된 사례도 있습니다.

추가 팁

- **주요 지표에 집중하라:** 매출, 비용, 순이익 등 핵심적인 데이터를 중심으로 리포트를 구성하는 것이 중요합니다. 이를 기반으로 운영 성과를 빠르게 파악할 수 있습니다.
- **비교 분석 활용:** 주간 또는 월간 리포트에서 이전 주나 월과의 비교를 통해 성장률이나 문제점을 명확히 파악할 수 있습니다. ChatGPT에게 이를 요청해 분석을 돕도록 하세요.
- **시각적 자료 활용:** ChatGPT가 제공하는 분석 결과를 차트나 그래프로 시각화하여 리포트에 포함하면 이해하기 더 쉬워집니다.
- **리포트 형식 통일:** ChatGPT를 사용해 일관된 형식의 리포트를 작성하면, 각 리포트를 비교할 때 더 효율적으로 분석할 수 있습니다.
- **정기적인 리포트 작성:** 주간, 월간 리포트를 꾸준히 작성하여 경영 상황을 주기적으로 점검하고 개선할 수 있는 기회를 놓치지 마세요. ChatGPT는 이를 자동화하는 데 큰 도움을 줍니다.

22. 회의록 자동 생성 및 요약 기능 활용

주제의 중요성

소상공인 식당을 운영하면서 직원 회의, 공급업체 미팅, 전략 회의 등 다양한 회의를 정기적으로 진행해야 할 때가 많습니다.

이때 회의록은 회의 내용을 기록하고, 추후 논의 사항을 확인하는 중요한 역할을 합니다. 그러나 회의 내용을 일일이 기록하는 것은 시간과 노력이 많이 들며, 회의 내용이 길어지면 핵심 내용을 놓치기 쉽습니다. ChatGPT의 자동 생성 및 요약 기능을 활용하면 빠르고 정확하게 회의록을 작성하고, 요약할 수 있습니다.

문제인식

바쁜 일정 속에서 회의 내용을 기록하기는 쉽지 않으며, 회의가 끝난 후 모든 내용을 다시 정리하는 데 시간을 할애해야 합니다. 그 결과, 중요한 논의 사항이나 결정사항이 누락되거나, 회의록이 일관되지 않은 경우가 발생할 수 있습니다. 특히 회의 시간이 길어지거나 논의 내용이 복잡할 때, 모든 내용을 정리하고 요약하는 것은 매우 번거로울 수 있습니다.

ChatGPT 활용법

ChatGPT는 자동으로 회의록을 생성하고, 회의 내용을 간결하게 요약해 주는 기능을 제공할 수 있습니다. 회의 중에 나온 주요 논의 사항, 결정된 내용, 후속 조치 등을 입력하면, ChatGPT가 이를 정리해 체계적인 회의록을 만들어 줍니다. 또한, 긴 회의 내용을 한눈에 파악할 수 있도록 요약해 주어 회의 후에도 시간을 절약하고 효율적으로 회의 결과를 공유할 수 있습니다.

프롬프트 예시

1. “오늘 회의에서 논의된 주요 안건들을 바탕으로 회의록을 작성해 줘.”
2. “이번 주 직원 회의의 핵심 논의 사항을 요약해 줘.”
3. “회의 내용에서 결정된 사항과 후속 조치를 요약해서 회의록에 추가해 줘.”
4. “식재료 공급업체 미팅에서 나온 협의 사항을 정리한 회의록을 만들어 줘.”
5. “지난 회의에서 나온 개선점과 다음 회의 일정에 대한 회의록을 자동으로 작성해 줘.”
6. “오늘 회의에서 논의된 주제와 결론을 요약해서 간단한 회의 보고서를 만들어 줘.”
7. “이번 주 매출 회의에서 나온 분석 자료와 향후 계획을 정리해 회의록을 작성해 줘.”

기대효과

ChatGPT를 통해 자동으로 작성된 회의록은 시간을 절약하고, 실수를 줄일 수 있습니다. 예를 들어, 한 소상공인이 매주 진행되는 직원 회의에서 ChatGPT로 자동 생성된 회의록을 사용한 결과, 직원들이 논의된 사항을 명확히 이해하고, 후속 조치가 더 빠르게 진행되었습니다. 또, 공급업체와의 협상 미팅 후 ChatGPT가 작성한 요약본을 공유하여, 중요한 협의 사항을 빠르게 재확인할 수 있었고, 이로 인해 의사결정 속도가 빨라졌습니다.

추가 팁

- **주요 포인트만 기록하라:** 회의록은 모든 내용을 기록하기보다는 주요 논의 사항, 결론, 후속 조치 등을 간결하게 정리하는 것이 중요합니다. ChatGPT가 자동으로 요약해 줄 수 있습니다.
- **정기적으로 회의록 관리:** 매번 회의 후 자동으로 회의록을 작성하고, 이를 체계적으로 관리하면 누락된 정보를 최소화할 수 있습니다.
- **녹음 자료 활용:** 회의를 녹음한 후 녹음 자료를 바탕으로 ChatGPT에 회의록을 요청하면, 더욱 정확한 회의 기록을 작성할 수 있습니다.
- **간결한 요약본 활용:** 전체 회의록 외에도, 중요한 사항만을 요약한 짧은 회의 요약본을 ChatGPT로 생성해 직원들에게 빠르게 공유하는 것도 좋은 방법입니다.
- **후속 조치 리스트 추가:** 회의록에 후속 조치 리스트를 함께 작성하여, 다음 회의 전까지 해야 할 일들을 명확히 파악할 수 있습니다.

23. 식재료 주문 및 재고 관리 문서 작성

주제의 중요성

소상공인 식당을 운영할 때 식재료 주문 및 재고 관리는 식당의 효율적인 운영을 위한 필수적인 요소입니다. 식재료가 적절하게 관리되지 않으면, 불필요한 비용이 발생하거나 재고 부족으로 인해 고객에게 제공할 메뉴가 제한되는 상황이 생길 수 있습니다. 따라서, 주기적으로 식재료를 주문하고 체계적으로 재고를 관리하는 것은 성공적인 경영을 위한 핵심입니다. ChatGPT를 활용하면 효율적으로 주문 및 재고 관리 문서를 작성할 수 있습니다.

문제인식

많은 소상공인들은 바쁜 운영 속에서 식재료 주문과 재고 관리를 효율적으로 처리하지 못하는 경우가 많습니다. 재고를 제때 확인하지 않으면 과잉 주문으로 인해 식재료가 남아 폐기되는 경우가 생기거나, 반대로 재고가 부족해 고객에게 메뉴를 제공하지 못하는 상황이 발생할 수 있습니다. 또한, 어떤 식재료를 언제 주문해야 할지 기록하고 추적하는 문서가 없다면, 주기적인 주문과 관리를 놓칠 수 있습니다.

ChatGPT 활용법

ChatGPT는 식재료 주문과 재고 관리 문서를 쉽게 작성하는데 도움을 줄 수 있습니다. 재고 현황을 입력하면 필요한 식재료와 주문 시점을 자동으로 계산해 주는 문서를 생성할 수 있고, 재고 부족을 방지하기 위한 주문 체크리스트를 제공할 수 있습니다. 또한, 일별, 주별, 월별 주문 계획을 세워 지속적으로 관리할 수 있도록 돕습니다. 이를 통해 재고 과잉이나 부족을 예방하고, 비용을 절감할 수 있습니다.

프롬프트 예시

1. "이번 주에 주문해야 할 식재료 목록을 작성해 줘. 현재 재고는 50% 이하인 품목 위주로 부탁해."
2. "다음 주에 사용할 재료와 예상 소비량을 바탕으로 주문할 양을 계산해 줘."
3. "현재 재고가 적은 식재료와 주문할 시점을 정리한 문서를 만들어 줘."
4. "한 달간의 재고 관리 계획과 식재료 주문 일정을 짜줘."
5. "식재료 재고 현황을 체크하는 문서 템플릿을 만들어 줘. 품목, 현재 재고량, 필요 주문량, 주문 시기를 포함해서."
6. "다음 주 동안 필요할 식재료를 기준으로 주문할 품목과 수량을 추천해 줘."
7. "지난 한 달간 식재료 주문 내역을 바탕으로 불필요한 과잉 주문이 있었는지 분석해 줘."

기대효과

ChatGPT를 활용하여 식재료 주문 및 재고 관리 문서를 작성하면, 재고 관리가 효율적으로 이루어지고 식재료 비용을 절감할 수 있습니다. 예를 들어, 한 소상공인은 ChatGPT로 재고 관리 문서를 작성하여 매주 필요할 때만 적절한 양의 식재료를 주문하고, 과잉 주문을 줄여 매달 식재료 비용을 10% 절감할 수 있었습니다. 또한, 재고 부족으로 고객에게 메뉴 제공을 하지 못하는 상황을 예방할 수 있었습니다.

추가 팁

- **정기적인 업데이트:** 재고 관리는 일관성이 중요합니다. 매일 또는 매주 정기적으로 재고 현황을 확인하고, ChatGPT로 업데이트된 재고 관리 문서를 작성하세요.
- **예상 소비량 반영:** 재고 관리 문서에 예상 소비량을 포함하면, 정확한 주문 계획을 세울 수 있습니다. ChatGPT에게 예상 소비량을 기반으로 주문할 수량을 계산하게 할 수 있습니다.
- **알림 기능 활용:** ChatGPT를 사용해 특정 재료의 재고가 일정 수준 이하로 떨어졌을 때 알림을 설정하여, 필요한 시점에 주문을 놓치지 않도록 하세요.
- **재고 폐기 방지:** 재고 관리 문서를 통해 오래된 재고를 먼저 사용하고, 불필요한 폐기를 줄이는 '선입선출' 방식의 관리를 실천하세요.
- **비용 절감 목표 설정:** 매달 ChatGPT를 활용해 재고 관리와 주문

내역을 분석하고, 불필요한 비용을 줄이기 위한 목표를 세워 지속적으로 개선할 수 있습니다.

24. 인사 관리 및 근무 일정표 작성

주제의 중요성

소상공인 식당에서 인사 관리와 근무 일정표 작성은 직원의 효율적인 관리와 원활한 운영을 위해 중요한 요소입니다. 직원들의 근무 시간, 휴무, 교대 근무 등을 체계적으로 관리하지 않으면 인력 부족이나 과잉 근무 같은 문제가 발생할 수 있습니다. 그러나 매주 근무 일정을 작성하는 일은 시간과 노력이 많이 들며, 일정이 자주 변경될 경우 혼란이 발생하기 쉽습니다. ChatGPT를 활용하면 간편하게 근무 일정표를 작성하고, 인사 관리를 체계적으로 할 수 있습니다.

문제인식

많은 소상공인들은 직원의 근무 시간과 휴무일을 효율적으로 배치하는 데 어려움을 겪습니다. 갑작스러운 결근이나 근무 교대 상황이 발생하면 일정 조정이 복잡해지고, 잘못된 근무 스케줄로 인해 근무시간이 겹치거나 누락되는 문제가 생길 수 있습니다. 또한, 근무 시간 기록을 정확하게 하지 않으면 급여 계산에 오류가 생기거나, 근무자들이 불만을 가질 수 있습니다.

ChatGPT 활용법

ChatGPT는 근무 시간과 직원의 요구사항을 바탕으로 근무 일정표를 자동으로 작성하는 데 큰 도움을 줄 수 있습니다. 직원별 근무 가능 시간, 휴무일, 교대 근무 요구 등을 반영해 최적화된 스케줄을 작성해 주고, 변경 사항이 생길 경우 이를 반영하여 빠르게 수정할 수 있습니다. 또한, 인사 관리 문서를 자동으로 작성해 직원의 출근 기록과 휴무 상황을 체계적으로 관리할 수 있습니다.

프롬프트 예시

1. "이번 주 직원 근무 일정표를 작성해 줘. 직원 4명 중 2명은 주말에 휴무야."
2. "근무 시간을 기준으로 직원들의 출근 시간과 퇴근 시간을 기록하는 인사 관리 문서를 작성해 줘."
3. "직원 A는 화요일 휴무, 직원 B는 금요일 휴무를 반영한 이번 주 근무 스케줄을 작성해 줘."
4. "주 5일 근무제와 교대 근무를 반영한 근무 일정표를 만들어 줘."
5. "이번 달 직원들의 출근 일수를 기준으로 근무 시간표와 급여 계산을 도와줄 문서를 작성해 줘."

6. "신입 직원들의 근무 시간과 휴무 일정을 포함한 근무 일정표를 만들어 줘."
7. "급여 계산을 위한 근무 시간 기록표를 작성해 줘. 각 직원의 출퇴근 시간을 기록할 수 있도록 해 줘."

기대효과

ChatGPT를 활용해 근무 일정표를 작성하면, 직원 근무 시간을 효율적으로 관리할 수 있습니다. 예를 들어, 한 소상공인은 ChatGPT로 직원들의 근무 가능 시간과 휴무일을 바탕으로 일정을 짜면서, 중복 근무나 인력 부족 문제를 해결할 수 있었습니다. 또한, 근무 시간 기록을 정확히 관리함으로써 급여 계산에서 발생할 수 있는 오류를 줄이고, 직원들의 근무 만족도를 높일 수 있었습니다.

추가 팁

- **직원 요청 반영:** 직원들이 선호하는 근무 시간이나 휴무일을 반영한 근무표를 작성하면 근무 만족도가 높아집니다. ChatGPT에 각 직원의 요청을 입력해 일정을 자동으로 조정해 보세요.
- **급여 계산 자동화:** 근무 시간 기록을 정확히 관리하면, 급여 계산을 자동으로 처리할 수 있습니다. ChatGPT에 근무 시간을 입력해 간단한 급여 계산을 요청하세요.
- **교대 근무 효율성:** 교대 근무 스케줄을 짤 때, 근무 시간 겹침이

나 공백이 없도록 신경 써야 합니다. ChatGPT를 통해 최적화된 교대 근무 스케줄을 쉽게 생성할 수 있습니다.

- **예외 처리 관리:** 갑작스러운 결근이나 휴무가 생길 경우, 이를 반영해 근무표를 빠르게 수정할 수 있도록 ChatGPT에 상황을 입력하고 자동으로 조정된 스케줄을 받아 보세요.
- **정기적 스케줄 업데이트:** 매주 또는 매달 근무 일정이 바뀔 때마다 ChatGPT를 통해 일정을 업데이트하고, 최신 버전의 근무표를 직원들에게 공유하는 것이 좋습니다.

25. 위생 및 안전 관리 매뉴얼 작성

주제의 중요성

소상공인 식당에서는 위생과 안전 관리가 사업의 성공과 직결되는 중요한 요소입니다. 위생 관리를 철저히 하지 않으면 식중독이나 음식의 품질 저하로 인해 고객 신뢰를 잃을 수 있으며, 안전 관리를 소홀히 하면 직원이나 고객의 안전에 위협이 될 수 있습니다. 따라서, 체계적이고 명확한 위생 및 안전 관리 매뉴얼을 작성해 직원들이 이를 따르도록 하는 것이 필수입니다. ChatGPT를 활용하면 효율적으로 위생 및 안전 관리 매뉴얼을 작성할 수 있습니다.

문제인식

소상공인 식당에서는 위생과 안전 관리가 자칫 소홀해지기 쉽습니다. 직원들에게 위생 관리와 안전 수칙을 일일이 교육하기 어려운 상황에서, 명확한 매뉴얼 없이 업무가 진행되면 사고가 발생하거나 식품 안전 문제가 발생할 위험이 있습니다. 또한, 식당 내 사고나 위생 문제로 인해 법적 문제에 휘말리거나 벌금을 부과받을 수도 있습니다. 체계적인 매뉴얼이 없다면, 직원들이 일관성 있게 위생과 안전 규정을 준수하기 어렵습니다.

ChatGPT 활용법

ChatGPT는 위생 및 안전 관리 매뉴얼을 쉽게 작성할 수 있도록 도와줍니다. 식당의 구체적인 운영 환경과 요구 사항을 입력하면, ChatGPT는 식재료 보관, 청결 유지, 안전 장비 사용, 비상시 대처 방법 등 다양한 항목을 포함한 매뉴얼을 작성해 줍니다. 이 매뉴얼은 직원 교육 자료로 활용할 수 있으며, 새로운 직원이 들어왔을 때도 동일한 기준으로 교육할 수 있는 체계적인 문서로 사용할 수 있습니다.

프롬프트 예시

1. "식당에서 직원들이 따를 수 있는 기본적인 위생 관리 매뉴얼을 작성해 줘."

2. “음식 조리 과정에서의 위생 관리 절차를 설명하는 매뉴얼을 만들어 줘.”
3. “화재 발생 시 직원들이 따라야 할 안전 절차를 포함한 안전 관리 매뉴얼을 작성해 줘.”
4. “냉장고와 냉동고에서 식재료를 안전하게 보관하는 방법에 대한 위생 관리 매뉴얼을 만들어 줘.”
5. “직원이 상처나 화상을 입었을 때 대처하는 응급처치 절차를 매뉴얼에 포함해 줘.”
6. “식당 주방 청소와 소독 절차에 대한 위생 관리 매뉴얼을 작성해 줘.”
7. “식재료 폐기와 관련된 위생 규정을 포함한 매뉴얼을 작성해 줘.”

기대효과

ChatGPT를 활용해 작성된 위생 및 안전 관리 매뉴얼을 사용하면, 모든 직원이 동일한 절차와 규정을 준수할 수 있습니다. 예를 들어, 한 소상공인 식당은 ChatGPT로 작성한 매뉴얼을 바탕으로 직원 교육을 체계적으로 진행한 결과, 주방과 홀의 위생 상태가 크게 개선되었고, 위생 관련 민원이 줄어들었습니다. 또, 안전 매뉴얼을 통해 화재 대피 훈련을 진행하면서 실제 비상 상황에서도 빠르고 안전하게 대처할 수 있는 준비가 되었습니다.

추가 팁

- **매뉴얼은 구체적이고 명확하게:** 모든 직원이 쉽게 이해하고 따를 수 있도록 구체적이고 명확한 지침을 작성하는 것이 중요합니다. ChatGPT에 구체적인 상황을 입력해 맞춤형 매뉴얼을 받아 보세요.
- **정기적인 업데이트:** 위생 및 안전 규정은 변할 수 있으므로, 정기적으로 ChatGPT를 활용해 매뉴얼을 업데이트하고 최신 정보를 반영하세요.
- **직원 교육과 연계:** 매뉴얼을 작성한 후 직원 교육에 적극 활용하세요. ChatGPT로 작성된 문서를 바탕으로 교육 자료를 만들 수 있습니다.
- **주기적인 점검:** 위생과 안전 매뉴얼을 만들었다면, 직원들이 이를 잘 준수하고 있는지 정기적으로 점검하는 것이 중요합니다. 체크리스트를 ChatGPT에게 요청해 관리하세요.
- **비상 대응 훈련 실시:** 비상 상황 대응 매뉴얼을 만든 후, 실제 상황에서 직원들이 잘 대처할 수 있도록 정기적으로 훈련을 진행해 보세요.

26. 행사 및 프로모션 계획서 작성

주제의 중요성

소상공인 식당에서 행사나 프로모션을 효과적으로 기획하는 것은 매출을 증대시키고 신규 고객을 유치하는 중요한 마케팅 전략입니다. 특히, 특별한 행사나 할인 프로모션은 고객의 관심을 끌고, 매장 방문을 유도하는 데 큰 역할을 합니다. 하지만 구체적인 계획 없이 행사를 진행하면 준비 부족으로 인해 기대한 효과를 거두지 못할 수 있습니다. ChatGPT를 활용하면 체계적이고 구체적인 행사 및 프로모션 계획서를 쉽게 작성할 수 있습니다.

문제인식

행사나 프로모션을 기획할 때, 필요한 세부 계획을 모두 놓치지 않고 준비하는 것은 어려운 일입니다. 예산, 일정, 홍보 방법, 행사 내용 등 다양한 요소를 고려해야 하며, 제대로 된 계획이 없으면 고객의 참여가 저조하거나 비용이 과다하게 발생할 수 있습니다. 또한, 프로모션의 타이밍이나 홍보 수단을 잘못 설정하면 행사 효과가 떨어질 수 있습니다.

ChatGPT 활용법

ChatGPT는 효과적인 행사 및 프로모션 계획서를 작성하는 데 큰 도움을 줄 수 있습니다. 예산 설정, 행사 내용, 홍보 전략, 목표 고객층 분석 등 계획서의 주요 항목을 자동으로 작성하고, 행사의 각 단계를 체계적으로 정리해 줍니다. 또한, 행사 전후 분석을 통해 다음 프로모션의 개선점을 도출하는 데도 사용할 수 있습니다. 이를 통해 실효성 높은 행사를 기획하고, 고객의 관심을 최대한 끌 수 있습니다.

프롬프트 예시

1. "신메뉴 출시 기념 할인 행사를 위한 계획서를 작성해 줘. 행사 기간은 2주이고, 10% 할인 혜택을 줄 예정이야."
2. "이번 주말에 진행할 특별 할인 프로모션의 계획서를 작성해 줘. 30% 할인 혜택과 SNS 홍보를 포함해서."
3. "가을 맞이 행사로 고객에게 제공할 프로모션 기획서를 작성해 줘. 가을 테마 메뉴와 관련된 이벤트를 포함해서."
4. "재방문 고객을 위한 스탬프 적립 이벤트 계획서를 작성해 줘. 10회 방문 시 무료 식사를 제공할 예정이야."
5. "매출이 적은 월요일에 고객을 유치하기 위한 특별 프로모션 계획서를 만들어 줘. 1+1 메뉴 이벤트를 포함해서."
6. "어린이날 맞이 가족 단위 고객을 위한 특별 행사 계획서를 작성해 줘. 어린이 메뉴 할인과 이벤트를 포함해서."
7. "SNS 팔로워를 대상으로 한 추첨 이벤트 계획서를 작성해 줘. 팔로우한 고객 중 추첨을 통해 무료 식사권을 제공할 예정이야."

기대효과

ChatGPT를 통해 작성된 행사 및 프로모션 계획서는 체계적이고 세밀하게 계획되어, 성공적인 이벤트 운영을 도울 수 있습니다. 예를 들어, 한 소상공인 식당은 신메뉴 출시를 기념해 ChatGPT가 작성한 프로모션 계획서를 활용하여 2주간 10% 할인 행사를 진행했습니다. 그 결과, 신메뉴의 인지도가 빠르게 확산되었고, 매출이 15% 증가했습니다. 또한, 고객 참여를 독려하는 SNS 추첨 이벤트를 통해 온라인에서 가게의 인지도가 상승하고, 신규 고객을 유치할 수 있었습니다.

추가 팁

- **구체적인 목표 설정:** 행사의 목표를 명확히 설정하세요. 예를 들어, 매출 증대, 고객 유입 증가, 신메뉴 홍보 등 ChatGPT에 구체적인 목표를 입력하면 이에 맞는 계획을 작성할 수 있습니다.
- **효과적인 홍보 전략:** 프로모션의 성공 여부는 홍보에 달려 있습니다. ChatGPT에게 효과적인 홍보 전략을 물어보고, SNS, 이메일 마케팅, 쿠폰 발송 등의 방법을 계획서에 포함하세요.
- **예산 관리 포함:** 행사 비용을 정확히 관리해야 합니다. ChatGPT에게 예산 항목을 요청하면, 행사 기획에서 비용 관리까지 일관된 계획을 세울 수 있습니다.
- **후속 분석 포함:** 행사가 끝난 후 성과를 분석하는 것도 중요합니다. ChatGPT로 행사 후 분석 보고서를 작성해, 다음 프로모션에서 더 나은 성과를 얻을 수 있도록 개선점을 도출하세요.

- **계절 및 특별 이벤트 활용:** 연말연시, 명절, 계절 이벤트 등 특별한 시기에 맞춰 행사 및 프로모션을 계획하면 고객의 관심을 끌기 쉽습니다. ChatGPT에게 맞춤형 아이디어를 요청해 보세요.

27. 트렌드 분석 및 경쟁사 분석 보고서 작성

주제의 중요성

소상공인 식당의 성공적인 운영을 위해서는 시장 트렌드와 경쟁사 분석이 필수적입니다. 고객의 소비 패턴, 인기 메뉴, 서비스 트렌드 등 변화하는 시장 상황을 파악하면, 이를 바탕으로 전략을 수립하고 경쟁력을 강화할 수 있습니다. 하지만 바쁜 일정 속에서 트렌드를 분석하거나 경쟁사의 운영 방식을 철저하게 파악하는 것은 어려운 일입니다. ChatGPT를 활용하면 손쉽게 트렌드와 경쟁사를 분석한 보고서를 작성할 수 있습니다.

문제인식

많은 소상공인들은 시장 트렌드를 분석할 시간이 부족하거나 경쟁사의 강점을 제대로 파악하지 못해 뒤처지기 쉽습니다. 트렌드를 놓치면 고객의 관심을 끌기 어려워지고, 경쟁사의 성공적인 전략을 놓치면 시장에서 도태될 위험이 있습니다. 또한, 무작정 트렌드를 쫓거나 경쟁사를 모방하기보다는, 자신만의 차별화된 전략을 세우는 것이 중요하지만, 이를 위해선 체계적인 분석이 필요합니다.

ChatGPT 활용법

ChatGPT는 최신 시장 트렌드 분석과 경쟁사 분석 보고서를 작성하는 데 유용합니다. 고객의 선호도를 반영한 신메뉴 트렌드, 서비스 개선 아이디어, 마케팅 전략 등을 분석해 주고, 경쟁사의 강점과 약점을 비교하여 체계적으로 정리된 보고서를 제공할 수 있습니다. 또한, 이를 기반으로 차별화된 전략을 세울 수 있는 방향을 제안받을 수 있어, 경쟁에서 우위를 점할 수 있습니다.

프롬프트 예시

1. “올해 외식 시장의 주요 트렌드를 분석한 보고서를 작성해 줘.”
2. “경쟁 식당 A와 B의 메뉴 구성과 가격 정책을 비교 분석해 보고서를 작성해 줘.”
3. “2024년 음식 서비스 트렌드에 따른 새로운 마케팅 전략을 제안하는 보고서를 작성해 줘.”
4. “경쟁 식당의 SNS 마케팅 전략을 분석하고, 우리 식당에 적용할 수 있는 방안을 제안해 줘.”
5. “신규 고객 유치를 위한 경쟁사들의 성공적인 프로모션 사례를 분석해 줘.”

6. "우리 지역 내 3개의 주요 경쟁 식당의 매출 성장 요인을 분석한 보고서를 작성해 줘."
7. "올해의 외식 트렌드 중 하나인 '건강식' 관련 시장 트렌드와 고객 수요를 분석해 줘."

기대효과

ChatGPT를 통해 트렌드 분석 및 경쟁사 분석 보고서를 작성하면, 현재 시장에서 어떤 전략이 효과적인지 명확히 파악할 수 있습니다. 예를 들어, 한 소상공인 식당은 ChatGPT가 분석한 '채식과 친환경 식재료' 트렌드를 바탕으로 신메뉴를 개발해 고객 유입을 늘렸고, 경쟁사의 온라인 마케팅 전략을 분석해 성공적으로 자사 마케팅에 적용했습니다. 이를 통해 기존보다 20% 이상의 매출 성장을 이루는 성과를 거뒀습니다.

추가 팁

- **정확한 목표 설정:** 트렌드 분석 또는 경쟁사 분석 보고서를 작성할 때, 정확한 목표를 설정하는 것이 중요합니다. ChatGPT에 목표를 구체적으로 입력하면 필요한 정보를 체계적으로 분석할 수 있습니다.
- **주기적인 트렌드 업데이트:** 시장 트렌드는 빠르게 변화하므로, ChatGPT를 통해 정기적으로 최신 트렌드를 업데이트하여 전략을 조정하세요.

- **차별화 전략 도출:** 경쟁사 분석을 통해 단순히 따라가는 것이 아니라, 경쟁사와 차별화할 수 있는 전략을 도출하는 것이 중요합니다. ChatGPT로 차별화 포인트를 제안받을 수 있습니다.
- **데이터 기반 분석 활용:** 매출 데이터나 고객 피드백 데이터를 기반으로 트렌드 및 경쟁사 분석 보고서를 작성하면 더욱 구체적이고 실질적인 결과를 얻을 수 있습니다.
- **신규 트렌드 적극 반영:** 시장 트렌드에서 자주 등장하는 키워드나 소비자 관심사를 ChatGPT로 분석해 보고, 이를 메뉴 구성이나 마케팅 전략에 적극 반영해 보세요.

28. 지원하고 싶게 만드는 채용 공고 및 면접 질문지 작성

주제의 중요성

소상공인 식당의 성공적인 운영을 위해서는 적합한 인재를 채용하는 것이 매우 중요합니다. 채용 공고는 첫인상으로, 얼마나 매력적이고 구체적으로 작성되었느냐에 따라 우수한 인재가 지원할지 결정됩니다. 또한, 면접 질문지는 지원자의 역량과 성격을 평가하는 핵심 도구로, 올바른 질문을 통해 적합한 인재를 선별할 수 있습니다. ChatGPT를 활용하면 지원자가 관심을 가질 수 있는 매력적인 채용 공고와 체계적인 면접 질문지를 쉽게 작성할 수 있습니다.

문제인식

많은 소상공인들은 채용 공고를 어떻게 작성해야 지원자에게 어필할 수 있을지 어려움을 겪습니다. 구체적이지 않거나 평범한 공고는 우수한 인재를 끌어들이기 어렵고, 지원자 수가 적어질 수 있습니다. 또한, 면접 질문지를 작성할 때에도 지원자의 역량을 파악할 수 있는 질문을 마련하지 않으면, 적합한 인재를 선별하는 데 실패할 수 있습니다.

ChatGPT 활용법

ChatGPT는 채용 공고 작성부터 면접 질문지 작성까지 빠르고 간편하게 도와줄 수 있습니다. 채용 공고에는 직무 설명, 근무 조건, 장점, 그리고 해당 포지션에 적합한 인재상이 구체적으로 포함되어야 하는데, ChatGPT가 이를 체계적으로 작성해 줍니다. 또한, 면접에서 지원자의 역량을 평가할 수 있는 질문들을 상황에 맞게 자동으로 작성해 줌으로써, 효과적인 인재 선발이 가능합니다.

프롬프트 예시

1. "우리 식당에서 서빙 직원을 채용하려고 해. 근무 시간, 주요 업무, 급여 조건을 포함해 매력적인 채용 공고를 작성해 줘."
2. "주방 보조 직원을 구하는 채용 공고를 작성해 줘. 근무 환경의

장점과 팀워크의 중요성을 강조해 줘."

3. "매장 관리자 포지션을 위한 채용 공고를 작성해 줘. 리더십 경험과 고객 서비스 능력을 강조해 줘."
4. "주방 지원자의 요리 실력을 평가할 수 있는 면접 질문을 5개 작성해 줘."
5. "고객 응대 경험을 중점으로 평가할 수 있는 서빙 직원 면접 질문지를 작성해 줘."
6. "신입 직원의 책임감과 협업 능력을 파악할 수 있는 면접 질문 5가지를 만들어 줘."
7. "지원자가 우리 식당에 왜 적합한지 알아볼 수 있는 창의적인 면접 질문을 만들어 줘."

기대효과

ChatGPT로 작성된 매력적인 채용 공고는 더 많은 지원자를 끌어들일 수 있습니다. 예를 들어, 한 소상공인은 ChatGPT로 서빙 직원 채용 공고를 작성한 후 지원자가 크게 늘었고, 그중 우수한 인재를 선별할 수 있었습니다. 또한, 면접 질문지를 통해 지원자의 책임감, 협업 능력, 고객 서비스 능력을 평가해 가장 적합한 직원을 채용할 수 있었습니다.

추가 팁

- **직무의 장점 강조:** 채용 공고에서는 직무의 매력적인 부분을 강

조하세요. 예를 들어, 팀워크, 성장 가능성, 유연한 근무 조건 등 지원자에게 어필할 수 있는 요소를 포함하세요.

- **구체적인 조건 명시:** 근무 시간, 급여, 복지 혜택 등 구체적인 조건을 명확히 기재하면, 지원자의 관심을 끌 수 있습니다. ChatGPT를 통해 이를 체계적으로 작성할 수 있습니다.
- **맞춤형 질문 작성:** 면접 질문은 채용 포지션에 맞게 맞춤형으로 구성하는 것이 중요합니다. ChatGPT를 활용해 직무별로 적합한 질문을 작성해 보세요.
- **성격과 역량 파악 질문 포함:** 지원자의 성격과 문제 해결 능력을 평가할 수 있는 질문을 포함하면 더 나은 선발이 가능합니다. 예를 들어, 위기 대처 능력이나 고객 불만 해결 경험을 묻는 질문을 추가해 보세요.
- **지속적인 업데이트:** 채용 공고와 면접 질문지는 주기적으로 업데이트하여 변화하는 환경에 맞게 조정하세요. ChatGPT는 이에 맞춰 최신 공고와 질문지를 빠르게 작성해 줄 수 있습니다.

29. 메뉴 개발 보고서 및 비용 분석

주제의 중요성

소상공인 식당에서 메뉴 개발은 고객의 관심을 끌고 매출을 증대시키는 중요한 전략입니다. 새로운 메뉴를 도입하면 고객의 관심을 유도하고, 정체된 매출을 극복할 수 있습니다. 그러나 메뉴 개발은 단순히 요리 아이디어에 그치지 않고, 철저한 비용 분석을 동반해야 합니다. 원가 계산과 수익성을 고려하지 않은 메뉴는 오히려 매출에 악영향을 미칠 수 있기 때문에, 체계적인 보고서와 비용 분석이 필수적입니다. ChatGPT를 활용하면 메뉴 개발과 함께 비용을 분석하는 보고서를 쉽게 작성할 수 있습니다.

문제인식

많은 소상공인들은 새로운 메뉴를 개발할 때, 맛과 아이디어에 집중하지만, 재료비, 인건비, 운영비 등의 비용 분석을 충분히 하지 못해 결과적으로 수익성이 낮아지는 경우가 많습니다. 예를 들어, 고급 재료를 사용한 메뉴는 고객에게 매력적일 수 있지만, 높은 원가로 인해 실질적인 이익이 줄어들거나 손실을 초래할 수 있습니다. 따라서 메뉴 개발 초기 단계부터 비용을 꼼꼼히 분석하는 것이 중요합니다.

ChatGPT 활용법

ChatGPT는 메뉴 개발 보고서와 비용 분석을 체계적으로 작성하는 데 도움을 줄 수 있습니다. 새로운 메뉴의 개요, 주요 재료, 예상 원가 등을 입력하면, ChatGPT는 메뉴의 수익성을 계산하고, 원가 대비 가격 설정에 대한 추천을 제공할 수 있습니다. 이를 통해 실질적인 이익을 얻을 수 있는 메뉴를 개발할 수 있습니다. 또한, 메뉴 개발 과정에서 고려해야 할 재료비, 인건비, 운영비 등을 종합적으로 분석해 메뉴가 가게에 미치는 재정적 영향을 예측할 수 있습니다.

프롬프트 예시

1. "새로 개발한 '해물 파스타'의 재료 원가와 예상 판매가를 바탕으로 수익성을 분석한 보고서를 작성해 줘."
2. "이번 달에 출시할 디저트 메뉴의 원가 분석과 예상 이익률을 포함한 메뉴 개발 보고서를 만들어 줘."
3. "고급 재료를 사용한 스테이크 메뉴의 원가 대비 적절한 판매 가격을 추천해 주고, 그에 따른 수익성을 계산해 줘."
4. "새로운 채식 메뉴를 추가하려고 하는데, 원가 분석과 고객 타깃팅을 포함한 메뉴 개발 보고서를 작성해 줘."
5. "재료비와 인건비를 고려해 수익성 높은 점심 특선 메뉴의 개발 보고서를 작성해 줘."
6. "현재 판매 중인 메뉴의 재료비와 예상 판매량을 바탕으로 비용 분석과 개선할 부분을 제안해 줘."
7. "새로 추가한 음료 메뉴의 재료 원가와 예상 판매 가격을 바탕으로 이익률을 분석해 줘."

기대효과

ChatGPT를 활용해 메뉴 개발 보고서와 비용 분석을 작성하면, 수익성을 극대화할 수 있는 메뉴를 개발할 수 있습니다. 예를 들어, 한 소상공인은 ChatGPT가 분석한 보고서를 바탕으로 신메뉴 출시 전 예상 비용과 수익을 철저히 검토한 후, 재료비를 절감할 수 있는 대안을 적용하여 이익률을 20% 향상시켰습니다. 또한, 판매량과 수익성을 고려한 가격 설정 덕분에 고객 만족도와 매출을 동시에 높이는 효과를 거두었습니다.

추가 팁

- **재료비와 운영비 철저 관리:** 메뉴 개발 시 재료비뿐만 아니라 인건비, 운영비까지 고려한 총비용을 분석하는 것이 중요합니다. ChatGPT에게 이를 종합적으로 분석하는 보고서를 요청하세요.
- **수익성 기준 설정:** 메뉴의 가격을 설정할 때, 원하는 이익률을 미리 정해두고, ChatGPT로 수익성을 분석하면 적절한 가격을 쉽게 설정할 수 있습니다.
- **메뉴 다양화 전략:** ChatGPT를 활용해 고객층별로 다양한 가격대의 메뉴를 개발하고, 각 메뉴의 비용을 분석해 적절한 판매 전략을 세울 수 있습니다.
- **원가 절감 아이디어 도출:** ChatGPT에 재료 원가를 기반으로 비용 절감 방안을 요청해, 원가는 낮추고 품질은 유지할 수 있는 대안을 모색해 보세요.
- **주기적인 메뉴 분석:** 메뉴를 주기적으로 분석해, 원가 상승이나 시장 변동에 따른 가격 조정이 필요한 메뉴를 식별할 수 있습니다. ChatGPT로 기존 메뉴의 비용 분석을 정기적으로 업데이

트하세요.

30. 고객 설문조사 작성 및 분석 자동화

주제의 중요성

소상공인 식당 운영에서 고객의 의견을 수집하는 것은 매우 중요합니다. 고객 설문조사는 고객이 어떤 점을 만족하거나 불만족스러워하는지, 서비스 개선점은 무엇인지 알아낼 수 있는 효과적인 도구입니다. 이를 통해 고객 경험을 향상시키고, 더 나은 전략을 세울 수 있습니다. 하지만 설문조사 작성부터 분석까지는 시간이 많이 소요되며, 전문적인 도구 없이 직접 분석하기 어려울 수 있습니다. ChatGPT를 활용하면 고객 설문조사를 쉽게 작성하고, 자동으로 결과를 분석할 수 있습니다.

문제인식

많은 소상공인들은 고객의 의견을 수집하고 분석할 여유가 없거나, 설문조사를 어떻게 구성해야 하는지 막막해합니다. 또, 설문 데이터를 수집한 후, 이를 어떻게 분석하고 개선점으로 연결할지 어려움을 느낄 수 있습니다. 이로 인해 고객의 요구나 기대를 제대로 파악하지 못하고, 서비스나 메뉴 개선의 기회를 놓치는 경우가 발생합니다.

ChatGPT 활용법

ChatGPT는 설문조사 작성부터 결과 분석까지 전 과정을 자동화하는 데 큰 도움을 줄 수 있습니다. 예를 들어, 고객 만족도 조사, 메뉴 선호도 조사, 서비스 평가 설문 등을 손쉽게 작성할 수 있습니다. 설문 결과를 수집한 후에는, ChatGPT가 데이터를 분석하여 고객의 주요 불만 사항, 개선이 필요한 부분, 인기 있는 메뉴 등 유용한 인사이트를 제공할 수 있습니다. 이를 통해 시간과 노력을 절약하고, 고객의 요구를 반영한 개선 전략을 빠르게 세울 수 있습니다.

프롬프트 예시

1. "우리 식당의 전반적인 서비스 만족도를 평가할 수 있는 고객 설문조사를 작성해 줘."
2. "신메뉴에 대한 고객의 반응을 알아볼 수 있는 설문조사 질문지를 만들어 줘."
3. "식당의 청결도, 직원 친절도, 음식 맛을 평가할 수 있는 설문조사를 작성해 줘."
4. "고객이 어떤 메뉴를 가장 좋아하는지 알아볼 수 있는 설문조사 질문을 만들어 줘."
5. "설문 결과를 바탕으로 서비스 만족도와 고객 재방문 의향을 분석하는 보고서를 작성해 줘."
6. "지난 3개월간의 설문조사 데이터를 바탕으로 주요 불만 사항과

개선할 점을 분석해 줘."

7. "고객이 자주 요청하는 메뉴 추가 또는 변경 사항을 분석하는 설문조사를 작성해 줘."

기대효과

ChatGPT를 활용해 고객 설문조사를 작성하고 자동 분석하면, 고객 의견을 효율적으로 수집하고 반영할 수 있습니다. 예를 들어, 한 소상공인 식당은 ChatGPT로 작성한 설문조사를 통해 고객들이 메뉴 다양성에 대한 불만을 가지고 있다는 것을 알게 되었고, 그에 맞춰 신메뉴를 개발하여 고객 만족도를 크게 높일 수 있었습니다. 또한, ChatGPT가 분석한 결과를 바탕으로 직원 친절도 교육을 강화한 덕분에 서비스 평가 점수가 상승하고, 고객 재방문율이 증가했습니다.

추가 팁

- **명확하고 구체적인 질문 작성**: 설문조사 질문은 구체적일수록 좋습니다. 예를 들어, "서비스에 만족하셨나요?"보다는 "직원의 친절함에 얼마나 만족하셨나요?" 같은 구체적인 질문을 사용하세요.
- **익명성 보장**: 고객이 솔직한 의견을 낼 수 있도록 설문조사는 익명으로 진행하는 것이 좋습니다. 이를 명시해 고객의 참여율을 높일 수 있습니다.

- **설문 데이터 정기적 분석**: 설문조사를 한 번만 진행하지 말고, 주기적으로 데이터를 수집하고 분석하세요. ChatGPT를 통해 자동 분석 보고서를 받을 수 있습니다.
- **인사이트 도출**: 설문조사 결과에서 주요 패턴이나 트렌드를 도출하는 것이 중요합니다. ChatGPT는 설문 데이터를 요약하고, 핵심 인사이트를 자동으로 제공해 줍니다.
- **행동 계획 반영**: 설문 결과는 단순한 분석에 그치지 않고, 이를 바탕으로 구체적인 개선 계획을 세우는 것이 중요합니다. ChatGPT에게 개선 방안을 제안해 달라고 요청할 수도 있습니다.

31. 브랜드 스토리 및 철학 문서 작성

주제의 중요성

브랜드 스토리와 브랜드 철학은 소상공인 식당의 정체성을 정의하고, 고객과의 깊은 연결을 형성하는 중요한 요소입니다. 성공적인 식당은 단순히 음식을 제공하는 것을 넘어, 브랜드만의 특별한 이야기를 통해 고객에게 감동을 주고, 충성도 높은 고객을 만들 수 있습니다. 브랜드 스토리는 고객이 그 식당에 관심을 가지고 기억하게 만드는 강력한 도구이며, 철학은 식당의 운영 가치와 방향성을 제시합니다. ChatGPT를 활용하면 감동적이고 일관성 있는 브랜드 스토리와 철학을 문서로 쉽게 작성할 수 있습니다.

문제인식

많은 소상공인들은 식당의 매출과 운영에 집중하다 보니 브랜드의 정체성에 대해 깊이 고민할 시간이 부족합니다. 그 결과, 고객에게 전달할 일관된 메시지나 감동적인 스토리가 부족하여 경쟁력에서 밀리거나, 고객의 관심을 끌지 못하는 경우가 많습니다. 또한, 브랜드 철학을 명확히 정립하지 않으면 운영에 있어서 혼란이 발생할 수 있으며, 직원들도 가게의 핵심 가치를 제대로 이해하지 못할 수 있습니다.

ChatGPT 활용법

ChatGPT는 소상공인 식당만의 고유한 브랜드 스토리와 철학을 작성하는 데 큰 도움을 줄 수 있습니다. 예를 들어, 식당 창업 배경, 메뉴 개발 과정, 지역사회와의 연결성 등을 바탕으로 감동적이고 공감할 수 있는 이야기를 만들어 주며, 고객이 브랜드에 더 큰 애착을 느끼게 합니다. 또한, ChatGPT를 통해 식당의 운영 철학과 가치를 구체적으로 정리해, 직원들에게도 명확한 가이드라인을 제공할 수 있습니다. 이를 통해 고객과의 깊은 관계를 구축하고, 브랜드 충성도를 높일 수 있습니다.

프롬프트 예시

1. "우리 식당의 창업 스토리와 음식 철학을 기반으로 한 브랜드 스토리를 작성해 줘."
2. "신선한 재료와 건강한 요리에 대한 브랜드 철학을 설명하는 문서를 만들어 줘."
3. "가족 운영 식당으로서의 따뜻한 이야기를 중심으로 브랜드 스토리를 작성해 줘."
4. "우리 식당이 지역 사회에 기여하는 점을 강조한 브랜드 스토리를 만들어 줘."
5. "지속 가능성과 환경 보호를 중요하게 생각하는 식당으로서의 철학을 담은 문서를 작성해 줘."
6. "전통과 현대를 결합한 메뉴 철학을 담은 브랜드 스토리 문서를 작성해 줘."
7. "우리 식당의 철학을 직원 교육용으로 정리한 문서를 만들어 줘."

기대효과

ChatGPT로 작성된 브랜드 스토리와 철학 문서를 통해 식당은 고객에게 일관된 메시지를 전달하고, 강력한 브랜드 이미지를 구축할 수 있습니다. 예를 들어, 한 소상공인은 ChatGPT를 활용해 창업 스토리와 식재료 철학을 담은 브랜드 스토리를 작성하여, 고객들이 가게의 음식에 담긴 가치를 더욱 깊이 이해하게 되었습니다. 이로 인해 SNS에서 자발적인 홍보가 늘어나면서 신규 고객 유입과 기존 고객의 재방문율이 크게 상승했습니다.

추가 팁

- **감동적인 요소 강조:** 브랜드 스토리에는 식당의 고유한 이야기를 감동적으로 표현하는 것이 중요합니다. 창업 동기, 메뉴 개발 과정에서의 어려움 등을 포함하면 고객에게 깊은 인상을 남길 수 있습니다.
- **일관성 유지:** 브랜드 철학과 스토리는 고객과 직원 모두에게 일관되게 전달되어야 합니다. ChatGPT를 통해 작성된 문서를 직원 교육 자료로도 활용하세요.
- **고객과의 연결성 강화:** 고객이 공감할 수 있는 스토리를 통해 브랜드와의 감정적 연결을 강화할 수 있습니다. 지역 사회에 대한 기여나 고객 피드백을 반영한 이야기 등을 포함하면 더욱 효과적입니다.
- **브랜드 가치를 구체화:** 브랜드 철학은 단순히 좋은 말이 아니라, 실제 운영 방침으로 연결될 수 있어야 합니다. ChatGPT를 통해 철학과 그 실행 방안을 구체적으로 정리해 보세요.
- **주기적인 업데이트:** 브랜드 철학과 스토리는 시간이 지나면서 업데이트가 필요할 수 있습니다. ChatGPT를 활용해 주기적으로 브랜드 가치를 점검하고, 새로운 요소를 추가하세요.

32. 식당 운영 매뉴얼 작성 및 교육 자료 제작

주제의 중요성

식당 운영 매뉴얼은 성공적인 식당 경영을 위해 필수적인 문서입니다. 일관된 운영 절차와 규칙이 있어야 직원들이 체계적으로 일을 수행할 수 있으며, 서비스 품질을 유지할 수 있습니다. 또한, 교육 자료는 신입 직원이 신속하게 적응하고, 기존 직원이 지속적으로 능력을 향상할 수 있는 도구로 활용됩니다. 하지만 매뉴얼을 작성하고 체계적인 교육 자료를 만드는 것은 시간이 많이 소요될 수 있습니다. ChatGPT를 활용하면 식당 운영 매뉴얼을 효율적으로 작성하고, 필요한 교육 자료를 손쉽게 준비할 수 있습니다.

문제인식

소상공인 식당들은 바쁜 운영 속에서 체계적인 운영 매뉴얼을 작성할 시간과 여유가 부족한 경우가 많습니다. 그 결과, 직원들이 일관되지 않은 방식으로 업무를 처리하거나, 서비스의 질이 들쑥날쑥한 문제가 발생할 수 있습니다. 또한, 신입 직원 교육에 시간이 많이 소요되거나, 기존 직원들이 업무 프로세스를 혼동하는 경우도 생깁니다. 제대로 된 매뉴얼이 없다면, 비효율적인 운영으로 이어질 수 있습니다.

ChatGPT 활용법

ChatGPT를 통해 식당 운영 매뉴얼을 작성하면, 시간과 노력을 절약하면서도 완성도 높은 문서를 만들 수 있습니다. 예를 들어, 직원의 역할과 책임, 서비스 절차, 청결 관리, 위생 규정, 고객 응대 방식 등을 포함한 매뉴얼을 ChatGPT가 체계적으로 정리해 줍니다. 또한, 교육 자료로 활용할 수 있는 내용을 쉽게 준비하여, 신입 직원이 빠르게 적응하고, 기존 직원의 역량을 향상시킬 수 있습니다. 이를 통해 운영의 일관성을 유지하고, 서비스의 질을 높일 수 있습니다.

프롬프트 예시

1. "식당의 주방 직원들을 위한 청결 및 위생 관리 매뉴얼을 작성해 줘."
2. "신입 직원 교육을 위한 기본 서비스 절차 매뉴얼을 만들어 줘."
3. "서빙 직원들이 고객을 응대할 때 따라야 할 응대 매뉴얼을 작성해 줘."
4. "식당의 재고 관리 방법과 식재료 보관 규칙을 포함한 운영 매뉴얼을 작성해 줘."
5. "매장의 청결 유지와 정기적인 소독 절차에 관한 매뉴얼을 만들어 줘."
6. "주방 안전 수칙과 사고 발생 시 대처 방법을 포함한 운영 매뉴얼을 작성해 줘."

7. “신입 직원들이 따라야 할 기본 서비스 매너와 작업 절차를 담은 교육 자료를 만들어 줘.”

기대효과

ChatGPT로 작성된 운영 매뉴얼과 교육 자료를 활용하면, 식당의 모든 직원이 일관된 방식으로 업무를 처리하여 운영 효율성이 크게 향상될 수 있습니다. 예를 들어, 한 소상공인은 ChatGPT가 작성한 서빙 매뉴얼을 직원들에게 배포한 후, 고객 응대 방식이 표준화되면서 고객 만족도가 눈에 띄게 향상되었습니다. 또, 주방 직원들이 사용할 수 있는 위생 관리 매뉴얼을 통해 청결 문제를 사전에 예방하여, 위생 검사를 쉽게 통과할 수 있었습니다.

추가 팁

- **매뉴얼을 직무별로 세분화:** 운영 매뉴얼은 직무별로 나누어 작성하는 것이 좋습니다. 주방 직원, 서빙 직원, 관리 직원 등 각 역할에 맞춘 매뉴얼을 작성해 보세요.
- **실제 상황에 맞게 구체화:** 매뉴얼과 교육 자료는 실제 운영 상황에 맞춰 구체적이어야 합니다. ChatGPT에게 식당의 상황을 설명하면 맞춤형 문서를 제공받을 수 있습니다.
- **시각적 자료 활용:** 운영 매뉴얼과 교육 자료에 이미지나 다이어그램을 포함하면 직원들이 더 쉽게 이해할 수 있습니다. ChatGPT

로 내용을 작성한 후, 시각 자료를 추가하는 것을 고려하세요.

- **정기적인 업데이트:** 매뉴얼과 교육 자료는 정기적으로 업데이트하는 것이 중요합니다. 운영 방식이 변경되거나 새로운 규정이 생기면 ChatGPT를 통해 매뉴얼을 수정해 최신 상태를 유지하세요.
- **교육 프로그램과 연계:** ChatGPT로 작성된 매뉴얼을 기반으로 정기적인 직원 교육 프로그램을 운영하면, 직원들이 꾸준히 능력을 향상시키고, 업무에 대한 이해도를 높일 수 있습니다.

제3장

ChatGPT를 활용한 메뉴 개발

제3장

ChatGPT를 활용한 메뉴 개발

33. ChatGPT를 활용한 신메뉴 아이디어 창출 브레인스토밍

주제의 중요성

소상공인 식당에서 신메뉴 개발은 매출 증대와 고객의 관심을 끌기 위한 중요한 전략입니다. 매력적이고 창의적인 신메뉴는 단골 고객뿐만 아니라 새로운 고객을 유치할 수 있는 좋은 기회가 됩니다. 하지만, 트렌드에 맞추면서도 독창적인 아이디어를 떠올리는 과정은 시간과 노력이 필요합니다. ChatGPT를 활용하면 신메뉴 아이디어를 빠르게 제안받고, 다양한 선택지를 제공받아 효율적인 브레인스토밍을 할 수 있습니다.

문제인식

소상공인들은 바쁜 운영 속에서 신메뉴 아이디어를 창출하는 데 어려움을 겪을 수 있습니다. 창의적인 메뉴 개발을 위해서는 트렌드와 고객의 취향, 시장 상황을 고려해야 하며, 이를 기반으로 차별화된 아이디어를 만들어내는 것이 쉽지 않습니다. 또한, 직원들과의 협업을 통해 아이디어를 수집하고 정리하는 과정도 체계적으로 진행되지 않으면 비효율적일 수 있습니다.

ChatGPT 활용법

ChatGPT는 신메뉴 개발을 위한 아이디어 창출과 브레인스토밍에 매우 유용한 도구입니다. 직원들과 함께 아이디어를 논의할 때, ChatGPT가 빠르게 다양한 아이디어를 제안하고 이를 정리해 주는 역할을 할 수 있습니다. 메뉴 개발 과정에서 테마나 재료, 고객층에 맞는 다양한 접근 방식을 제안받고, 이를 기반으로 효과적인 브레인스토밍을 진행할 수 있습니다. 또한, 직원들과 함께 브레인스토밍하는 과정을 체계적으로 단계별로 정리해 활용할 수 있습니다.

구체적인 프롬프트 예시

1. "가을에 어울리는 제철 재료를 사용한 건강식 신메뉴 아이디어를 제안해 줘."
2. "우리 가게의 대표 메뉴인 비빔밥을 변형한 새로운 메뉴 아이디어를 추천해 줘."
3. "직원들과 신메뉴 개발을 위한 브레인스토밍을 하기 위한 진행

방법을 단계별로 자세히 정리해 줘."

4. "젊은 고객층이 좋아할 만한 트렌디한 디저트 메뉴를 제안해 줘."
5. "제철 해산물을 활용한 신선하고 가벼운 메뉴 아이디어를 몇 가지 추천해 줘."
6. "여름에 맞는 시원한 음료 메뉴를 개발하고 싶어. 몇 가지 아이디어를 제안해 줘."
7. "전통 한식의 느낌을 살리면서도 현대적인 감각을 더한 퓨전 메뉴 아이디어를 제안해 줘."

기대효과

ChatGPT를 활용한 신메뉴 브레인스토밍을 통해 여러 가지 아이디어를 쉽게 얻고 새로운 시도를 할 수 있습니다. 예를 들어, 한 소상공인은 ChatGPT가 제안한 계절별 재료와 독특한 조리법을 바탕으로 퓨전 요리를 개발해 고객의 큰 호응을 얻었습니다. 또한, 트렌디한 디저트를 추가로 개발하여 젊은 고객층의 방문이 늘어나고, SNS를 통해 자연스러운 홍보 효과를 누리는 사례도 있습니다. 이를 통해 고객 만족도와 매출이 모두 상승하는 결과를 가져왔습니다.

추가 팁

- **아이디어를 세분화하여 요청:** ChatGPT에게 구체적인 재료, 테마, 고객층을 설정해 요청하면 더욱 맞춤형 아이디어를 받

을 수 있습니다.

- **시장 트렌드 반영:** ChatGPT에게 현재 트렌드나 인기 있는 음식 아이디어를 요청하여 신메뉴 개발에 반영할 수 있습니다.
- **피드백을 통한 개선:** ChatGPT가 제안한 아이디어를 바탕으로 더 구체적인 피드백을 요청하면, 아이디어를 더욱 발전시키고 실현 가능성을 높일 수 있습니다.
- **브레인스토밍 진행 단계 활용:** 직원들과 함께 아이디어를 나누는 과정에서 ChatGPT가 제시한 단계별 방법을 활용하면, 브레인스토밍이 체계적이고 효율적으로 진행됩니다.
- **테스트 후 출시:** ChatGPT가 제공한 아이디어 중 몇 가지를 선별해 고객 반응을 테스트한 후, 긍정적인 반응을 얻은 메뉴를 정식 출시하는 것도 좋은 전략입니다.

직원들과 신메뉴 개발을 위한 브레인스토밍 진행 방법 (단계별 정리)

1. **목표 설정:** 신메뉴 개발의 목표를 명확히 설정합니다. 예를 들어, 계절에 맞는 메뉴인지, 특정 고객층을 겨냥한 메뉴인지 목표를 정의합니다.
2. **아이디어 수집:** ChatGPT를 활용해 다양한 메뉴 아이디어를 직원들에게 제시합니다. 각 직원들이 제안한 아이디어와 ChatGPT의 제안을 비교하고 추가 의견을 받습니다.
3. **토론 및 피드백:** 수집된 아이디어에 대해 직원들과 자유롭게 토론하며, 각각의 장단점을 분석합니다. 고객의 취향, 조리의

난이도, 비용 등을 고려해 현실적으로 실행 가능한 아이디어를 추려냅니다.

4. **실현 가능성 평가:** 선택된 아이디어의 재료비, 조리 시간, 메뉴 구성 등의 실현 가능성을 ChatGPT를 통해 분석하고, 직원들의 의견과 함께 평가합니다.
5. **프로토타입 제작:** 실현 가능한 아이디어로 시범 메뉴를 제작해 맛과 조리 과정을 테스트합니다.
6. **고객 반응 테스트:** 시범 메뉴를 일부 고객에게 제공해 반응을 수집하고, 그 결과를 바탕으로 최종 신메뉴를 확정합니다.
7. **최종 결정 및 출시:** ChatGPT와 직원들의 피드백을 바탕으로 최종 메뉴를 확정하고, 정식으로 출시합니다.

34. 계절별 메뉴 개발 전략

주제의 중요성

식당의 성공적인 운영을 위해서는 계절별 메뉴를 잘 활용하는 것이 매우 중요합니다. 계절에 맞는 신선한 재료를 활용한 메뉴는 고객에게 신선한 이미지를 주고, 특정 계절에만 즐길 수 있는 한정 메뉴는 고객의 기대감을 높여 방문을 유도합니다. 그러나 계절별 메뉴를 기획하는 과정에서 어떤 재료를 사용해야 할지, 어떤 스타일의 요리를 제공할지 결정하는 것은 쉽지 않은 과제입니다. ChatGPT를 활용하면 계절에 맞는 다양한 재료와 메뉴 아이디어를 빠르게 얻을 수 있으며, 이를 기반으로 효과적인 계절별 메뉴 개발 전략을 세울 수 있습니다.

문제인식

소상공인들은 계절에 맞는 신메뉴를 개발할 때, 어떤 재료를 사용할지, 메뉴 구성을 어떻게 할지 고민하는 경우가 많습니다. 계절별 메뉴는 신선한 재료를 사용해야 하며, 고객의 취향과 유행을 반영해야 하기 때문에 다양한 요소를 고려해야 합니다. 계절마다 트렌드도 다르고, 재료의 가격 변동도 커서 신중한 계획이 필요합니다. 이러한 점에서 다양한 아이디어와 정확한 정보가 부족하면 메뉴 개발이 어렵거나 지연될 수 있습니다.

ChatGPT 활용법

ChatGPT는 계절별 메뉴 개발 전략을 효율적으로 세울 수 있도록 돕는 강력한 도구입니다. 계절에 맞는 신선한 재료 추천부터, 특정 고객층을 겨냥한 요리 스타일까지 다양한 메뉴 아이디어를 제공할 수 있습니다. 또한, 메뉴 개발을 위한 재료 원가 분석, 트렌드 조사, 음식 스타일 제안 등을 통해 계절에 맞는 최적의 메뉴 구성을 도와줍니다. 이를 통해 계절마다 고객의 요구에 맞는 신메뉴를 신속하게 개발할 수 있으며, 경쟁력을 유지할 수 있습니다.

구체적인 프롬프트 예시

1. “여름에 어울리는 시원하고 가벼운 샐러드 메뉴 아이디어를 제안해 줘.”
2. “가을 제철 재료를 활용한 건강식 메뉴를 개발하고 싶어. 추천할 만한 재료와 요리법을 제안해 줘.”
3. “겨울철 따뜻한 국물 요리 메뉴를 개발하려고 해. 계절에 맞는 재료를 포함한 아이디어를 제안해 줘.”
4. “봄철 특산물인 두릅을 활용한 요리 아이디어를 제안해 줘.”
5. “젊은 고객층을 겨냥한 여름 한정 디저트 메뉴 아이디어를 추천해 줘.”
6. “가을에 맞는 스페셜 음료 메뉴를 개발하고 싶어. 몇 가지 아이디어를 제안해 줘.”
7. “겨울철 제철 해산물을 활용한 신메뉴 아이디어를 브레인스토밍해 줘.”

기대효과

ChatGPT를 활용해 계절별 메뉴를 개발하면, 고객의 계절적 요구를 만족시킬 수 있는 메뉴를 신속하고 효율적으로 구성할 수 있습니다. 예를 들어, 한 소상공인은 ChatGPT가 제안한 봄철 재료를 활용해 가볍고 신선한 샐러드 메뉴를 출시하여, 계절적 특성을 살린 마케팅을 통해 매출을 증가시킬 수 있었습니다. 또, 여름철 시원한 디저트를 개발해 젊은 고객층의 발길을 이끌고, SNS에서도 자발적인 홍보 효과를 누렸습니다.

추가 팁

- **신선한 재료 추천 요청:** ChatGPT에게 계절별로 가장 신선하고 적합한 재료를 추천받고, 이를 기반으로 메뉴를 구상하세요.
- **메뉴의 다양성 확보:** 계절에 맞는 메인 요리뿐만 아니라, 음료, 디저트, 사이드 메뉴 등 다양한 카테고리에서 아이디어를 요청해 메뉴 구성을 다채롭게 할 수 있습니다.
- **원가 관리:** ChatGPT에 재료비와 예상 판매 가격을 입력하여 수익성을 분석하고, 적절한 가격대를 설정해 고객에게 합리적인 가격으로 메뉴를 제공하세요.
- **시즌 한정 마케팅 활용:** 계절별 메뉴를 출시할 때, '한정 메뉴'로 마케팅 효과를 극대화할 수 있습니다. ChatGPT에 마케팅 전략을 문의하여 시즌 한정 메뉴의 판매를 촉진할 수 있는 방안을 찾아보세요.
- **정기적 업데이트:** 매 시즌마다 새로운 메뉴 아이디어를 요청하고, 기존 메뉴와 차별화된 신메뉴를 지속적으로 개발하여 고객의 흥미를 유지하세요.

35. 지역 특산물 기반 메뉴 발굴

주제의 중요성

지역 특산물을 활용한 메뉴는 소상공인 식당의 정체성을 강화하고, 고객에게 신선한 매력을 제공합니다. 특히 지역 특산물은 그 지역의 고유한 맛과 문화를 반영하여 고객들에게 차별화된 경험을 선사할 수 있습니다. 지역 경제와 연계되는 긍정적 이미지를 구축하면서도, 신선하고 독특한 재료를 활용해 메뉴의 다양성을 높일 수 있습니다. ChatGPT는 이러한 지역 특산물을 활용해 새로운 메뉴를 발굴하는 데 큰 도움을 줄 수 있는 도구입니다.

문제인식

많은 소상공인들은 자신이 속한 지역의 특산물을 활용해 차별화된 메뉴를 개발하고 싶지만, 이를 어떻게 요리로 발전시킬지 막막해하는 경우가 많습니다. 특산물을 단순히 사용하는 것뿐만 아니라, 고객의 입맛에 맞춰 창의적으로 재해석하는 것이 필요합니다. 또한, 새로운 메뉴를 구상할 때 비용, 재료 공급, 조리법 등을 고려해야 하므로 전체적인 기획이 필요합니다. 이러한 복잡한 과정에서 적절한 아이디어를 찾기 어려울 수 있습니다.

ChatGPT 활용법

ChatGPT는 지역 특산물 기반 메뉴 발굴에서 매우 유용한 역할을 할 수 있습니다. 특정 지역의 특산물을 제시하면, 이를 활용한 다양한 메뉴 아이디어를 제공할 수 있으며, 트렌디한 요리 스타일이나 기존 메뉴와의 조화까지 고려하여 제안합니다. 또한, 특산물의 계절성, 고객 선호도, 조리법 등의 세부 정보를 기반으로, 실제로 운영에 적용할 수 있는 메뉴를 구성하는 데 도움을 줍니다. 이를 통해 지역 특산물의 가치를 극대화한 신메뉴를 쉽게 개발할 수 있습니다.

구체적인 프롬프트 예시

1. "제주도의 감귤을 활용한 디저트 메뉴 아이디어를 제안해 줘."
2. "강원도 메밀을 사용한 독특한 면 요리 메뉴를 추천해 줘."
3. "전라남도 벌교 꼬막을 활용한 신메뉴 아이디어를 제안해 줘."
4. "부산의 대구를 재료로 사용하는 해산물 요리 메뉴를 몇 가지 제안해 줘."
5. "경상북도 사과를 활용한 가벼운 디저트나 음료 메뉴를 개발하려고 해. 아이디어를 제안해 줘."
6. "지역 특산물인 울릉도 호박엿을 활용한 창의적인 디저트 메뉴를 제안해 줘."
7. "전주 비빔밥의 전통성을 살리면서 현대적인 감각을 더한 퓨전 메뉴를 추천해 줘."

기대효과

ChatGPT를 활용해 지역 특산물 기반 메뉴를 발굴하면, 지역적 특성을 살리면서도 차별화된 메뉴를 개발할 수 있습니다. 예를 들어, 한 소상공인은 제주 감귤을 활용한 상큼한 디저트를 개발해 관광객들의 큰 호응을 얻었고, 이는 지역 특산물을 활용한 메뉴로 식당의 인지도를 높이는 계기가 되었습니다. 또 다른 사례로, 강원도의 메밀을 활용한 퓨전 면 요리를 개발한 식당은 지역 주민뿐만 아니라 외지 손님에게도 인기를 끌며 매출이 상승했습니다.

추가 팁

- **재료의 계절성 고려:** 지역 특산물은 계절마다 다를 수 있습니다. ChatGPT에게 각 계절에 맞는 특산물을 활용한 메뉴를 요청해 계절감 있는 메뉴를 개발하세요.
- **문화와 전통을 반영한 메뉴 개발:** 특산물의 지역적 특성을 살리면서도 현대적인 감각을 더한 메뉴를 개발하면, 고객들에게 독창적인 경험을 제공할 수 있습니다.
- **재료 원가와 수익성 분석:** ChatGPT에게 특산물의 원가를 고려한 메뉴 가격 설정을 요청해 적절한 수익성을 확보할 수 있습니다.
- **로컬 푸드 홍보 전략:** 지역 특산물을 강조하는 마케팅 전략을 ChatGPT에게 요청해, 지역 주민뿐만 아니라 외부 관광객에게도 어필할 수 있는 메뉴 홍보 방안을 세울 수 있습니다.

- **협력업체 발굴:** 특산물을 공급하는 지역 농가나 어업체와의 협력을 통해 신선한 재료를 지속적으로 공급받을 수 있는 방안을 마련하세요. ChatGPT를 통해 협력업체와 관련된 팁이나 아이디어도 얻을 수 있습니다.

36. 건강식 트렌드를 반영한 메뉴 기획

주제의 중요성

건강식은 현대 외식 시장에서 빠르게 성장하고 있는 트렌드입니다. 고객들은 단순히 맛있는 음식을 넘어, 건강에 좋은 재료와 균형 잡힌 영양소를 제공하는 메뉴를 찾고 있습니다. 특히, 최근의 웰빙, 다이어트, 비건, 슈퍼푸드 열풍은 건강식을 더욱 주목받게 하고 있습니다. 이러한 트렌드를 반영한 메뉴를 기획하는 것은 고객의 요구에 부응할 수 있는 좋은 기회가 됩니다. ChatGPT를 활용하면 건강식 트렌드에 맞춘 다양한 메뉴 아이디어를 얻고, 이를 바탕으로 효과적인 메뉴를 기획할 수 있습니다.

문제인식

많은 소상공인들은 건강식 트렌드를 반영한 메뉴를 기획하고 싶어 하지만, 어떤 재료를 사용할지, 어떤 요리 스타일이 트렌드에 맞는지 잘 모르는 경우가 많습니다. 건강식은 단순히 칼로리를 낮추는 것만이 아니라, 영양소 균형, 맛, 식감 등 여러 요소를 고려해야 합니다. 또한, 기존 메뉴와의 조화를 이루면서도 고객의 관심을 끌 수 있는 차별화된 아이디어가 필요합니다. 이를 효율적으로 구상하지 못하면, 고객의 요구를 만족시키지 못할 수 있습니다.

ChatGPT 활용법

ChatGPT는 건강식 트렌드를 반영한 메뉴 기획에서 매우 유용한 도구로 작용할 수 있습니다. 최근의 웰빙 트렌드, 비건 옵션, 슈퍼푸드, 저칼로리 식단 등 다양한 건강식 주제에 맞는 메뉴 아이디어를 제안받을 수 있으며, 각 재료의 영양 정보와 조리법도 함께 제공받을 수 있습니다. 이를 통해 고객의 건강을 고려한 차별화된 메뉴를 기획할 수 있으며, 건강식 트렌드를 활용한 메뉴를 쉽게 구성할 수 있습니다.

구체적인 프롬프트 예시

1. "비건 고객을 위한 고단백 저칼로리 메뉴 아이디어를 제안해 줘."
2. "최근 건강식 트렌드인 저탄수화물 식단을 반영한 신메뉴를 기획하려고 해. 몇 가지 아이디어를 추천해 줘."
3. "슈퍼푸드인 퀴노아를 활용한 영양가 높은 샐러드 메뉴를 제안해 줘."

4. "식이섬유가 풍부한 곡물을 사용한 건강식 브런치 메뉴를 추천해 줘."
5. "비건과 글루텐 프리 옵션을 모두 제공할 수 있는 신메뉴 아이디어를 제안해 줘."
6. "최근 웰빙 트렌드인 발효 음식을 활용한 건강식 요리 아이디어를 제안해 줘."
7. "항산화 성분이 풍부한 베리류를 이용한 디저트 메뉴를 제안해 줘."

기대효과

ChatGPT를 활용해 건강식 트렌드를 반영한 메뉴를 기획하면, 트렌드를 선도하는 건강식을 제공하여 고객의 만족도를 높일 수 있습니다. 예를 들어, 한 소상공인은 ChatGPT가 제안한 퀴노아를 활용한 샐러드 메뉴를 추가하여 비건 고객의 호응을 얻었고, 식이섬유가 풍부한 저칼로리 메뉴로 건강을 중시하는 고객층을 유치할 수 있었습니다. 또 다른 사례로, 항산화 성분이 풍부한 베리류를 활용한 디저트 메뉴를 개발해 고객들에게 건강하고 맛있는 선택지를 제공하며 매출을 상승시킨 사례도 있습니다.

추가 팁

- **고객 선호도 조사 반영:** 건강식에 대한 고객의 요구사항이나 피드백을 반영하여 맞춤형 메뉴를 기획할 수 있습니다. ChatGPT

를 통해 고객의 건강식 선호도를 바탕으로 한 아이디어를 얻어 보세요.

- **영양 정보 강조:** ChatGPT에게 각 메뉴의 영양소 정보와 건강상의 이점을 요청해, 메뉴판에 건강 정보를 함께 기재하면 고객의 신뢰를 얻을 수 있습니다.
- **비건 및 특수 식단 옵션 개발:** 비건, 글루텐 프리, 저탄수화물 등 특수 식단을 선호하는 고객을 겨냥한 메뉴를 기획할 수 있습니다. ChatGPT로 다양한 아이디어를 받아 여러 식단 요구를 충족할 수 있는 메뉴를 제공하세요.
- **시각적 매력 강조:** 건강식은 맛뿐만 아니라 시각적으로도 매력적이어야 합니다. ChatGPT에게 건강식 메뉴의 플레이팅이나 색상 배합을 물어보면 고객의 눈길을 끌 수 있는 메뉴를 만들 수 있습니다.
- **트렌드 주기적으로 반영:** 건강식 트렌드는 빠르게 변화하기 때문에 정기적으로 ChatGPT를 활용해 최신 트렌드를 반영한 메뉴를 기획하면 경쟁력을 유지할 수 있습니다.

37. 퓨전 요리 개발 아이디어 탐색하기

주제의 중요성

퓨전 요리는 전통적인 요리에 현대적 감각을 더하거나, 서로 다른 문화의 요리를 결합하여 새로운 맛을 창출하는 방식으로, 많은 고객에게 신선함과 흥미를 줍니다. 소상공인 식당은 퓨전 요리를 통해 차별화된 메뉴를 선보이고, 독창적인 식사 경험을 제공함으로써 더 많은 고객을 유치할 수 있습니다. 하지만 퓨전 요리는 서로 다른 재료와 조리법을 조화롭게 결합하는 것이 쉽지 않아 창의적이고 균형 잡힌 아이디어가 필요합니다. ChatGPT를 활용하면 다양한 퓨전 요리 아이디어를 쉽게 탐색할 수 있습니다.

문제인식

소상공인들은 기존의 메뉴와 차별화되는 퓨전 요리를 개발하고 싶어하지만, 서로 다른 요리 스타일을 어떻게 결합할지에 대한 명확한 아이디어가 없거나 시도에 어려움을 겪는 경우가 많습니다. 전통적인 요리에 새로운 요소를 더하는 과정에서 맛의 균형을 유지하고, 고객의 입맛에 맞추는 것은 쉽지 않습니다. 또한, 어떤 문화와 조리법을 결합해야 독특하면서도 고객에게 호응을 받을지 판단하기 어려울 수 있습니다.

ChatGPT 활용법

ChatGPT는 퓨전 요리 개발을 위한 창의적인 아이디어를 제안해 주는 강력한 도구입니다. 다양한 문화의 요리 스타일, 조리법, 재료 등을 결합한 독특한 아이디어를 제공하고, 이를 바탕으로 새로운 메뉴를 구상할 수 있습니다. 예를 들어, 전통 한식과 이탈리아 요리를 결합하거나, 동남아시아 음식에 서양의 조리법을 적용하는 등 다양한 가능성을 탐색할 수 있습니다. 이를 통해 기존 메뉴와 차별화된 퓨전 요리를 쉽고 빠르게 개발할 수 있습니다.

구체적인 프롬프트 예시

1. "한국식 불고기와 멕시코 타코를 결합한 퓨전 요리 아이디어를 제안해 줘."
2. "전통 한식과 이탈리아 파스타를 결합한 창의적인 메뉴 아이디어를 추천해 줘."
3. "일본식 소바 면을 활용한 서양식 퓨전 요리 아이디어를 제안해 줘."
4. "동남아시아의 향신료를 활용한 프랑스 요리 퓨전 아이디어를 제안해 줘."
5. "타이의 매운 맛을 한국식 찜 요리와 결합한 퓨전 요리 메뉴를 추천해 줘."
6. "중동의 향신료를 활용한 퓨전 디저트 아이디어를 제안해 줘."
7. "미국식 버거에 아시아 풍미를 더한 퓨전 요리 아이디어를 제안해 줘."

기대효과

ChatGPT를 활용해 퓨전 요리 아이디어를 탐색하면, 서로 다른 문화의 맛과 조리법을 결합한 독창적인 메뉴를 개발할 수 있습니다. 예를 들어, 한 소상공인은 ChatGPT의 제안을 바탕으로 한국식 불고기와 멕시코 타코를 결합한 메뉴를 개발해 큰 호응을 얻었으며, 젊은 고객층의 방문이 증가했습니다. 또 다른 사례로는, 이탈리아 파스타에 전통 한식 양념을 더한 퓨전 요리를 개발해 고객들에게 신선한 맛을 제공하면서 기존 메뉴와 차별화된 경쟁력을 갖추는 데 성공했습니다.

추가 팁

- **조화로운 결합을 고려:** 퓨전 요리는 다양한 재료와 조리법을 결합하지만, 맛의 조화가 중요합니다. ChatGPT에게 결합할 음식들의 맛과 재료 궁합을 물어보면 더 완성도 높은 메뉴를 구상할 수 있습니다.
- **다양한 문화 탐색:** ChatGPT를 통해 잘 알려지지 않은 다양한 문화의 요리 아이디어를 탐색하면 더욱 독창적인 퓨전 요리를 개발할 수 있습니다.
- **소비자 반응 테스트:** ChatGPT가 제공한 아이디어를 바탕으로 시범 메뉴를 제작해 고객의 반응을 테스트하고, 피드백을 반영해 메뉴를 개선하세요.
- **플레이팅과 비주얼 강조:** 퓨전 요리는 시각적으로도 고객의 호기심을 끌어야 합니다. ChatGPT에게 플레이팅 아이디어를 물어보거나 색상 배합에 대해 조언을 받을 수 있습니다.
- **글로벌 트렌드 반영:** 최신 글로벌 요리 트렌드를 반영한 퓨전 요리를 개발하면 고객의 관심을 끌기 쉽습니다. ChatGPT에게 현

재의 인기 퓨전 요리 트렌드를 요청해 최신 트렌드를 반영한 메뉴를 구성해 보세요.

38. 테이크아웃 및 배달 전용 메뉴 개발을 위한 아이디어 탐색하기

주제의 중요성

테이크아웃과 배달은 현대 식당 운영에서 매우 중요한 요소가 되었습니다. 특히, 코로나19 이후 배달 시장이 급성장하면서 고객들은 편리하게 음식을 즐길 수 있는 배달 전용 메뉴와 테이크아웃 메뉴에 대한 수요가 높아졌습니다. 이러한 흐름에 맞춰, 소상공인들은 배달과 테이크아웃에 최적화된 메뉴를 개발해 추가적인 매출을 창출할 수 있습니다. 하지만 배달 플랫폼의 수수료, 포장 비용, 배달 비용 등을 고려한 가격 책정과 수익성 분석도 중요합니다. ChatGPT를 활용하면 테이크아웃과 배달에 적합한 메뉴를 개발하고, 비용 구조를 반영한 가격 책정을 효율적으로 진행할 수 있습니다.

문제인식

많은 소상공인들은 배달 메뉴와 테이크아웃 메뉴를 개발하면서 배달 플랫폼 수수료와 포장 비용 등 다양한 추가 비용을 고려하지 않거나, 이에 대한 충분한 정보를 수집하지 못해 적정한 가격을 책정하지 못하는 경우가 많습니다. 배달을 위한 메뉴가 매장 내 메뉴와 동일한 가격에 제공되면, 수익성이 저하될 수 있습니다. 또한, 테이크아웃이나 배달 시 고객에게 전달되는 음식의 품질을 유지하는 것도 큰 과제입니다. 이러한 여러 요소를 고려한 메뉴 개발과 가격 검토가 필요합니다.

ChatGPT 활용법

ChatGPT는 테이크아웃과 배달에 적합한 메뉴 아이디어를 제공하고, 이를 기반으로 추가적인 비용 요소를 반영한 가격 책정 및 수익성 분석을 도와줄 수 있습니다. 예를 들어, 포장이 쉽고 배달 중에도 음식의 품질이 유지되는 메뉴 아이디어를 제공받을 수 있으며, 배달 플랫폼의 수수료, 포장 비용, 인건비 등을 고려한 수익성 검토를 함께 진행할 수 있습니다. 이를 통해 적정한 가격을 책정하고, 배달과 테이크아웃의 수익성을 극대화할 수 있습니다.

구체적인 프롬프트 예시

1. "포장과 배달에 적합한 간편한 한식 메뉴 아이디어를 제안해 줘."
2. "테이크아웃 전용 메뉴로 인기를 끌 수 있는 간단한 샌드위치 메뉴를 추천해 줘."
3. "배달 중에도 품질을 유지할 수 있는 면 요리 메뉴 아이디어를

제안해 줘."

4. "배달 전용 메뉴를 만들 때 고려해야 할 추가 비용(배달 수수료, 포장비 등)을 설명해 줘."
5. "포장이 간편하고 배달 중에도 변형이 적은 디저트 메뉴 아이디어를 추천해 줘."
6. "테이크아웃과 배달에 적합한 패스트푸드 스타일 메뉴를 제안하고, 배달 수수료와 포장비를 고려한 가격 책정 방법을 알려 줘."
7. "배달 플랫폼에 지불해야 할 수수료를 고려해 적절한 메뉴 가격을 책정하는 방법을 설명해 줘."

기대효과

ChatGPT를 활용해 테이크아웃 및 배달 전용 메뉴를 개발하고, 배달 비용을 고려한 가격 책정을 하게 되면, 수익성을 보장하면서도 고객 만족도를 높일 수 있는 메뉴를 만들 수 있습니다. 예를 들어, 한 소상공인은 ChatGPT의 제안을 받아 배달 중에도 품질을 유지할 수 있는 덮밥 메뉴를 개발했고, 배달 플랫폼 수수료와 포장비를 고려해 적정한 가격을 책정했습니다. 그 결과, 배달 주문량이 증가하면서도 수익률을 유지할 수 있었습니다. 또한, 배달 전용으로 개발한 패스트푸드 스타일 메뉴를 통해 고객들의 높은 만족도를 이끌어냈습니다.

추가 팁

- **포장 및 배달에 적합한 재료 선택:** ChatGPT에 포장 시 변형이 적고 배달 중 품질을 유지할 수 있는 재료를 요청하여, 배달에 적합한 메뉴를 개발하세요.
- **배달 비용 요소 분석:** 배달 플랫폼의 수수료, 포장 비용, 인건비 등을 구체적으로 ChatGPT에게 요청해, 이를 반영한 가격 책정을 도와줄 수 있습니다.
- **가격 책정 전략:** 단순히 기존 매장 가격을 유지하는 것이 아니라, 배달 전용 메뉴에 적합한 가격을 설정하는 것이 중요합니다. ChatGPT에 수익성 분석을 요청해 적정한 가격대를 찾으세요.
- **고객 편의성 고려:** 배달 시에도 간편하게 먹을 수 있는 메뉴를 개발하면 고객 만족도를 높일 수 있습니다. ChatGPT로 손쉽게 먹을 수 있는 메뉴 아이디어를 제안받을 수 있습니다.
- **정기적인 비용 검토:** 배달 플랫폼의 수수료와 포장 비용은 주기적으로 변동될 수 있으므로, 정기적으로 ChatGPT를 활용해 비용 변화를 반영한 메뉴 가격을 검토하고 수정하세요.

배달 플랫폼 수수료 및 비용 고려 사항

배달 메뉴를 기획할 때는 배달 플랫폼 수수료와 기타 추가 비용을 철저히 계산해야 합니다. 주요 비용 요소는 다음과 같습니다.

- **배달 플랫폼 수수료:** 보통 매출의 15~30%가 배달 플랫폼에 지불

되므로, 이를 가격 책정에 반영해야 합니다.

- **포장 비용:** 음식의 특성에 따라 포장재가 다르며, 포장 비용도 배달 메뉴의 가격에 영향을 미칩니다.
- **배달 관련 인건비:** 자체 배달 인력을 고용하는 경우, 이 인건비를 고려해야 합니다.
- **고객 혜택(프로모션 비용):** 배달 플랫폼에서 제공하는 할인 프로모션을 반영해 수익성이 유지될 수 있도록 관리해야 합니다.

ChatGPT를 활용하여 이러한 요소를 모두 분석하고, 메뉴 개발과 가격 책정을 동시에 진행하면, 더욱 체계적인 배달 전용 메뉴를 구성할 수 있습니다.

39. 특별 행사 및 시즌 한정 메뉴 기획

주제의 중요성

특별 행사와 시즌 한정 메뉴는 고객에게 신선한 경험을 제공하고, 매출을 증대시키는 훌륭한 마케팅 전략입니다. 시즌에 맞는 메뉴나 특정 이벤트를 연계한 메뉴는 고객의 관심을 끌며, 한정 기간 동안만 제공된다는 점에서 긴급성과 특별함을 강조할 수 있습니다. 또한, 계절별 재료나 지역 특산물을 활용한 메뉴는 자연스럽게 트렌드와 맞물려 홍보 효과를 극대화할 수 있습니다. ChatGPT를 활용하면, 창의적인 아이디어와 실질적인 메뉴 기획을 빠르고 효율적으로 진행할 수 있습니다.

문제인식

소상공인들은 특별 행사나 시즌 한정 메뉴를 기획할 때, 매력적인 아이디어를 찾기 어렵거나 이벤트에 맞는 적절한 메뉴 구성이 고민될 수 있습니다. 또한, 계절에 맞는 재료를 어떻게 활용할지, 시즌 한정 메뉴의 가격과 수익성을 어떻게 조정할지에 대한 고민이 많습니다. 기획된 메뉴가 고객의 기대에 부응하지 못하면 이벤트 효과를 얻지 못하고, 오히려 원가와 운영 비용이 증가할 위험도 있습니다.

ChatGPT 활용법

ChatGPT는 특별 행사와 시즌 한정 메뉴를 기획하는 데 매우 유용한 도구입니다. 예를 들어, 특정 계절에 맞는 신선한 재료를 활용한 메뉴 아이디어를 제안받거나, 기념일 또는 지역 행사와 연계한 특별 메뉴 기획을 도와줍니다. 또한, 시즌 한정 메뉴의 가격 책정, 수익성 분석, 마케팅 전략까지 종합적으로 조언을 받을 수 있습니다. 이를 통해 고객에게 매력적이면서도 경제적으로 효율적인 메뉴를 기획할 수 있습니다.

구체적인 프롬프트 예시

1. “겨울철 따뜻한 분위기를 연출할 수 있는 시즌 한정 메뉴 아이디어를 제안해 줘.”
2. “할로윈을 겨냥한 특별한 디저트 메뉴를 추천해 줘. 인스타그램에 올리기 좋게.”
3. “여름에 어울리는 시원한 음료와 가벼운 식사를 결합한 시즌 한정 메뉴를 기획해 줘.”
4. “크리스마스 특별 행사를 위해 고객에게 제공할 수 있는 한정 메뉴 아이디어를 추천해 줘.”
5. “가을 제철 재료를 활용한 특별 행사를 위한 메뉴 기획 아이디어를 제안해 줘.”
6. “지역 축제 기간에 맞춰 한정적으로 제공할 수 있는 메뉴 아이디어를 몇 가지 추천해 줘.”
7. “밸런타인데이에 어울리는 초콜릿 기반 디저트와 음료 메뉴를 기획해 줘.”

기대효과

ChatGPT를 활용해 특별 행사와 시즌 한정 메뉴를 기획하면, 고객의 관심을 끌고 매출을 증대시킬 수 있는 기회를 잡을 수 있습니다. 예를 들어, 한 소상공인은 ChatGPT가 제안한 할로윈 디저트 메뉴로 젊은 고객층의 큰 호응을 얻었고, SNS에서도 자발적인 홍보 효과를 누렸습니다. 또 다른 소상공인은 가을 제철 재료를 활용한 특별 이벤트 메뉴를 출시해 계절감 있는 음식으로 고객 만족도를 높이고 매출을 크게 증대시켰습니다.

추가 팁

- **계절별 재료를 활용:** 각 계절의 신선한 재료를 적극 활용해, 자연스러운 계절감을 느낄 수 있는 메뉴를 개발하세요. ChatGPT에게 계절에 맞는 재료와 요리법을 요청해 보세요.
- **한정성 강조:** '기간 한정'이라는 마케팅 요소를 적극 활용하세요. 메뉴가 한정 기간 동안만 제공된다는 점을 강조하면 고객의 긴급성을 자극할 수 있습니다.
- **적정 가격 설정:** 한정 메뉴는 원가와 수익성을 철저히 계산해야 합니다. ChatGPT에게 추가 비용을 고려한 가격 책정 방법을 요청해 적절한 가격을 설정하세요.
- **마케팅 전략 제안:** ChatGPT를 통해 시즌 한정 메뉴나 특별 행사와 관련된 마케팅 전략을 요청하여 홍보 효과를 극대화할 수 있습니다. SNS, 쿠폰, 이벤트 등 다양한 방법을 활용해 보세요.
- **정기적인 이벤트 기획:** 계절별로 정기적인 이벤트나 행사를 기획하면 고객이 기대하는 분위기를 만들 수 있습니다. ChatGPT를 활용해 계절마다 새로운 아이디어를 얻고 이를 활용해 보세요.

40. 디저트 및 음료 메뉴 확장 아이디어 도출하기

주제의 중요성

디저트와 음료 메뉴는 식당 운영에 있어 중요한 매출원이며, 고객에게 추가적인 만족을 제공합니다. 특히, 트렌디한 디저트와 독특한 음료는 고객의 방문을 유도하고, SNS에서 자연스럽게 홍보될 수 있는 요소로 작용합니다. 디저트와 음료를 확장하면 기존 고객의 만족도를 높이고, 다양한 취향을 가진 신규 고객도 유치할 수 있습니다. ChatGPT를 활용하면 다양한 디저트와 음료 메뉴 확장 아이디어를 빠르고 효과적으로 도출할 수 있습니다.

문제인식

많은 소상공인들은 기존의 주력 메뉴 외에 디저트와 음료 메뉴를 확장하고 싶어하지만, 어떤 스타일이나 재료로 확장할지 고민이 많습니다. 기존 메뉴와의 조화, 원가 부담, 고객의 선호도 등을 고려해야 하므로 새로운 메뉴를 개발하는 과정에서 어려움을 겪습니다. 또, 트렌드에 맞춘 메뉴를 개발하지 못하면 경쟁에서 뒤처질 수 있으며, 고객의 기대에 미치지 못할 수 있습니다.

ChatGPT 활용법

ChatGPT는 디저트 및 음료 메뉴 확장을 위한 창의적인 아이디어를 제공하고, 이를 통해 다양한 메뉴를 쉽게 개발할 수 있도록 도와줍니다. 특정 재료나 트렌드를 기반으로 한 디저트와 음료 메뉴를 제안받을 수 있으며, 계절감 있는 메뉴부터 고객 취향에 맞는 특별한 음료까지 폭넓은 선택지를 제공합니다. 이를 통해 고객의 기대를 충족시키면서도 운영의 수익성을 고려한 메뉴 구성을 할 수 있습니다.

구체적인 프롬프트 예시

1. "젊은 고객층이 좋아할 만한 트렌디한 디저트 메뉴 아이디어를 제안해 줘."
2. "여름철에 어울리는 상큼한 음료 메뉴 아이디어를 몇 가지 추천해 줘."
3. "비건 고객을 위한 디저트 메뉴 확장 아이디어를 제안해 줘."
4. "가을 제철 과일을 활용한 디저트 메뉴 아이디어를 추천해 줘."
5. "커피와 잘 어울리는 디저트 메뉴를 개발하고 싶어. 몇 가지 아이디어를 제안해 줘."
6. "겨울에 어울리는 따뜻한 음료와 디저트 메뉴를 결합한 아이디어를 제안해 줘."
7. "SNS에 올리기 좋은 화려한 비주얼의 디저트와 음료 메뉴 아이디어를 추천해 줘."

기대효과

ChatGPT를 활용해 디저트 및 음료 메뉴를 확장하면, 고객의 다양한 요구를 충족시키고 매출을 증대시킬 수 있습니다. 예를 들어, 한 소상공인은 ChatGPT가 제안한 비건 디저트 메뉴를 추가하여 건강을 중시하는 고객층의 반응을 얻었고, 여름철 상큼한 과일을 활용한 시원한 음료를 출시해 계절적인 매출 상승을 경험했습니다. 또 다른 사례로, 인스타그램에서 시각적으로 매력적인 디저트를 개발해 SNS를 통해 자발적인 홍보가 이루어졌습니다.

추가 팁

- **트렌드 분석**: ChatGPT에게 최신 디저트 및 음료 트렌드를 물어보고, 이를 반영한 메뉴를 기획하세요. 트렌디한 메뉴는 고객의 호기심을 자극할 수 있습니다.
- **계절에 맞는 메뉴 개발**: ChatGPT를 통해 계절별로 어울리는 디저트와 음료 아이디어를 도출하고, 시즌에 맞는 메뉴로 고객의 발길을 유도하세요.
- **비주얼과 맛의 균형**: 디저트와 음료는 맛뿐만 아니라 시각적인 요소도 중요합니다. ChatGPT에게 화려하고 독특한 비주얼을 강조한 메뉴 아이디어를 요청해 고객의 관심을 끌 수 있습니다.
- **비건 및 건강식 옵션**: 건강을 중시하는 고객층을 겨냥한 비건 디저트나 저칼로리 음료 아이디어를 ChatGPT로부터 받아 확장 메뉴로 활용할 수 있습니다.

- **커플링 메뉴 기획**: 디저트와 음료를 세트로 묶어 판매하는 것도 좋은 방법입니다. ChatGPT에게 디저트와 음료를 결합한 세트 메뉴를 요청해 보세요. 고객에게 더 큰 만족을 제공할 수 있습니다.

41. 채식 및 비건 메뉴 개발 아이디어 도출하기

주제의 중요성

채식과 비건 메뉴는 건강과 환경을 중시하는 고객층에게 필수적인 선택지로 자리 잡았습니다. 특히, 최근에는 건강식 트렌드와 환경보호에 대한 관심이 높아지면서 채식과 비건 식단을 찾는 고객이 늘고 있습니다. 소상공인 식당은 이 수요를 반영해 채식 및 비건 메뉴를 개발함으로써 새로운 고객층을 유치하고, 식당의 이미지를 친환경적이고 건강 지향적인 방향으로 강화할 수 있습니다. ChatGPT를 활용하면 다양한 채식 및 비건 메뉴 아이디어를 손쉽게 도출할 수 있습니다.

문제인식

많은 소상공인들은 채식 또는 비건 메뉴를 추가하고 싶어 하지만, 기존 메뉴와의 조화를 이루면서도 비건 고객의 요구를 충족시키는 메뉴 개발에 어려움을 겪습니다. 또한, 비건 요리는 고기나 유제품을 사용하지 않기 때문에, 맛과 영양을 모두 만족시키는 조리법을 찾는 것이 어려울 수 있습니다. 이러한 한계 때문에 창의적이고 만족도 높은 메뉴를 개발하지 못할 경우, 고객 유입 기회를 놓칠 수 있습니다.

ChatGPT 활용법

ChatGPT는 다양한 채식 및 비건 메뉴 개발에 필요한 아이디어를 제공할 수 있으며, 고객의 입맛에 맞춘 창의적인 메뉴를 제안할 수 있습니다. 재료 선택에서부터 맛과 영양의 균형을 맞추는 방법, 조리법 등을 추천받을 수 있습니다. 채식주의자와 비건 고객에게 적합한 요리를 구성하고, 기존 메뉴와도 잘 어울리도록 메뉴 라인업을 확장할 수 있습니다. 이를 통해 새로운 고객층을 유치하고, 건강과 환경을 고려한 이미지를 구축할 수 있습니다.

구체적인 프롬프트 예시

1. "고단백 저칼로리 비건 메뉴 아이디어를 제안해 줘."
2. "비건 버거 메뉴를 개발하고 싶어. 몇 가지 창의적인 아이디어를 제안해 줘."
3. "채식주의자들을 위한 한식 퓨전 메뉴 아이디어를 제안해 줘."
4. "비건 고객을 위한 건강식 샐러드 메뉴 아이디어를 추천해 줘."

5. “동남아시아 재료를 활용한 비건 요리 메뉴를 제안해 줘.”
6. “글루텐 프리와 비건을 모두 만족시킬 수 있는 디저트 메뉴 아이디어를 추천해 줘.”
7. “채소와 곡물을 활용한 포만감 있는 비건 브런치 메뉴를 개발하려고 해. 아이디어를 제안해 줘.”

기대효과

ChatGPT를 활용해 채식 및 비건 메뉴를 개발하면, 새로운 고객층을 유치하고 건강과 환경을 중시하는 트렌드를 반영한 메뉴를 제공할 수 있습니다. 예를 들어, 한 소상공인은 ChatGPT가 제안한 고단백 비건 버거를 도입해 비건 고객뿐만 아니라 건강을 중시하는 일반 고객의 큰 호응을 얻었고, 이를 통해 매출이 상승했습니다. 또 다른 사례로, 글루텐 프리와 비건 디저트를 동시에 제공함으로써 특정 식단을 선호하는 고객에게 선택의 폭을 넓히는 데 성공했습니다.

추가 팁

- **다양한 재료 활용:** ChatGPT에게 특정 재료(두부, 템페, 콩고기 등)를 활용한 다양한 비건 요리법을 요청해 영양과 맛을 모두 충족시키는 메뉴를 개발하세요.
- **균형 잡힌 영양소 제공:** 채식과 비건 메뉴는 영양소가 골고루 제공되어야 합니다. ChatGPT에게 단백질, 섬유질, 비타민 등이

풍부한 메뉴 구성을 요청해 영양 밸런스를 고려한 메뉴를 제공하세요.

- **고객의 다양한 요구 충족:** 비건뿐만 아니라 글루텐 프리, 저칼로리 등 다양한 요구에 맞춘 메뉴를 함께 개발하면 고객의 선택지를 넓힐 수 있습니다. ChatGPT에게 다양한 식단 요구를 반영한 메뉴 아이디어를 요청해 보세요.
- **트렌드 반영:** 비건 요리의 최신 트렌드를 반영한 메뉴를 개발하세요. ChatGPT로부터 최신 비건 식단 트렌드를 물어보고, 이를 바탕으로 메뉴를 기획해 보세요.
- **비주얼 강조:** 비건 메뉴는 시각적으로도 매력적이어야 합니다. ChatGPT에게 색감이 풍부하고 플레이팅이 아름다운 비건 요리 아이디어를 요청해 고객의 눈을 사로잡을 수 있는 메뉴를 만들 수 있습니다.

42. 고객 피드백을 반영한 메뉴 개선 아이디어 도출하기

주제의 중요성

고객 피드백은 식당 운영에 있어 매우 중요한 정보입니다. 고객의 요구와 취향을 반영한 메뉴 개선은 만족도를 높이고, 재방문율을 증가시킬 수 있습니다. 고객의 의견을 적극적으로 수용하여 메뉴를 개선하면, 매출 증대뿐만 아니라 식당의 경쟁력을 강화할 수 있습니다. 하지만 다양한 피드백을 어떻게 분석하고 적용할지에 대한 고민이 있을 수 있습니다. ChatGPT를 활용하면 고객 피드백을 체계적으로 분석하고, 이를 기반으로 한 메뉴 개선 아이디어를 효율적으로 도출할 수 있습니다.

문제인식

많은 소상공인들은 고객의 피드백을 반영해 메뉴를 개선하고 싶지만, 어떤 의견을 우선적으로 적용할지, 어떻게 개선할지에 대한 방향을 잡지 못하는 경우가 많습니다. 고객의 의견이 다양하고 상반될 수 있기 때문에 모든 요구를 반영하기는 어렵습니다. 또한, 메뉴 변경이 식재료 비용과 조리 시간에 미치는 영향도 고려해야 합니다. 이 과정에서 메뉴를 어떻게 개선할지 고민이 많아질 수 있습니다.

ChatGPT 활용법

ChatGPT는 고객의 피드백을 분석하고, 이를 기반으로 한 메뉴 개선 아이디어를 제안하는 데 큰 도움을 줄 수 있습니다. 피드백 데이터를 바탕으로 주로 언급되는 문제점과 개선점을 도출할 수 있으며, 이를 통해 실질적인 개선 방안을 제시받을 수 있습니다. 예를 들어, 음식의 맛, 양, 가격, 제공 속도 등의 문제를 분석한 뒤, 고객의 요구에 맞춘 메뉴 조정이나 조리법 변화를 제안받을 수 있습니다. 이를 통해 고객 만족도를 높이고, 식당의 운영 효율성을 향상시킬 수 있습니다.

구체적인 프롬프트 예시

1. "고객들이 우리 식당의 파스타가 너무 짜다고 해. 이를 개선할 수 있는 방법을 제안해 줘."
2. "최근 피드백에서 고객들이 디저트 메뉴가 다양하지 않다고 했어. 디저트 메뉴를 확장할 수 있는 아이디어를 제안해 줘."
3. "고객들이 음식 양이 부족하다는 의견을 줬는데, 양을 늘리지 않고 만족도를 높일 수 있는 방법이 있을까?"
4. "피드백에서 스테이크가 너무 익어서 질기다는 의견이 있어. 이를 개선할 방법을 추천해 줘."
5. "고객들이 메뉴 가격이 조금 비싸다고 하는데, 가격을 조정하지 않고 가치를 더해 줄 수 있는 메뉴 개선 아이디어를 제안해 줘."
6. "최근 피드백에서 제공 시간이 너무 길다는 의견이 많아. 조리 시간을 단축할 수 있는 메뉴 개선 아이디어를 제안해 줘."
7. "음식의 매운맛이 너무 강하다는 피드백을 반영해 다양한 매운맛 옵션을 제공하려고 해. 어떻게 개선할 수 있을지 아이디어를 제안해 줘."

기대효과

ChatGPT를 활용해 고객 피드백을 반영한 메뉴 개선을 진행하면, 고객의 만족도를 크게 높일 수 있습니다. 예를 들어, 한 소상공인은 ChatGPT가 제안한 대로 음식의 간을 조절해 고객의 피드백을 반영한 후, 기존 고객의 재방문율이 크게 증가했습니다. 또 다른 식당은 디저트 메뉴 확장을 통해 고객들이 원하던 다양한 선택지를 제공하여 신규 고객을 유치하고, 매출 상승 효과를 얻었습니다. 이러한 성공 사례는 고객의 의견을 반영한 적극적인 메뉴 개선이 긍정적인 결과를 가져올 수 있음을 보여줍니다.

추가 팁

- **우선순위 설정:** 다양한 피드백 중 가장 많이 언급된 문제점을 중심으로 개선 아이디어를 구체적으로 요청하세요. ChatGPT는 중요도가 높은 문제를 해결하는 데 중점을 두어 아이디어를 제시할 수 있습니다.
- **비용 절감 고려:** 메뉴 개선은 추가 비용이 들 수 있으므로, ChatGPT에게 비용을 절감하면서도 만족도를 높일 수 있는 방법을 요청하세요. 예를 들어, 재료의 양을 조정하거나 조리 방법을 최적화하는 방법을 추천받을 수 있습니다.
- **조리 시간 단축:** 고객의 피드백 중 조리 시간이 길다는 의견이 있다면, ChatGPT에게 조리 과정을 효율화할 방법을 요청해 더 빠르고 일관된 서비스를 제공할 수 있습니다.
- **고객 맞춤 옵션 제공:** 메뉴에 대한 다양한 요구를 반영해 옵션 선택을 제공할 수 있습니다. 예를 들어, 맵기 조절, 재료 추가 선택 등 고객이 메뉴를 개인 취향에 맞게 조절할 수 있는 방법을 제안받을 수 있습니다.
- **정기적인 피드백 반영:** 정기적으로 ChatGPT를 활용해 고객 피

드백을 분석하고, 이를 반영한 주기적인 메뉴 개선을 진행하세요. 이를 통해 고객의 요구에 지속적으로 대응하는 식당 이미지를 구축할 수 있습니다.

제4장

ChatGPT를 활용한 가격 설정

제4장

ChatGPT를 활용한 가격 설정

43. 메뉴별 원가 계산 및 마진 설정에 활용하기

주제의 중요성

식당을 운영할 때 메뉴별 원가를 정확히 계산하고 마진을 설정하는 것은 수익성을 유지하는 데 필수적입니다. 음식 재료비, 인건비, 운영비 등을 모두 고려한 정확한 원가 계산이 이루어져야만 적절한 판매 가격을 설정할 수 있으며, 이는 사업의 안정적인 성장을 위한 기본 조건입니다. 또한, 부가가치세(VAT)도 판매 가격에 포함되어야 하므로, 세금까지 고려한 최종 가격을 설정하는 것이 중요합니다. ChatGPT를 활용하면 메뉴별 원가 계산과 마진 설정을 효율적으로 관리하면서 부가가치세까지 반영한 가격 책정을 도울 수 있습니다.

문제인식

많은 소상공인들은 메뉴 개발 후 정확한 원가 분석과 판매가 설정에 어려움을 겪습니다. 재료비, 인건비, 운영비뿐만 아니라, 부가가치세를 반영한 가격 책정이 필요합니다. 부가가치세를 고려하지 않고 메뉴 가격을 설정하면 세금 납부 시 수익이 감소할 수 있으며, 적절한 이윤을 확보하지 못하는 문제가 발생할 수 있습니다. 세금을 포함한 최종 가격을 설정하지 않으면 고객에게 혼란을 줄 수 있고, 이는 신뢰도 저하로 이어질 수 있습니다.

ChatGPT 활용법

ChatGPT는 원가 계산과 마진 설정을 체계적으로 진행할 수 있도록 도와줍니다. 각 메뉴의 재료비, 인건비, 운영비를 입력하면, ChatGPT는 이를 바탕으로 총 원가를 계산하고, 적절한 마진을 설정해 세금을 포함한 최종 판매 가격을 제시합니다. 부가가치세는 보통 10%로 책정되므로, ChatGPT는 이 세금까지 포함한 최종 가격을 계산해 줍니다. 이를 통해 수익성 있는 판매 가격을 설정할 수 있고, 세금 문제로 인한 손해를 방지할 수 있습니다.

구체적인 프롬프트 예시

1. "비빔밥 메뉴의 재료 원가는 4,000원이야. 여기에 인건비와 운영비, 부가가치세를 포함해 적절한 판매가와 마진을 제안해 줘."
2. "스테이크 메뉴의 재료비가 15,000원이 들어가는데, 이윤을 25%로 설정하고 부가가치세를 포함한 판매가는 얼마로 해야 할까?"
3. "파스타 메뉴의 원가와 경쟁사 가격을 고려해 적정 판매가와 부가가치세를 반영한 최종 가격을 계산해 줘."
4. "재료비가 5,000원인 샐러드 메뉴의 마진을 30%로 설정하고, 부가가치세 포함 가격을 어떻게 정해야 할까?"
5. "신메뉴를 출시하려고 하는데, 원가 대비 적정한 마진과 부가가치세를 고려한 최종 가격을 설정하는 방법을 알려 줘."
6. "현재 판매 중인 커피 메뉴의 재료비는 1,500원이야. 운영비, 마진, 그리고 부가가치세를 포함한 가격 설정을 도와줘."
7. "한식 메뉴의 평균 원가가 8,000원일 때, 20%의 이윤과 부가가치세를 반영한 최종 가격을 제안해 줘."

기대효과

ChatGPT를 활용해 메뉴별 원가 계산과 마진 설정을 체계적으로 진행하면, 부가가치세를 포함한 정확한 가격 책정이 가능해져 수익성을 크게 향상시킬 수 있습니다. 예를 들어, 한 소상공인은 ChatGPT를 통해 각 메뉴의 재료비와 인건비를 분석한 후, 부가가치세까지 포함한 최종 가격을 적절히 설정하여 수익률을 15% 상승시켰습니다. 또한, 부가가치세를 반영한 가격표를 통해 고객에게도 투명한 가격 정보를 제공할 수 있어 신뢰도를 높였습니다.

추가 팁

- **부가가치세 포함 가격 설정:** 메뉴별로 부가가치세가 포함된 최종 가격을 ChatGPT에 요청하세요. 세금을 고려한 가격 설정은 수익성 유지에 필수적입니다.
- **세금과 마진 관리:** 마진율을 설정할 때 부가가치세를 제외한 순수익을 기준으로 설정하는 것이 좋습니다. ChatGPT는 세금 반영 후에도 적절한 마진을 유지할 수 있도록 도와줄 수 있습니다.
- **가격 변동에 대비:** 재료비가 상승하거나 세금 정책이 변경될 경우 ChatGPT를 통해 가격을 재조정하고, 부가가치세를 포함한 새로운 가격을 빠르게 계산할 수 있습니다.
- **경쟁사 분석:** 경쟁사 가격과 비교하면서도 부가가치세와 이윤을 반영한 전략적 가격을 설정하면, 가격 경쟁에서 우위를 점할 수 있습니다.
- **정기적인 가격 검토:** 정기적으로 ChatGPT를 활용해 부가가치세를 포함한 메뉴 가격을 검토하고, 변동 사항을 반영해 항상 적절한 마진을 유지하세요.

44. 시장 조사와 가격 경쟁력 분석

주제의 중요성

시장 조사와 가격 경쟁력 분석은 소상공인 식당이 성공적으로 운영되기 위해 필수적인 요소입니다. 경쟁이 치열한 외식 업계에서는 고객이 수용할 수 있는 적정 가격을 설정하고, 경쟁 식당과 비교했을 때 가격 경쟁력을 확보하는 것이 중요합니다. 시장의 수요와 공급, 고객의 소비 성향을 파악하여 가격을 전략적으로 설정하면, 매출 증대와 더불어 고객의 만족도도 높일 수 있습니다. ChatGPT를 활용하면 시장 조사와 경쟁사 분석을 효율적으로 진행하고, 이를 바탕으로 가격 경쟁력을 강화할 수 있는 전략을 도출할 수 있습니다.

문제인식

소상공인 식당들은 시장 조사나 경쟁사 분석을 체계적으로 진행할 시간이 부족하거나, 어떻게 시작해야 할지 막막한 경우가 많습니다. 경쟁 식당과 비교하여 가격이 너무 높으면 고객을 잃을 수 있고, 반대로 너무 낮으면 수익성이 떨어집니다. 또한, 지역 내 고객의 선호도나 구매 패턴을 제대로 파악하지 못하면, 적정 가격을 설정하는 것이 어려워집니다. 따라서 고객의 요구와 시장 상황에 맞춘 전략적 가격 책정이 필요합니다.

ChatGPT 활용법

ChatGPT는 시장 조사와 가격 경쟁력 분석을 돕는 데 매우 유용한 도구입니다. 경쟁사 가격 분석뿐만 아니라, 시장 트렌드와 소비자 선호도를 기반으로 가격을 설정하는 전략을 제공할 수 있습니다. 이를 통해 경쟁 식당과 차별화된 메뉴와 가격 정책을 세울 수 있으며, 고객이 가격 대비 가치를 느낄 수 있도록 가격을 조정할 수 있습니다. ChatGPT는 지역 시장 조사나 트렌드 분석 자료를 바탕으로 데이터를 제공하고, 이를 기반으로 가격 경쟁력을 강화하는 방법을 제시할 수 있습니다.

구체적인 프롬프트 예시

1. "우리 지역 내 비슷한 메뉴를 판매하는 식당의 가격을 조사하고, 경쟁력 있는 가격을 설정할 수 있는 전략을 제안해 줘."
2. "파스타 메뉴의 평균 가격을 조사하고, 우리 식당의 가격을 어떻게 설정하면 좋을지 추천해 줘."
3. "경쟁사보다 더 많은 가치를 제공할 수 있는 가격 전략을 제안해 줘."
4. "우리 메뉴의 재료비와 인건비를 고려해 경쟁 식당들과의 가격 경쟁력을 유지할 수 있는 방법을 제안해 줘."
5. "최근 외식업계의 가격 트렌드를 반영한 메뉴 가격 설정 방법을 알려 줘."
6. "비슷한 메뉴를 판매하는 식당들과 비교해 우리 메뉴가 경쟁력

있는지 분석해 줘."

7. "지역 내 고객이 주로 선택하는 가격대와 소비 성향을 바탕으로 경쟁력 있는 가격 책정 전략을 제시해 줘."

기대효과

ChatGPT를 통해 시장 조사와 가격 경쟁력 분석을 체계적으로 진행하면, 식당의 가격 책정 전략을 보다 구체적으로 설정할 수 있습니다. 예를 들어, 한 소상공인은 ChatGPT를 활용해 지역 경쟁사 가격 조사를 실시하고, 고객에게 더 많은 가치를 제공할 수 있는 방법을 고민한 후 가격 대비 가치를 높이는 전략을 도입했습니다. 그 결과, 고객의 만족도가 증가하고, 방문객 수와 매출이 상승하는 성과를 얻었습니다.

또 다른 사례로, 시장 트렌드 분석을 통해 가격 인상 시기를 잡아 기존 고객의 이탈 없이 적절한 수익성을 유지할 수 있었습니다. 이를 통해 가격 경쟁력을 유지하면서도 고객에게 매력적인 선택지를 제공하는 전략적 접근이 가능해졌습니다.

추가 팁

- **경쟁사 분석 강화:** ChatGPT에게 경쟁사 메뉴 가격과 그들이 제공하는 서비스나 품질에 대해 분석 요청을 하면, 경쟁사보다

더 매력적인 가격 또는 추가 가치를 제공할 수 있는 전략을 세울 수 있습니다.

- **시장 트렌드 반영:** 외식업계의 최신 가격 트렌드와 고객의 지출 성향을 반영한 가격 책정을 ChatGPT에게 요청하면, 시장 변화에 빠르게 대응할 수 있습니다.
- **고객 가치를 고려한 가격 설정:** ChatGPT를 활용해 고객이 느끼는 가격 대비 가치를 높일 수 있는 방법을 찾고, 이를 바탕으로 합리적인 가격과 부가적인 혜택을 제공하는 방안을 고려하세요.
- **수익성 유지 전략:** 가격 경쟁력을 유지하면서도 수익성을 확보할 수 있는 방안을 ChatGPT로부터 제안받고, 재료비 절감 또는 효율적인 운영 방법을 고려하여 수익을 극대화하세요.
- **정기적인 시장 조사:** 정기적으로 ChatGPT를 활용해 시장 변화와 경쟁사 가격 변동을 체크하고, 필요할 때마다 가격 전략을 조정하세요.

45. 고객층 맞춤형 가격 포지셔닝 전략

주제의 중요성

가격 포지셔닝은 고객층에 맞는 가격대를 설정해 제품 또는 서비스의 가치를 전달하는 중요한 전략입니다. 식당 운영에서 고객층의 소득 수준, 선호도, 소비 패턴에 맞춘 맞춤형 가격 전략을 세우면, 고객의 만족도와 매출이 함께 상승할 수 있습니다. 적정한 가격 포지셔닝을 통해 특정 고객층을 타깃으로 설정하고, 그들에게 가치를 전달할 수 있습니다. ChatGPT를 활용하면 다양한 고객층을 분석하고 그에 맞춘 가격 포지셔닝 전략을 도출해 성공적인 마케팅을 펼칠 수 있습니다.

문제인식

소상공인들은 다양한 고객층을 대상으로 적절한 가격 포지셔닝을 설정하는 데 어려움을 겪습니다. 고객의 경제적 수준에 따라 가격 민감도가 다르고, 각 고객층이 중요시하는 가치는 다르기 때문에, 이를 반영한 가격 설정이 이루어지지 않으면 고객의 외면을 받을 수 있습니다. 또한, 가격을 너무 낮추면 수익성에 문제가 발생하고, 너무 높으면 고객의 가격 저항이 커져 매출이 저하될 위험이 있습니다. 각기 다른 고객층의 요구를 고려한 맞춤형 가격 전략이 필요합니다.

ChatGPT 활용법

ChatGPT는 고객층 분석과 맞춤형 가격 포지셔닝 전략을 수립하는 데 유용한 도구입니다. 특정 고객층의 경제적 수준과 소비 성향, 선호도를 분석하고, 그에 맞는 가격대를 제안할 수 있습니다. 또한, 프리미엄 고객층, 가성비를 중시하는 고객층, 젊은 층 등 다양한 타깃에 맞춘 가격 전략을 설정해, 각 고객층에게 적합한 가치를 전달할 수 있는 방안을 도출할 수 있습니다. ChatGPT는 이를 기반으로 가격 대비 가치를 강조하거나, 특별 혜택을 더해 고객 만족도를 높일 수 있는 맞춤형 전략을 제안합니다.

구체적인 프롬프트 예시

1. "우리 식당의 주요 고객층은 젊은 직장인들이야. 이들에게 적합한 가격 포지셔닝 전략을 제안해 줘."
2. "고객층이 주로 중산층 가정인데, 그들의 소비 패턴에 맞춘 메뉴 가격 포지셔닝을 어떻게 설정할 수 있을까?"
3. "고급스러운 분위기의 프리미엄 메뉴를 출시하려고 해. 이를 위한 가격 포지셔닝 전략을 제안해 줘."
4. "가격 민감도가 높은 고객층을 대상으로 한 가성비 좋은 가격 포지셔닝 아이디어를 추천해 줘."
5. "대학생과 젊은 층을 겨냥한 저렴한 가격의 세트 메뉴를 기획하고 싶은데, 적정 가격대를 설정해 줘."
6. "중년 고객층을 대상으로 하는 건강식 메뉴의 가격 포지셔닝 전략을 추천해 줘."
7. "특별한 날을 위한 스페셜 메뉴를 만들고 싶어. 프리미엄 고객을 겨냥한 가격 포지셔닝을 설정해 줘."

기대효과

ChatGPT를 활용해 고객층 맞춤형 가격 포지셔닝 전략을 수립하면, 특정 타깃 고객층의 요구를 충족시키고 매출을 증대할 수 있습니다. 예를 들어, 한 소상공인은 젊은 직장인을 타깃으로 합리적인 가격의 가성비 메뉴를 구성해, 빠르고 간편하게 즐길 수 있는 런치 세트를 도입했습니다. 이를 통해 점심시간 매출이 크게 증가하고, 젊은 층 고객의 만족도가 높아졌습니다.

또 다른 사례로는, 프리미엄 고객층을 겨냥한 고급 디너 메뉴를 출시한 한 식당은 고급스러운 분위기와 차별화된 서비스를 강조한 가격 포지셔닝을 통해 매출과 고객 만족도를 동시에 상승시켰습니다. 이처럼 타깃 고객층에 맞춘 가격 전략은 식당의 성공적인 운영에 큰 기여를 할 수 있습니다.

추가 팁

- **고객 분석 요청:** ChatGPT에게 특정 고객층의 소비 성향과 가격 민감도를 분석하도록 요청해, 고객층에 맞는 가격 포지셔닝 전략을 세울 수 있습니다.
- **프리미엄과 가성비 전략 차별화:** 프리미엄 고객에게는 고급 서비스와 독특한 경험을 강조하고, 가격 민감도가 높은 고객에게는 가성비를 강조하는 전략을 ChatGPT를 통해 추천받을 수 있습니다.
- **가격 대비 가치:** ChatGPT로부터 가격 대비 가치를 높이는 방법

을 요청해, 고객이 지불하는 가격에 대해 더 큰 만족을 느낄 수 있도록 메뉴와 서비스를 설계하세요.

- **특별 혜택 제공:** 특정 고객층을 대상으로 쿠폰, 할인 또는 세트 구성과 같은 특별 혜택을 제공해 고객 유입을 촉진할 수 있는 방법을 ChatGPT에게 요청하세요.
- **정기적인 재조정:** 고객층의 변화나 시장 트렌드에 따라 가격 포지셔닝을 재조정하는 것이 중요합니다. 정기적으로 ChatGPT에게 고객층 분석과 가격 전략 검토를 요청해 보세요.

46. 고급 메뉴와 대중적 메뉴 간 가격 차별화 전략 수립하기

주제의 중요성

고급 메뉴와 대중적 메뉴 간의 가격 차별화는 고객에게 다양한 선택지를 제공하고, 식당의 매출을 극대화하는 효과적인 전략입니다. 고급 메뉴는 고품질 재료와 특별한 조리법을 강조하여 더 높은 가격을 정당화할 수 있으며, 대중적 메뉴는 보다 합리적인 가격에 제공되어 고객층을 넓힐 수 있습니다. 가격 차별화 전략은 고객이 자신의 필요와 예산에 맞는 메뉴를 선택할 수 있게 하며, 이를 통해 고급 고객층과 대중 고객층을 모두 만족시킬 수 있습니다. ChatGPT를 활용하면 고급 메뉴와 대중적 메뉴 간 적절한 가격 차별화 전략을 수립할 수 있습니다.

문제인식

소상공인들은 고급 메뉴와 대중적 메뉴를 동시에 운영할 때, 두 메뉴의 가격을 어떻게 차별화해야 할지 고민하는 경우가 많습니다. 고급 메뉴의 경우 너무 높은 가격을 책정하면 고객이 부담을 느끼고, 반대로 대중적 메뉴가 너무 저렴하면 식당의 이미지를 떨어뜨릴 위험이 있습니다. 또한, 두 가지 가격대를 운영할 때 고객이 느끼는 가치를 어떻게 전달할지 명확하게 설정하지 않으면, 메뉴 간의 가격 차이가 불합리하게 느껴질 수 있습니다. 가격 차별화 전략은 이를 해결하는 중요한 도구입니다.

ChatGPT 활용법

ChatGPT는 고급 메뉴와 대중적 메뉴 간의 가격 차이를 명확히 설정하고, 각각의 메뉴가 지니는 가치를 전달하는 방법을 제시할 수 있습니다. 고급 메뉴는 프리미엄 재료, 특별한 요리법, 고급스러운 서비스 등을 강조하여 더 높은 가격을 설정하고, 대중적 메뉴는 가격 대비 가치를 극대화하는 방향으로 접근하는 것이 중요합니다. ChatGPT는 이러한 요소들을 반영한 가격 설정 방안을 제안하고, 각 메뉴의 고객층에 맞는 마케팅 전략을 함께 제시할 수 있습니다.

구체적인 프롬프트 예시

1. "고급 해산물 요리와 대중적인 파스타 메뉴 간에 가격 차별화를 어떻게 하면 좋을지 제안해 줘."
2. "고급 스테이크와 대중적 햄버거 메뉴의 가격을 차별화하고, 각각의 가치를 어떻게 전달할 수 있을지 추천해 줘."
3. "고급 와인과 대중적인 음료 메뉴 간의 가격 차이를 설정하고, 고객이 그 차이를 납득할 수 있는 전략을 제안해 줘."
4. "고급 코스 요리와 저렴한 세트 메뉴 간의 가격 차별화 전략을 어떻게 수립할 수 있을까?"
5. "고급 디저트와 일반 디저트의 가격 차이를 설정할 때, 그 차이를 고객에게 어떻게 설명하면 좋을지 제안해 줘."
6. "고급 메뉴는 20% 이상의 마진을 목표로 하고, 대중 메뉴는 더 많은 고객을 유치하려고 해. 이에 맞춘 가격 설정 방법을 알려 줘."
7. "고급 메뉴와 대중 메뉴 각각에 맞는 프로모션 전략을 함께 제안해 줘."

기대효과

ChatGPT를 활용해 고급 메뉴와 대중적 메뉴 간의 가격 차별화 전략을 수립하면, 각각의 메뉴가 지닌 가치를 고객에게 명확히 전달할 수 있습니다. 예를 들어, 한 소상공인은 ChatGPT가 제안한 대로 고급 해산물 요리에 고품질 재료와 특별한 조리 과정을 강조하고, 대중적인 파스타 메뉴는 가격 대비 높은 가치를 제공하는 방식으로 접근했습니다. 이로 인해 고급 메뉴는 높은 마진을, 대중적 메뉴는 꾸준한 판매량을 확보하면서 양쪽 고객층의 만족을 이끌어낼 수 있었습니다.

또한, 고급 디저트와 일반 디저트의 가격 차별화에 대한 명확한 설명을 제공하여, 고객들이 가격 차이에 납득하고 선택할 수 있도록 하였습니다. 이로써 고객의 선택권을 넓히고, 매출 증대를 함께 이끌어낼 수 있었습니다.

추가 팁

- **프리미엄 요소 강조:** ChatGPT에게 고급 메뉴의 가격이 높은 이유(고품질 재료, 정성 들인 조리법 등)를 설명할 수 있는 방법을 요청하여, 고객이 가격에 합당한 가치를 느낄 수 있게 하세요.
- **가격 대비 가치 극대화:** 대중적 메뉴는 가격 대비 만족도가 높다는 점을 강조하는 마케팅 전략이 필요합니다. ChatGPT에게 가성비를 높이는 전략을 요청해 더 많은 고객을 유치하세요.
- **마진 관리:** ChatGPT를 활용해 고급 메뉴는 마진을 높이고, 대중 메뉴는 매출을 늘리는 방향으로 가격 차별화를 설정하는 방안을 구체적으로 제안받을 수 있습니다.
- **메뉴 간 연계:** 고급 메뉴와 대중적 메뉴를 세트 메뉴로 결합하거나, 업셀링(상향 판매)을 유도하는 전략을 ChatGPT에게 요청해, 두 가지 메뉴를 연계해 매출을 극대화할 수 있는 방안을 찾을 수 있습니다.

• **고급스러움과 대중성을 마케팅:** ChatGPT에게 각각의 메뉴에 맞는 마케팅 전략을 요청해 프리미엄 마케팅과 가성비 마케팅을 동시에 활용하는 방법을 찾을 수 있습니다.

47. 할인 및 프로모션 가격 설정하기

주제의 중요성

할인 및 프로모션은 고객의 관심을 끌고 방문을 유도하는 효과적인 방법입니다. 특히, 신규 고객 유치나 특정 기간 동안 매출 증대를 목표로 할 때 프로모션은 큰 도움이 됩니다. 그러나 할인 전략은 신중하게 설계해야 합니다. 지나치게 빈번한 할인은 고객에게 준거가격(고객이 기대하는 기준 가격)을 하락시키는 위험이 있어, 할인 후 원래 가격으로 돌아갔을 때 고객의 불만을 초래할 수 있습니다. ChatGPT를 활용하면 합리적인 할인 및 프로모션 가격 설정 전략을 세우고, 식당의 수익성을 유지하면서 고객 유치를 도울 수 있습니다.

문제인식

많은 소상공인들은 할인 및 프로모션을 자주 활용하지만, 그로 인해 오히려 장기적인 가격 이미지가 하락하는 문제를 겪습니다. 할인된 가격에 익숙해진 고객은 원래 가격으로 돌아갔을 때 가격이 높다고 느낄 수 있습니다. 준거가격의 하락은 식당의 전체적인 가치 인식을 떨어뜨릴 수 있으며, 이는 브랜드 이미지에도 악영향을 미칠 수 있습니다. 따라서 할인은 신중히 계획해야 하며, 고객에게 가치를 제공하면서도 수익성을 유지하는 프로모션 전략이 필요합니다.

ChatGPT 활용법

ChatGPT는 할인 및 프로모션 가격 설정에서 전략적 접근을 돕습니다. 할인 후에도 고객이 느끼는 준거가격이 유지될 수 있도록, 할인 빈도와 할인폭을 조절하는 방법을 제안할 수 있습니다. 또한, 단기적인 매출 증대뿐 아니라 장기적인 고객 유치 효과를 고려한 프로모션 방안을 제시합니다. ChatGPT는 이벤트성 할인, 신규 고객 할인, 패키지 할인 등의 다양한 할인 전략을 제공하고, 식당의 수익성을 유지하면서도 고객의 관심을 지속적으로 유지할 수 있는 방안을 도와줍니다.

구체적인 프롬프트 예시

1. "신규 고객 유치를 위한 첫 주문 할인 프로모션을 진행하려고 해. 적정 할인율과 수익성 유지 방안을 제안해 줘."
2. "메뉴의 준거가격을 유지하면서 한정된 기간 동안만 적용할 수 있는 할인 전략을 추천해 줘."
3. "기존 고객을 위한 재방문 할인 프로모션을 기획하려고 해. 고객

의 기대치를 충족시키면서 수익을 유지할 방법을 알려 줘."

4. "할인 빈도를 너무 높이지 않으면서도 매출을 올릴 수 있는 프로모션 전략을 제안해 줘."
5. "세트 메뉴에만 할인을 적용해 전체 매출을 높이려면 어떻게 할 수 있을지 아이디어를 줘."
6. "평소 가격을 유지하면서 특별한 이벤트성 할인 프로모션을 진행할 수 있는 방법을 제안해 줘."
7. "고객들이 할인을 통해 준거가격이 낮아지지 않도록, 단기적 할인 효과를 높이는 방법을 추천해 줘."

기대효과

ChatGPT를 활용해 신중한 할인 및 프로모션 전략을 수립하면, 준거가격을 유지하면서도 고객의 관심을 끌 수 있는 다양한 방법을 적용할 수 있습니다. 예를 들어, 한 소상공인은 ChatGPT가 제안한 대로 신규 고객 유치용 첫 주문 할인을 시행하고, 할인 후에도 고객이 원래 가격에 큰 부담을 느끼지 않도록 단기적 할인을 유지하는 방식을 사용했습니다. 이를 통해 신규 고객의 유입을 유도하고, 기존 가격을 그대로 유지하면서 매출 증가를 경험했습니다.

또 다른 사례로는, 세트 메뉴 할인을 통해 개별 메뉴가 아닌 세트로 구성된 메뉴에만 할인을 적용하여 고객들이 전체적인 가치를 느끼도록 하는 전략을 도입해 매출과 고객 만족도를 동시에 높였습니다.

추가 팁

- **준거가격 유지 전략:** ChatGPT에게 고객의 준거가격을 유지하면서도 매출을 올릴 수 있는 할인 전략을 물어보세요. 예를 들어, 단기적 이벤트 할인이나 특정 조건부 할인을 활용할 수 있습니다.
- **적정 할인율 설정:** ChatGPT에게 수익성을 고려한 적정 할인율을 요청하면, 지나친 할인으로 인한 수익 감소를 방지하고 적절한 할인 폭을 설정할 수 있습니다.
- **할인 빈도 관리:** 빈번한 할인이 준거가격을 낮추지 않도록, ChatGPT에게 할인 빈도에 대한 전략을 제안받아 고객에게 적절한 시기에만 할인을 제공하세요.
- **이벤트성 할인 활용:** 특별한 날이나 행사에 맞춰 이벤트성 할인을 적용하면, 평소 가격을 유지하면서도 고객에게 특별한 경험을 제공할 수 있습니다.
- **세트 메뉴 할인:** 개별 메뉴에 할인을 제공하기보다는 세트 메뉴에 할인을 적용해 더 큰 가치를 제공하면서 매출을 높일 수 있는 방법을 ChatGPT에게 요청하세요.

48. 고객 로열티 프로그램 연계 가격 설정하기

주제의 중요성

고객 로열티 프로그램은 충성 고객을 유치하고, 지속적인 방문을 유도하는 효과적인 방법입니다. 식당에서 로열티 프로그램을 활용하면, 정기적인 혜택을 제공해 고객의 재방문율을 높이고, 장기적으로 매출 증대에 기여할 수 있습니다. 하지만, 로열티 프로그램과 연계된 가격 설정은 신중해야 합니다. 잘못된 가격 설정은 수익성에 부정적인 영향을 미칠 수 있기 때문에, 혜택과 가격 간의 균형을 적절히 맞춰야 합니다. ChatGPT를 활용하면 로열티 프로그램의 혜택을 효과적으로 제공하면서도 수익성을 유지할 수 있는 가격 전략을 세울 수 있습니다.

문제인식

많은 소상공인들은 로열티 프로그램을 도입할 때 고객에게 주는 혜택이 너무 과다하거나, 혜택 제공으로 인한 수익성 감소 문제를 경험합니다. 적절한 혜택을 제공하지 못하면 고객이 프로그램에 대한 매력을 느끼지 못하고, 반대로 지나친 혜택을 제공하면 재방문은 늘지만 수익성 하락을 초래할 수 있습니다. 가격 설정과 혜택 설계 간의 균형을 유지하는 것이 중요합니다. 이 균형을 맞추지 않으면 고객 만족과 매출 증대 모두 실패할 위험이 큽니다.

ChatGPT 활용법

ChatGPT는 고객 로열티 프로그램과 가격 설정 간의 적절한 균형을 맞추는 데 도움을 줄 수 있습니다. 예를 들어, 로열티 프로그램의 혜택을 효과적으로 제공하면서도 수익성을 유지할 수 있는 포인트 적립 방식, 쿠폰 제공 방법, 할인율 조정 등을 제안받을 수 있습니다. 또한, 로열티 프로그램에 가입한 고객과 일반 고객 간의 가격 차이를 어떻게 설정할지, 어느 정도의 할인과 혜택을 제공할지에 대한 최적화된 전략을 제시할 수 있습니다.

구체적인 프롬프트 예시

1. "고객 로열티 프로그램에서 10번째 방문 시 무료 음료를 제공하려고 해. 이 혜택을 제공하면서도 수익성을 유지할 방법을 제안해 줘."
2. "포인트 적립 프로그램을 도입하려고 하는데, 적립 비율과 할인 혜택 간의 균형을 맞출 수 있는 가격 설정 전략을 추천해 줘."
3. "로열티 프로그램에서 특정 메뉴에만 할인을 제공할 때, 고객이 가치를 느끼면서도 식당의 수익성을 유지할 수 있는 방안을 제안해 줘."
4. "VIP 고객에게 더 많은 혜택을 제공하려고 하는데, 혜택에 맞춰 가격을 어떻게 설정할 수 있을지 도와줘."
5. "고객이 5번 방문할 때마다 15% 할인을 제공하려고 해. 이 할인율을 설정할 때 수익성을 유지할 수 있는 방법을 제안해 줘."

6. “포인트 적립에 따라 제공할 수 있는 단계별 할인 또는 혜택 시스템을 설계해 줘.”
7. “로열티 프로그램과 세트 메뉴 할인 혜택을 결합해 고객의 만족도와 수익성을 동시에 높일 수 있는 전략을 제안해 줘.”

기대효과

ChatGPT를 활용해 고객 로열티 프로그램과 연계된 가격 설정을 체계적으로 진행하면, 고객의 만족도와 재방문율을 높이면서도 수익성을 유지할 수 있는 최적의 혜택을 제공할 수 있습니다. 예를 들어, 한 소상공인은 ChatGPT의 제안을 바탕으로 포인트 적립 비율을 조정하고, 고객이 10번째 방문 시 제공하는 혜택을 통해 재방문을 유도하면서도 큰 부담 없이 프로그램을 운영할 수 있었습니다. 또한, VIP 고객에게만 특정 혜택을 제공함으로써, 특별 대우를 받는다는 느낌을 주어 고객 로열티를 극대화할 수 있었습니다.

또 다른 사례로, 단계별 할인을 제공하는 포인트 적립 시스템을 설계한 식당은 고객이 더 많은 방문을 통해 더 큰 혜택을 기대하게 하여 장기적인 고객 충성도를 강화했습니다. 이를 통해 매출은 꾸준히 증가하고, 수익성도 유지할 수 있었습니다.

추가 팁

- **포인트 적립 비율 최적화:** ChatGPT에게 포인트 적립 비율과 할

인율 간의 균형을 요청해, 고객에게 충분한 혜택을 제공하면서도 수익성을 유지할 수 있는 비율을 찾아보세요.

- **특정 메뉴에 혜택 적용:** 로열티 프로그램의 혜택을 수익성이 높은 메뉴에 한정하여 적용하면, 수익성을 유지하면서 고객에게 혜택을 제공할 수 있습니다. ChatGPT에게 이러한 전략을 요청할 수 있습니다.
- **단계적 혜택 제공:** 포인트 적립이나 방문 횟수에 따라 단계별 혜택을 설정하면, 고객이 더 많은 방문을 유도할 수 있습니다. ChatGPT에게 단계별 혜택 시스템을 설계하도록 요청해 보세요.
- **VIP 고객을 위한 추가 혜택:** ChatGPT에게 VIP 고객만을 위한 추가적인 혜택을 설계해 달라고 요청하면, 상위 고객층에게 차별화된 혜택을 제공해 고객 충성도를 높일 수 있습니다.
- **혜택 제공 주기 관리:** 혜택 제공 주기를 너무 짧게 설정하면 수익성에 영향을 미칠 수 있으므로, ChatGPT에게 적절한 혜택 주기를 설정해 달라고 요청하세요.

49. 가격 상승 요인 분석 및 조정 방법 도출하기

주제의 중요성

식당 운영에서 가격 상승은 피할 수 없는 과정입니다. 재료비 상승, 인건비 증가, 운영비용 등 다양한 외부 요인으로 인해 가격을 조정해야 하는 상황이 발생할 수 있습니다. 그러나 무작정 가격을 올리면 고객의 반발을 불러일으킬 수 있어 신중한 접근이 필요합니다. 가격 상승 요인 분석을 통해 명확한 근거를 제시하고, 적절한 조정 방법을 도출해 고객에게 합리적인 가격 변동을 전달하는 것이 중요합니다. ChatGPT는 가격 상승의 요인을 체계적으로 분석하고, 이를 토대로 최적의 가격 조정 전략을 제안해 고객의 부담을 최소화하면서도 식당의 수익성을 유지할 수 있는 방안을 도출할 수 있습니다.

문제인식

많은 소상공인들은 재료비, 인건비, 물류비 등 비용 상승으로 인해 가격을 인상해야 할 상황에 처하지만, 가격 상승이 고객 이탈로 이어질 것을 우려합니다. 가격을 너무 높게 설정하면 고객의 불만을 초래할 수 있고, 이를 명확하게 설명하지 않으면 고객은 그 차이를 납득하지 못할 수 있습니다. 따라서 가격 상승 요인을 철저히 분석하고, 이를 고객에게 납득시킬 수 있는 논리적이고 합리적인 가격 조정 방법을 찾아야 합니다.

ChatGPT 활용법

ChatGPT는 가격 인상 요인을 체계적으로 분석하고, 고객의 반응을 최소화하면서도 가격을 조정할 수 있는 전략을 제안합니다. 예를 들어, 재료비 상승이나 운영비 증가에 대한 데이터를 기반으로 명확한 이유를 고객에게 전달하고, 이를 보완할 수 있는 가격 대비 가치를 높이는 방안을 제시할 수 있습니다. 또한, 부분적인 메뉴 조정, 패키지 상품 제안 등 다양한 방법으로 가격 상승의 충격을 최소화하는 전략을 도출할 수 있습니다.

구체적인 프롬프트 예시

1. "최근 재료비가 상승했는데, 이를 반영해 가격을 조정할 방법을 제안해 줘."
2. "인건비 상승으로 인해 메뉴 가격을 인상해야 하는데, 고객 이탈을 최소화할 수 있는 방법을 추천해 줘."
3. "운영비가 증가해 가격 인상이 불가피한데, 고객에게 이를 합리적으로 설명할 수 있는 방안을 제안해 줘."
4. "주 메뉴의 가격 인상을 고객에게 납득시키기 위한 논리적인 설명을 작성해 줘."
5. "가격 상승을 피할 수 없는 상황에서, 전체 메뉴의 가격을 한꺼번에 올리지 않고 조정할 수 있는 방법을 제안해 줘."
6. "고객이 가격 인상에 대해 거부감을 덜 느끼도록 메뉴의 가치를 높일 수 있는 방법을 추천해 줘."
7. "재료비 상승으로 일부 메뉴의 가격을 올리려는데, 그 외 다른 방법으로 매출을 유지할 수 있는 전략을 제안해 줘."

기대효과

ChatGPT를 활용해 가격 상승 요인 분석과 가격 조정 방법을 구체적으로 도출하면, 고객의 불만을 최소화하면서도 식당의 운영비용을 커버할 수 있습니다. 예를 들어, 한 소상공인은 ChatGPT의 도움을 받아 재료비 상승으로 인해 일부 메뉴의 가격을 조정하면서, 메뉴 설명에서 고품질 재료를 사용하는 이유를 강조하여 고객들이 가격 인상을 납득하게 만들었습니다. 또한, 패키지 상품을 제안해 고객이 가격 인상에도 불구하고 여전히 가치 있는 선택이라고 느끼게 하여 매출을 유지했습니다.

또 다른 사례로는, 인건비 상승으로 인해 전 메뉴의 가격을 인상하기보다는, 특정 인기 메뉴의 가격만 올리고 대중적인 메뉴는 가격을 동결하는 전략을 도입해, 고객 이탈을 최소화하며 수익성을 유지했습니다.

추가 팁

- **부분적 가격 인상 전략:** ChatGPT에게 전 메뉴의 가격을 올리지 않고 일부 인기 메뉴나 고급 메뉴의 가격을 인상하는 방법을 요청해, 고객이 가격 변화를 덜 느낄 수 있도록 하세요.
- **가치 강조 전략:** 가격을 올릴 때 고객에게 가격 대비 가치를 강조하는 것이 중요합니다. ChatGPT를 통해 재료의 질, 조리 과정, 고객 경험 등을 부각시킬 수 있는 방법을 찾아보세요.
- **가격 인상 시기 선택:** 가격 인상은 시즌별 이벤트나 메뉴 개편과

같은 시기에 맞춰 진행하면, 고객의 반응을 완화할 수 있습니다. ChatGPT에게 최적의 가격 인상 시기에 대한 조언을 요청할 수 있습니다.

- **고객 설명 방법:** 가격 인상에 대한 고객의 거부감을 줄이기 위해, ChatGPT에게 가격 인상 설명 문구나 공지 방법을 제안받아 투명하고 명확하게 소통하는 것이 중요합니다.
- **패키지 할인 제공:** 가격 인상으로 인해 일부 메뉴의 가격이 부담스러울 수 있는 고객에게는, 세트 메뉴나 패키지 할인을 제공하여 총 구매가치를 높일 수 있습니다.

50. 심리적 가격 설정(9,900원 전략 등) 방법 도입하기

주제의 중요성

심리적 가격 설정은 소비자가 가격을 인식하는 방식에 영향을 주어, 같은 금액이라도 더 저렴하게 느끼도록 하는 마케팅 기법입니다. 예를 들어, 9,900원이나 19,800원과 같은 가격은 실제로 10,000원, 20,000원과 큰 차이가 없지만, 고객은 이를 더 저렴하게 느끼게 됩니다. 이러한 심리적 가격 전략은 매출을 증대시키고, 고객의 가격 민감도를 낮출 수 있는 강력한 도구입니다. ChatGPT를 활용하면 이러한 전략을 도입할 때 적절한 가격대를 설정하고, 고객의 심리에 긍정적인 영향을 미칠 수 있는 방법을 쉽게 찾을 수 있습니다.

문제인식

많은 소상공인들은 가격을 설정할 때 정확한 원가에 맞춰 계산하지만, 고객이 그 가격을 어떻게 인식할지에 대한 고려는 부족한 경우가 많습니다. 10,000원과 9,900원은 실제로 거의 차이가 없지만, 고객은 더 낮은 가격으로 느끼고 구매 결정을 더 쉽게 내리게 됩니다. 이러한 심리적 가격 설정을 적절히 도입하지 않으면, 같은 가격에 더 비싸게 느껴지거나 경쟁업체에 비해 매력적으로 보이지 않을 수 있습니다.

ChatGPT 활용법

ChatGPT는 심리적 가격 설정 전략을 도입할 때 고객의 반응을 고려한 적절한 가격대를 설정하는 데 도움을 줍니다. 예를 들어, 9,900원, 14,900원과 같은 가격대를 제안하고, 이러한 가격이 고객의 구매 결정을 촉진하는 이유를 설명할 수 있습니다. 또한, 특정 심리적 가격 설정 전략이 효과적인 메뉴나 상품에 대해 구체적인 추천을 받을 수 있으며, 이를 통해 매출 증대 효과를 얻을 수 있습니다. ChatGPT는 경쟁업체의 가격과 비교하여 더 매력적인 가격 설정을 도와줄 수 있으며, 고객의 반응을 분석해 추가적인 전략을 도출할 수 있습니다.

구체적인 프롬프트 예시

1. “우리 식당의 대표 메뉴 가격을 10,000원이 아닌 9,900원으로 설정했을 때 심리적 효과를 설명해 줘.”
2. “대중적인 음료 메뉴에 심리적 가격 설정을 적용하려고 해. 3,500원보다는 3,490원으로 설정하는 것이 더 효과적일지 알려줘.”
3. “세트 메뉴 가격을 20,000원에서 19,900원으로 바꿔도 매출에 큰 영향을 주지 않을지 분석해 줘.”
4. “프리미엄 메뉴에 19,900원과 20,000원의 차이를 둘 때, 고객이 어떻게 다르게 느낄지 설명해 줘.”
5. “배달 전용 메뉴에 심리적 가격 설정을 도입하려고 하는데, 경쟁업체보다 매력적인 가격을 어떻게 설정할 수 있을지 도와줘.”
6. “디저트 메뉴 가격을 4,000원에서 3,990원으로 바꾸는 것이 매출에 미치는 영향을 분석해 줘.”
7. “9,900원 같은 심리적 가격 설정 전략을 전 메뉴에 적용할지, 특정 메뉴에만 적용할지에 대한 조언을 해 줘.”

기대효과

ChatGPT를 활용해 심리적 가격 설정을 도입하면, 고객이 더 저렴하게 느낄 수 있도록 가격을 설정해 구매율과 매출을 증대시킬 수 있습니다. 예를 들어, 한 소상공인은 ChatGPT의 제안을 받아 기존에 10,000원에 판매하던 메뉴를 9,900원으로 조정하여, 고객이 더 저렴하게 느끼도록 유도하였고, 이를 통해 판매량이 15% 증가하는 결과를 얻었습니다. 또한, 프리미엄 메뉴의 가격을 20,000원에서 19,900원으로 바꾸었을 때, 고객이 가격 차이를 거의 느끼지 않으면서도 매출을 안정적으로 유지할 수 있었습니다.

또한, 디저트 메뉴에 심리적 가격 설정을 적용해 고객이 작은 가격 차이에도 심리적으로 더 저렴하게 느끼게 만들어, 구매 빈도가 높아지는 결과를 얻었습니다. 이를 통해 고객의 가격 인식을 긍정적으로 변화시키고, 매출을 향상시킬 수 있었습니다.

추가 팁

- **가격 변화의 효과 분석:** ChatGPT에게 기존 가격과 심리적 가격의 변화를 요청해, 고객이 그 차이를 어떻게 느낄지 분석하고 더 효과적인 가격 설정을 도출하세요.
- **특정 메뉴에만 적용:** 모든 메뉴에 심리적 가격을 적용하는 대신, 핵심 메뉴나 인기 메뉴에만 적용하여 가치 인식을 높일 수 있습니다. ChatGPT에게 어느 메뉴에 적용할지 도움을 요청해 보세요.
- **가격 범위 설정:** ChatGPT로부터 최적의 가격 범위를 추천받아, 고객이 저항 없이 가격을 받아들이도록 유도할 수 있습니다. 9,990원, 19,900원, 29,800원 등 여러 가격대를 제시하고 분석해 보세요.
- **고급 메뉴에 대한 접근법:** 고급 메뉴는 심리적 가격 전략을 적용

할 때 신중해야 합니다. ChatGPT에게 프리미엄 메뉴와 대중적 메뉴에 다른 접근 방식을 제안받아, 적절한 가격 전략을 세울 수 있습니다.

- **경쟁업체 분석:** ChatGPT에게 경쟁업체의 가격과 비교하여 더 매력적인 심리적 가격 설정을 제안받아, 고객이 더 저렴하게 느낄 수 있도록 도와줄 수 있습니다.

51. 배달 및 테이크아웃 가격 정책 수립하기

주제의 중요성

배달과 테이크아웃은 현대 식당 운영에서 중요한 수익 창출 수단입니다. 그러나 이 두 방식은 포장 비용, 배달 수수료, 원가 상승 등의 추가 비용이 발생하므로, 적절한 가격 정책을 수립하는 것이 중요합니다. 특히, 배달 플랫폼에 지불하는 수수료와 고객이 느끼는 가격 부담 간의 균형을 맞추는 것이 핵심 과제입니다. ChatGPT를 활용하면 배달 및 테이크아웃 시 발생하는 비용을 고려하여, 합리적인 가격 정책을 수립하고 수익성을 극대화할 수 있는 전략을 세울 수 있습니다.

문제인식

많은 소상공인들은 배달과 테이크아웃에 따른 추가 비용을 충분히 고려하지 못하고 가격을 설정하는 경우가 많습니다. 특히, 배달 플랫폼에 지불해야 하는 수수료(보통 15~30%)와 포장 비용, 배달 인력 비용 등으로 인해 매출은 늘어도 실제 수익은 감소할 수 있습니다. 반대로, 가격을 지나치게 높이면 고객의 외면을 받을 위험도 있습니다. 이러한 복잡한 상황에서 수익성을 유지하면서도 고객이 부담을 느끼지 않도록 적절한 가격을 설정하는 것이 필요합니다.

ChatGPT 활용법

ChatGPT는 배달 및 테이크아웃의 추가 비용을 고려한 가격 정책 수립에 도움을 줍니다. 배달 시 발생하는 수수료, 포장 비용, 배송비 등을 모두 고려하여, 이윤을 보장하면서도 고객이 합리적으로 느낄 수 있는 가격을 제시할 수 있습니다. 또한, 배달 메뉴와 매장 내 메뉴 간의 가격 차이를 어떻게 설정해야 할지에 대한 구체적인 전략을 제안할 수 있으며, 배달 전용 메뉴와 세트 메뉴를 통해 고객에게 더 큰 가치를 제공하는 방법도 도출할 수 있습니다.

구체적인 프롬프트 예시

1. "배달 플랫폼 수수료가 20%인데, 이를 반영해 배달 전용 메뉴의 가격을 어떻게 설정할 수 있을지 제안해 줘."
2. "포장 비용을 고려해 테이크아웃 가격을 매장 내 가격보다 조금

높게 설정하려고 해. 어떻게 하면 고객의 불만을 줄일 수 있을지 알려 줘."

3. "배달 주문에서 수익성을 유지하기 위한 최적의 가격 설정 방법을 추천해 줘."
4. "매장 내 메뉴와 배달 메뉴 간의 가격 차이를 설정할 때, 고객이 느낄 수 있는 심리적 장벽을 낮출 수 있는 방법을 제안해 줘."
5. "배달 메뉴를 매장 내 메뉴보다 비싸게 설정할 때, 고객이 그 차이를 납득할 수 있도록 설명하는 방법을 알려 줘."
6. "포장 및 배달 비용을 고려한 배달 전용 세트 메뉴를 어떻게 구성할 수 있을지 아이디어를 줘."
7. "배달 서비스에 따른 추가 비용을 반영하면서도 가격을 합리적으로 보이게 만드는 전략을 제안해 줘."

기대효과

ChatGPT를 활용해 배달 및 테이크아웃 가격 정책을 수립하면, 수익성을 유지하면서도 고객의 부담을 줄이는 효과적인 가격 설정이 가능합니다. 예를 들어, 한 소상공인은 ChatGPT의 도움을 받아 배달 플랫폼 수수료와 포장 비용을 고려해 배달 전용 메뉴의 가격을 매장 내 가격보다 소폭 높게 설정했습니다. 고객에게는 포장비 포함이라는 명확한 설명을 제공하여 납득할 수 있도록 했고, 이를 통해 매출과 수익 모두 증가했습니다.

또 다른 사례로는, 테이크아웃 세트 메뉴를 구성해 가격 대비 가치를 높여 고객이 추가 비용을 덜 부담스럽게 느끼도록 했습니다. ChatGPT의 제안으로 매장 내 판매가보다 약간 높은 가격을 설정했지만, 세트 구성의 가치를 강조하여 고객들이 이를 납득하게 만들었고, 테이크아웃 주문이 증가했습니다.

추가 팁

- **추가 비용 상세 설명:** 배달 또는 테이크아웃 가격을 설정할 때 포장비와 수수료가 반영된 것을 고객에게 투명하게 설명하면, 고객이 가격 차이를 더 잘 납득할 수 있습니다. ChatGPT에게 이러한 설명 문구나 공지 방법을 요청하세요.
- **배달 전용 메뉴 개발:** ChatGPT를 활용해 배달 전용 메뉴를 기획하고, 포장과 배달 중 음식의 변형을 최소화할 수 있는 메뉴를 제안받을 수 있습니다.
- **세트 메뉴 활용:** 배달 시 개별 메뉴보다 세트 메뉴를 구성해 고객이 더 큰 가치를 느낄 수 있도록 할 수 있습니다. ChatGPT로부터 배달 전용 세트 메뉴 구성을 제안받아 보세요.
- **가격 대비 가치 강조:** 배달 시 가격을 높게 설정하는 경우, 서비스 품질이나 음식의 양 등 가격 대비 가치를 강조하는 마케팅 전략을 활용할 수 있습니다. ChatGPT에게 이러한 전략을 요청할 수 있습니다.
- **프로모션 활용:** 배달 플랫폼 쿠폰 또는 테이크아웃 할인과 같은 프로모션을 활용해 고객 유입을 증가시키는 방안을 ChatGPT에게 제안받아 매출을 높일 수 있습니다.

52. 경쟁 식당의 가격 비교 및 대응 전략 분석하기

주제의 중요성

경쟁 식당과의 가격 비교는 식당 운영에서 중요한 요소입니다. 경쟁 식당보다 더 높은 가격을 책정하면 고객이 떠날 수 있고, 반대로 너무 낮은 가격을 설정하면 수익성이 떨어질 수 있습니다. 따라서 경쟁 식당의 가격을 분석하고, 그에 맞는 대응 전략을 수립하는 것이 중요합니다. 이 전략을 통해 가격 경쟁력을 확보하고, 고객에게 더 많은 가치를 제공하여 시장에서의 입지를 강화할 수 있습니다. ChatGPT를 활용하면 경쟁 식당의 가격을 분석하고, 효과적인 대응 전략을 빠르고 체계적으로 수립할 수 있습니다.

문제인식

소상공인 식당은 주변 경쟁 식당과 비교해 가격을 어떻게 설정할지 어려움을 겪는 경우가 많습니다. 특히, 경쟁 식당이 더 저렴한 가격을 제공하면 고객을 빼앗길 위험이 있고, 반대로 가격을 너무 낮추면 수익성이 떨어져 장기적으로 운영에 어려움이 생길 수 있습니다. 또한, 경쟁 식당과의 가격 차이를 어떻게 고객에게 설명하고, 차별화된 가치를 제공할지에 대한 고민도 있습니다. 경쟁사와 비교한 가격 분석 및 대응 전략이 필수적입니다.

ChatGPT 활용법

ChatGPT는 경쟁 식당의 가격 비교와 그에 맞는 대응 전략을 체계적으로 분석하는 데 도움을 줄 수 있습니다. 이를 통해 경쟁 식당보다 가격을 낮게 설정하면서도 가치를 유지하는 방법, 혹은 더 높은 가격을 책정하면서도 프리미엄 요소를 강조해 고객이 그 차이를 납득하도록 하는 전략을 제시할 수 있습니다. ChatGPT는 또한 가격 경쟁 외에도 서비스 차별화나 메뉴 구성 등 다양한 요소를 통해 경쟁 식당과의 차별화를 도울 수 있습니다.

구체적인 프롬프트 예시

1. "우리 식당의 파스타 가격이 경쟁 식당보다 1,000원 더 비싸. 이 가격 차이를 고객에게 납득시킬 방법을 제안해 줘."
2. "경쟁 식당의 대표 메뉴와 우리 메뉴 가격을 비교하고, 더 매력적인 가격으로 설정할 방법을 제안해 줘."
3. "우리 식당의 가격을 경쟁 식당보다 낮게 설정하면서도 수익성을 유지할 수 있는 방법을 추천해 줘."
4. "경쟁 식당과 동일한 가격으로 메뉴를 제공할 때, 우리 식당만의 차별화된 가치를 어떻게 전달할 수 있을지 아이디어를 줘."
5. "가격 인하 없이 경쟁 식당보다 더 높은 가치를 제공할 수 있는 방법을 제안해 줘."
6. "경쟁 식당이 새로운 메뉴를 출시하면서 가격을 낮췄을 때, 우리

식당이 어떻게 대응할 수 있을지 전략을 제시해 줘."

7. "경쟁 식당보다 더 높은 가격을 유지하면서도 프리미엄 이미지를 강화하는 방법을 추천해 줘."

기대효과

ChatGPT를 활용해 경쟁 식당의 가격 비교 및 대응 전략을 수립하면, 식당의 가격 경쟁력을 강화하면서도 차별화된 가치를 제공할 수 있습니다. 예를 들어, 한 소상공인은 ChatGPT가 제안한 대로 경쟁 식당보다 1,000원 비싼 파스타 메뉴에 대해 고품질 재료와 고급스러운 분위기를 강조한 마케팅을 진행하여, 고객이 가격 차이를 납득하게 만들었습니다. 이를 통해 가격 경쟁에 휘말리지 않고도 고객의 신뢰를 유지하며 매출을 증대시켰습니다.

또 다른 사례로, 경쟁 식당의 가격 인하에 대응하기 위해 가격 인하 없이 무료 추가 서비스(사이드 메뉴 제공)로 가치를 더한 전략을 도입해, 고객 만족도를 높이고 매출도 유지할 수 있었습니다.

추가 팁

- **경쟁 식당의 강점과 약점 분석:** ChatGPT에게 경쟁 식당의 강점과 약점을 분석하도록 요청하여, 약점을 보완하고 강점을 극대

화할 수 있는 전략을 세울 수 있습니다.

- **차별화된 가치 제안:** 가격 경쟁에만 의존하지 말고, 서비스, 고객 경험, 식재료 품질 등을 강조하는 방법을 ChatGPT에게 요청하여, 가격 외의 차별화된 가치를 제공할 수 있습니다.
- **가격 인하 없이 대응하는 방법:** 가격을 내리지 않고도 프로모션이나 무료 서비스를 통해 가치를 높이는 방법을 ChatGPT로부터 제안받아, 고객에게 추가적인 혜택을 제공할 수 있습니다.
- **시장 트렌드 반영:** ChatGPT를 활용해 외식 트렌드와 소비자 행동을 분석하여, 경쟁 식당보다 한발 앞선 전략을 세울 수 있습니다.
- **프로모션 및 이벤트 활용:** 특별 이벤트나 한정 프로모션을 통해 가격 경쟁을 피하고 고객에게 차별화된 경험을 제공할 수 있습니다. ChatGPT에게 관련 아이디어를 요청해 보세요.

53. 가성비 인식, 가심비 인식을 높이기 위한 가격 전략

주제의 중요성

가성비와 가심비는 고객이 가격을 인식하는 중요한 두 가지 요소로, 각각 가격 대비 성능(가성비)과 가격 대비 만족감(가심비)을 뜻합니다. 오늘날의 고객들은 합리적인 가격에 좋은 품질을 원하는 가성비와, 다소 높은 가격이라도 더 큰 만족감이나 특별한 경험을 주는 가심비를 중요시합니다. 따라서 식당에서는 이 두 가지 요소를 고려한 가격 전략을 통해 다양한 고객층의 요구를 충족시키는 것이 매우 중요합니다. ChatGPT를 활용하면 가성비와 가심비를 강화하는 맞춤형 가격 전략을 수립해 고객의 만족도와 매출을 동시에 높일 수 있습니다.

문제인식

많은 소상공인들은 고객에게 가성비와 가심비를 동시에 만족시키기 어려워합니다. 가격을 낮추면 수익성이 떨어지고, 가격을 높이면 고객이 느끼는 가치가 부족할 수 있습니다. 가성비를 강조하는 고객은 합리적인 가격에 좋은 품질을 원하고, 가심비를 중시하는 고객은 그 이상의 만족감이나 경험을 중요시합니다. 이 두 고객층의 요구를 어떻게 충족시킬지에 대한 가격 설정과 마케팅 전략이 필요합니다.

ChatGPT 활용법

ChatGPT는 가성비와 가심비를 동시에 고려한 가격 전략을 수립하는 데 도움을 줄 수 있습니다. 가성비 고객에게는 가격 대비 만족도가 높은 메뉴를 추천하고, 가심비 고객에게는 특별한 경험이나 고급스러운 서비스를 제공하는 메뉴를 제안할 수 있습니다. ChatGPT는 각 고객층에 맞는 메뉴 구성, 가격 설정 및 부가 혜택을 통해, 고객이 지불한 가격에 대해 최대한의 가치를 느끼게 해 주는 방안을 제시할 수 있습니다.

구체적인 프롬프트 예시

1. "합리적인 가격에 좋은 품질을 제공해 가성비를 높일 수 있는 메뉴 구성과 가격 전략을 제안해 줘."
2. "고객이 15,000원 이상의 메뉴를 선택할 때 가심비를 느낄 수 있도록 할 수 있는 서비스나 추가 혜택을 제안해 줘."
3. "저렴한 가격대에서도 고객이 만족할 수 있는 가성비 높은 메뉴와 그 가격 설정 방법을 추천해 줘."
4. "가격이 높은 메뉴에서 고객이 가심비를 느낄 수 있도록 프리미엄 서비스나 특별한 경험을 더하는 방법을 제안해 줘."
5. "가성비가 좋은 런치 세트 메뉴를 기획하고 싶은데, 어떻게 구성하고 가격을 설정할지 도와줘."
6. "고객이 프리미엄 메뉴에서 가심비를 느낄 수 있도록 할 수 있는 특별한 마케팅 전략을 제안해 줘."
7. "가성비와 가심비를 동시에 높일 수 있는 메뉴나 세트 구성을 추천해 줘."

기대효과

ChatGPT를 활용해 가성비와 가심비를 모두 만족시키는 가격 전략을 도입하면, 다양한 고객층의 요구를 충족시키고 매출을 증대시킬 수 있습니다. 예를 들어, 한 소상공인은 ChatGPT의 도움으로 저렴한 가격에 높은 품질을 제공하는 런치 세트를 구성해 가성비를 중시하는 고객을 유치했습니다. 이로 인해 낮 시간대

방문 고객 수가 20% 증가했으며, 고객 만족도도 상승했습니다.

또 다른 사례로는, 프리미엄 디너 메뉴를 선택한 고객에게 무료 음료 제공과 같은 추가 혜택을 제공하여 가심비를 강화한 결과, 프리미엄 메뉴의 판매량이 증가하고, 고객들이 더 많은 금액을 지불하는 데 긍정적인 반응을 보였습니다.

추가 팁

- **가성비 강조 메뉴 구성:** ChatGPT에게 가성비를 강조할 수 있는 세트 메뉴나 할인 프로모션 아이디어를 요청해 고객에게 더 큰 만족감을 제공하세요.
- **고객의 지불 의향 분석:** 가심비를 중시하는 고객층의 지불 의향을 분석하여, 다소 높은 가격에도 고객이 느낄 수 있는 추가 혜택이나 경험을 제안받을 수 있습니다.
- **특별한 경험 제공:** ChatGPT를 통해 고급 재료, 서비스 향상 또는 독특한 플레이팅 등, 고객이 가격 이상의 만족감을 느낄 수 있는 방안을 마련해 가심비를 강화하세요.
- **가성비를 위한 원가 관리:** 가성비를 유지하기 위해서는 원가 절감이 필요합니다. ChatGPT에게 원가 절감과 효율적인 재료 사용 방법을 물어 수익성을 유지하면서도 가격 대비 가치를 높이는 전략을 수립할 수 있습니다.
- **프리미엄 마케팅 전략:** ChatGPT로부터 가심비를 높일 수 있는 프리미엄 마케팅 전략을 제안받아, 고객이 더 높은 가격에 만족할 수 있도록 설계하세요.

제5장
ChatGPT를 활용한 프로모션 기획

제5장

ChatGPT를 활용한 프로모션 기획

54. 맞춤형 프로모션 기획하기

주제의 중요성

맞춤형 프로모션은 특정 고객층의 요구를 정확히 반영한 마케팅 전략으로, 고객의 관심을 끌고, 재방문율을 높이는 데 효과적입니다. 고객의 성향에 맞춘 프로모션 기획은 경쟁 식당과의 차별화를 가능하게 하며, 적절한 타이밍과 혜택을 통해 매출 증대에도 기여할 수 있습니다. 소상공인 식당은 고객 데이터를 활용하여 개인화된 혜택과 맞춤형 할인을 제공함으로써, 고객 만족도와 충성도를 높일 수 있습니다. ChatGPT를 활용하면 특정 고객층의 성향과 필요에 맞는 맞춤형 프로모션을 손쉽게 기획할 수 있습니다.

문제인식

많은 소상공인 식당들은 일반적인 할인이나 포괄적인 이벤트만을 기획하는 경우가 많아, 특정 고객층의 요구를 충분히 반영하지 못하는 경우가 있습니다. 이로 인해 고객의 반응이 기대에 못 미치거나, 재방문율이 낮은 경우가 발생할 수 있습니다. 특히 고객 맞춤형 혜택을 제공하지 않으면, 고객들은 식당에 특별한 애착을 느끼지 않고 단순히 가격 중심의 선택을 할 수 있습니다. 따라서 각 고객층에 맞는 프로모션 기획이 필요합니다.

ChatGPT 활용법

ChatGPT는 고객층의 구매 패턴, 선호도, 방문 빈도 등을 분석하여 각 고객층에 맞춘 맞춤형 프로모션을 기획하는 데 도움을 줄 수 있습니다. 예를 들어, 신규 고객을 위한 첫 방문 할인, 자주 방문하는 단골 고객을 위한 포인트 적립 또는 특정 계절에 맞춘 시즌 한정 프로모션 등을 제안받을 수 있습니다. 또한, 고객의 연령대나 방문 시간대에 따라 맞춤형 이벤트를 구성하는 방법도 제시받아, 고객에게 더 큰 만족을 제공할 수 있습니다.

구체적인 프롬프트 예시

1. "신규 고객을 유치하기 위한 첫 방문 할인 프로모션을 기획해 줘."
2. "단골 고객을 위한 특별 포인트 적립 이벤트를 제안해 줘."

3. "젊은 직장인 고객층을 대상으로 한 저녁 시간대 맞춤 프로모션을 기획해 줘."
4. "가족 단위 고객을 위한 주말 한정 할인 이벤트 아이디어를 추천해 줘."
5. "여름철 테이크아웃 고객을 대상으로 한 시원한 음료 무료 제공 프로모션을 제안해 줘."
6. "평일 점심시간 매출을 올리기 위한 점심 할인 프로모션을 기획해 줘."
7. "고객의 생일에 맞춘 맞춤형 할인 쿠폰 제공 아이디어를 추천해 줘."

기대효과

ChatGPT를 활용해 맞춤형 프로모션을 기획하면, 각 고객층의 요구를 충족시키고 재방문율을 높일 수 있습니다. 예를 들어, 한 소상공인은 신규 고객 유치를 위해 ChatGPT가 제안한 첫 방문 할인을 시행하여 새로운 고객을 빠르게 확보했으며, 이후 단골 고객에게는 포인트 적립을 통한 추가 혜택을 제공해 충성 고객층을 형성하는 데 성공했습니다. 또한, 주말에 가족 단위 고객을 위한 특별 할인 이벤트를 도입해 가족 고객의 방문이 크게 증가했습니다.

또 다른 사례로는, 평일 점심 시간대에 특가 메뉴를 구성해 직장인 고객을 타깃으로 한 프로모션을 진행하여 점심 매출이

20% 이상 증가하는 효과를 보았습니다.

추가 팁

- **고객 세분화 전략:** ChatGPT에게 고객층을 세분화하여 각각의 요구에 맞는 맞춤형 프로모션 아이디어를 요청해 보세요. 이를 통해 특정 고객층을 공략할 수 있는 다양한 아이디어를 얻을 수 있습니다.
- **개인화 혜택 제공:** 생일 할인 쿠폰, 특정 기간에 맞춘 맞춤형 이벤트 등, 개인화된 혜택을 제공하면 고객의 재방문 의도를 높일 수 있습니다. ChatGPT에게 이런 혜택을 포함한 프로모션 기획을 요청하세요.
- **SNS와 연계한 프로모션:** ChatGPT에게 소셜 미디어를 활용한 맞춤형 프로모션 전략을 요청해, 젊은 고객층의 참여를 이끌어 내고 자연스러운 홍보 효과를 기대할 수 있습니다.
- **단기 vs 장기 프로모션 전략:** 단기적으로 빠른 효과를 내는 프로모션과 장기적인 고객 충성도를 높이는 전략을 동시에 운영할 수 있습니다. ChatGPT에게 단기와 장기 프로모션 전략을 조합해 제안받아 보세요.
- **계절에 맞는 프로모션 기획:** 계절별로 달라지는 고객의 요구를 반영해 프로모션을 기획하면 더욱 효과적입니다. ChatGPT에게 각 계절에 맞는 맞춤형 프로모션 아이디어를 제안받을 수 있습니다.

55. 소셜 미디어 캠페인 전략 수립하기

주제의 중요성

소셜 미디어는 소상공인 식당이 브랜드 인지도를 높이고, 고객과 소통하며, 매출을 증대시킬 수 있는 강력한 마케팅 도구입니다. 특히 한국에서는 인스타그램, 유튜브, 카카오톡 채널 및 네이버 블로그가 주요 소셜 미디어 플랫폼으로 자리 잡고 있으며, 각 플랫폼에 맞는 전략을 수립하는 것이 중요합니다. 소셜 미디어 캠페인을 통해 빠르게 고객과 소통하고, 식당의 이미지를 강화하며, 이벤트 및 프로모션을 통해 고객 참여를 유도할 수 있습니다. ChatGPT를 활용해 이러한 한국 내 소셜 미디어 상황에 맞춘 효과적인 캠페인 전략을 수립할 수 있습니다.

문제인식

소상공인들은 소셜 미디어의 중요성을 인식하지만, 어떤 플랫폼에서 어떤 전략을 써야 할지, 그리고 콘텐츠의 종류와 포스팅 빈도를 어떻게 설정해야 할지 어려움을 겪습니다. 특히 한국에서는 인스타그램과 유튜브가 시각적 요소에 강한 반면, 네이버 블로그와 카카오톡 채널은 고객과의 직접적인 소통 및 정보 제공에 강점이 있습니다. 소셜 미디어에 맞춘 맞춤형 콘텐츠 전략이 필요하며, 각 플랫폼의 특성을 고려하지 않으면 마케팅 효과를 극대화하기 어렵습니다.

ChatGPT 활용법

ChatGPT는 각 소셜 미디어 플랫폼의 특성에 맞는 콘텐츠 기획, 게시 빈도, 캠페인 아이디어를 제공할 수 있습니다. 예를 들어, 인스타그램에서는 시각적으로 매력적인 이미지와 짧은 설명이 효과적이고, 유튜브에서는 음식 준비 과정이나 브이로그 형식의 콘텐츠가 고객에게 인기를 끌 수 있습니다. 또한, 네이버 블로그에서는 자세한 메뉴 설명과 리뷰를 통한 신뢰 구축이 중요하며, 카카오톡 채널을 통해 고객에게 프로모션 알림과 이벤트 참여를 유도할 수 있습니다.

구체적인 프롬프트 예시

1. "인스타그램에서 우리 식당을 홍보하기 위한 사진 콘텐츠와 해시태그 전략을 제안해 줘."
2. "유튜브에서 음식 준비 과정과 매장 분위기를 보여줄 수 있는 브이로그 형식의 캠페인 아이디어를 제안해 줘."
3. "카카오톡 채널을 활용해 고객들에게 프로모션 알림을 효과적으로 전달할 수 있는 방법을 알려 줘."
4. "네이버 블로그에서 리뷰와 메뉴 소개를 통해 신뢰를 쌓을 수 있는 콘텐츠 전략을 추천해 줘."
5. "인스타그램과 유튜브를 연계해 하나의 캠페인으로 운영할 수 있는 방법을 제안해 줘."
6. "매주 새로운 메뉴를 소개하기 위한 소셜 미디어 콘텐츠 기획 아

이디어를 추천해 줘."

7. "네이버 블로그에 올릴 수 있는 상세 리뷰와 그와 연계된 카카오톡 채널 프로모션 전략을 알려 줘."

기대효과

ChatGPT를 활용해 한국의 소셜 미디어 상황에 맞춘 캠페인 전략을 수립하면, 각 플랫폼에서 고객의 참여를 끌어내고, 브랜드 인지도를 강화할 수 있습니다. 예를 들어, 한 소상공인은 ChatGPT가 제안한 대로 인스타그램에서 맛있게 플레이팅된 음식 사진을 게시하고, 맛집, 서울맛집 등의 해시태그를 사용해 많은 팔로워를 유치할 수 있었습니다. 동시에 유튜브에서 음식 준비 과정을 브이로그 형식으로 업로드해 고객들이 식당을 더 친근하게 느끼도록 유도했습니다.

또한, 카카오톡 채널을 통해 프로모션 정보와 이벤트 알림을 발송해 고객의 반응을 빠르게 끌어냈고, 네이버 블로그에 올라온 고객 리뷰를 통해 신뢰도를 높인 결과, 방문율이 증가하는 성과를 보였습니다.

추가 팁

- **플랫폼 맞춤형 콘텐츠 기획:** ChatGPT에게 각 소셜 미디어 플랫폼의 특성을 고려한 콘텐츠 기획을 요청하세요. 예를 들어, 인

스타그램에서는 시각적 콘텐츠를, 유튜브에서는 동영상 콘텐츠를 활용하는 것이 좋습니다.

- **일정 관리 및 포스팅 빈도:** 포스팅 일정과 빈도를 정하는 것도 중요합니다. ChatGPT를 통해 주간 또는 월간 콘텐츠 캘린더를 작성하고, 각 플랫폼에 적합한 포스팅 주기를 설정할 수 있습니다.
- **해시태그 전략:** ChatGPT에게 각 플랫폼에서 사용해야 할 효과적인 해시태그를 요청해 보세요. 이를 통해 게시물이 더 많은 잠재 고객에게 노출될 수 있습니다.
- **고객 피드백 활용:** 네이버 블로그와 카카오톡 채널을 통해 고객 피드백을 받고, 이를 활용해 콘텐츠를 개선할 수 있습니다. ChatGPT는 고객 피드백을 반영한 콘텐츠 개선 전략도 제안해 줄 수 있습니다.
- **SNS 연계 마케팅:** 인스타그램, 유튜브, 네이버 블로그, 카카오톡 채널 등 여러 소셜 미디어 플랫폼을 연계한 마케팅 전략을 ChatGPT에게 요청해 통합 캠페인을 운영할 수 있습니다.

56. 로열티 프로그램 설계하기

주제의 중요성

로열티 프로그램은 고객의 재방문을 유도하고, 충성도를 높이는 중요한 마케팅 도구입니다. 특히, 경쟁이 치열한 외식업계에서는 단순한 할인보다는 장기적인 고객 관계를 유지할 수 있는 로열티 프로그램이 필수적입니다. 이를 통해 고객은 혜택을 받는다는 만족감을 느끼고, 식당은 고정 고객층을 확보함으로써 지속적인 매출 증가를 기대할 수 있습니다. ChatGPT를 활용하면 고객에게 매력적인 맞춤형 로열티 프로그램을 설계할 수 있습니다.

문제인식

많은 소상공인들은 단기적인 할인이나 이벤트로 고객을 유치하려 하지만, 이러한 방식은 일회성에 그칠 수 있고, 장기적인 고객 유지에 어려움을 겪는 경우가 많습니다. 또한, 로열티 프로그램을 도입할 때 고객이 혜택을 충분히 느끼지 못하거나, 프로그램이 복잡해서 참여하지 않는 경우가 발생합니다. 고객이 재방문할 동기를 제공하면서도 간단하고 명확한 혜택을 전달하는 프로그램이 필요합니다.

ChatGPT 활용법

ChatGPT는 고객의 방문 빈도, 소비 패턴, 선호도 등을 분석해 식당에 맞는 로열티 프로그램을 설계하는 데 도움을 줄 수 있습니다. 예를 들어, 포인트 적립 방식, 단골 고객 전용 혜택, 특별 이벤트 등 다양한 요소를 포함한 프로그램을 제안받을 수 있습니다. 또한, 고객이 쉽게 참여할 수 있는 간단한 시스템을 구축하고, 맞춤형 혜택을 제공하는 전략을 세울 수 있습니다.

구체적인 프롬프트 예시

1. "고객이 매번 방문할 때마다 포인트를 적립해, 일정 포인트 이상이면 무료 메뉴를 제공하는 로열티 프로그램을 설계해 줘."
2. "단골 고객만을 위한 특별 할인이나 이벤트 혜택을 추가한 로열티 프로그램 아이디어를 추천해 줘."
3. "고객의 생일이나 기념일에 맞춰 특별 혜택을 제공하는 로열티 프로그램을 설계해 줘."
4. "테이크아웃 고객을 위한 맞춤형 포인트 적립 프로그램을 기획해 줘."
5. "고객이 5번 방문하면 6번째 방문 시 무료 음료나 디저트를 제공하는 간단한 로열티 프로그램을 제안해 줘."
6. "고객이 일정 금액 이상을 지출하면 추가 혜택을 주는 로열티 프로그램을 설계해 줘."
7. "매월 특정 고객층을 대상으로 한 VIP 로열티 프로그램 아이디어를 추천해 줘."

기대효과

ChatGPT를 활용해 로열티 프로그램을 설계하면, 고객이 매번 방문할 때마다 혜택을 기대하고, 이를 통해 재방문율이 상승할 수 있습니다. 예를 들어, 한 소상공인은 ChatGPT가 제안한 포인트 적립 프로그램을 통해 고객이 10,000원 이상 소비할 때마다 포인트를 적립하고, 100포인트가 모이면 무료 메뉴를 제공하는 시스템을 도입해 고객의 재방문율을 15% 이상 증가시켰습니다.

또 다른 사례로는, 단골 고객을 대상으로 한 생일 혜택을 제공하여 고객이 해당 월에 식당을 다시 방문하도록 유도하였고, 고객 만족도도 크게 향상되었습니다. 또한, 테이크아웃 고객을 위한 맞춤형 프로그램을 통해 매장 방문 고객뿐만 아니라 외부 고객까지 유입을 늘렸습니다.

추가 팁

- **포인트 적립 방식 최적화:** ChatGPT에게 고객의 소비 패턴에 맞춘 포인트 적립 비율과 혜택 제공 기준을 설계해 보세요. 고객이 쉽게 이해하고 참여할 수 있는 프로그램을 만들 수 있습니다.
- **생일 및 기념일 혜택 제공:** 고객의 생일이나 기념일에 맞춘 특별 혜택을 제공하면 개인화된 경험을 제공해 고객 충성도를 높일 수 있습니다.
- **단골 고객 전용 혜택:** 단골 고객에게만 제공되는 VIP 혜택이나 한정된 프로모션을 통해 고객이 특별한 대우를 받는다는 느낌을 줄 수 있습니다.
- **로열티 프로그램 홍보:** 로열티 프로그램이 잘 작동하려면 적절한 홍보가 필수적입니다. 카카오톡 채널, 네이버 블로그, SNS 등을 활용해 고객에게 혜택을 적극적으로 알리는 방법을 ChatGPT에

게 요청해 보세요.

- **프로그램의 간단함 유지:** 고객이 쉽게 이해하고 참여할 수 있도록 간단한 규칙을 설정하는 것이 중요합니다. ChatGPT에게 고객 참여를 유도할 수 있는 간단한 프로그램 설계를 요청해 보세요.

57. 이벤트 및 특별 행사 프로모션 기획하기

주제의 중요성

이벤트와 특별 행사 프로모션은 식당이 고객의 관심을 끌고, 매출을 급격히 증대시킬 수 있는 강력한 마케팅 수단입니다. 특별한 행사나 기념일을 맞아 창의적인 이벤트를 기획하면 고객의 참여를 유도하고, 재방문율을 높일 수 있습니다. 특히, 한정된 기간 동안 제공되는 프로모션은 고객에게 긴급성과 특별함을 느끼게 해 즉각적인 방문을 유도할 수 있습니다. ChatGPT를 활용하면 고객의 요구와 시장 트렌드에 맞는 다양한 이벤트 및 특별 행사 프로모션을 쉽게 기획할 수 있습니다.

문제인식

소상공인 식당들은 이벤트 기획에 대한 아이디어 부족으로 반복적이거나 단조로운 프로모션을 기획하는 경우가 많습니다. 또한, 이벤트나 프로모션이 고객에게 큰 관심을 끌지 못하거나, 지나치게 비용이 소요되는 경우 수익성에 문제가 발생할 수 있습니다. 따라서 고객의 관심을 끌면서도 효과적이고 비용 효율적인 프로모션 기획이 필요합니다. 타이밍과 프로모션 종류를 신중하게 기획해야 매출 증대와 고객 만족도를 동시에 높일 수 있습니다.

ChatGPT 활용법

ChatGPT는 계절별 행사, 기념일 프로모션, 신메뉴 출시 이벤트 등 다양한 특별 행사 프로모션 아이디어를 제안하고, 이를 통해 고객을 효과적으로 유치하는 방법을 도와줍니다. 예를 들어, 할로윈이나 크리스마스 같은 특별한 날에 맞춘 테마 이벤트나, 특정 요일 할인, SNS 이벤트를 기획할 수 있습니다. 또한, 이벤트에 따른 비용 관리와 홍보 전략까지 함께 제안받을 수 있어, 수익성을 유지하면서도 고객의 참여를 유도하는 효과적인 행사를 기획할 수 있습니다.

구체적인 프롬프트 예시

1. "여름철에 맞춘 시원한 음료 무료 제공 이벤트를 기획해 줘."
2. "크리스마스 시즌에 고객 참여를 유도할 수 있는 SNS 이벤트 아이디어를 제안해 줘."
3. "매장 오픈 1주년 기념으로 특별 할인과 무료 음료 제공 프로모션

을 기획해 줘."

4. "신메뉴 출시를 기념해 첫 50명에게 특별 할인 혜택을 제공하는 이벤트를 기획해 줘."
5. "가족 고객을 대상으로 한 주말 특별 할인 행사를 기획할 수 있는 아이디어를 추천해 줘."
6. "매주 목요일마다 정해진 메뉴에 할인을 적용하는 요일별 프로모션을 기획해 줘."
7. "배달 고객을 대상으로 한 테이크아웃 전용 할인 이벤트를 추천해 줘."

기대효과

ChatGPT를 활용해 이벤트 및 특별 행사 프로모션을 기획하면, 고객의 참여를 유도하고 매출을 급격히 증가시킬 수 있습니다. 예를 들어, 한 소상공인은 여름철 맞춤 이벤트로 시원한 음료 무료 제공 행사를 기획하여 무더운 날씨에 식당을 찾는 고객 수가 30% 증가하는 성과를 거두었습니다. 또 다른 사례로는, 크리스마스 시즌에 맞춘 SNS 공유 이벤트를 통해 참여 고객에게 소정의 기념품을 제공해, SNS 상에서 식당의 인지도를 크게 높이는 효과를 얻었습니다.

또한, 신메뉴 출시 시 ChatGPT의 제안을 받아 첫 50명에게 특별 할인을 제공하는 이벤트를 기획해, 빠르게 신메뉴를 홍보하고 매출 증대를 실현했습니다.

추가 팁

- **계절별 및 기념일 이벤트:** ChatGPT에게 계절별이나 기념일 맞춤 이벤트 아이디어를 요청해 보세요. 여름철에는 음료 할인, 겨울철에는 따뜻한 메뉴 프로모션을 기획할 수 있습니다.
- **SNS와 연계한 이벤트:** 인스타그램, 유튜브, 카카오톡과 같은 SNS를 활용해 고객 참여를 유도하는 이벤트를 기획할 수 있습니다. ChatGPT에게 참여형 콘텐츠나 공유 이벤트 아이디어를 물어보세요.
- **한정된 기간 프로모션:** 특정 기간 동안 제공하는 할인이나 혜택은 고객에게 긴급성을 느끼게 해 방문을 유도할 수 있습니다. ChatGPT로부터 단기 이벤트 기획 방법을 제안받아 보세요.
- **다양한 고객층을 겨냥한 이벤트:** 가족 고객, 직장인, 젊은 층 등 다양한 고객층을 겨냥한 맞춤형 이벤트를 기획할 수 있습니다. ChatGPT에게 고객층에 맞춘 맞춤형 프로모션을 요청해 보세요.
- **비용 대비 효과 고려:** ChatGPT에게 프로모션의 예상 비용과 효과를 분석해 달라고 요청하면, 비용 대비 효과가 높은 이벤트를 기획할 수 있습니다.

58. 인플루언서 및 타 브랜드와의 협업 마케팅 기획하기

주제의 중요성

인플루언서 및 타 브랜드와의 협업은 식당의 인지도를 높이고 고객층을 확장하는 매우 효과적인 마케팅 전략입니다. 인플루언서를 통해 SNS나 유튜브 같은 플랫폼에서 빠르게 브랜드 인지도를 확산시킬 수 있으며, 타 브랜드와의 협업은 새로운 고객층을 확보하고 상호 이익을 창출할 수 있습니다. 이러한 협업을 통해 브랜드 이미지를 강화하고, 고객의 신뢰를 쌓는 기회를 얻을 수 있습니다. ChatGPT를 활용하면 적절한 인플루언서 및 브랜드를 선정하고, 효과적인 협업 마케팅 전략을 수립할 수 있습니다.

문제인식

많은 소상공인들은 인플루언서 마케팅이나 브랜드 협업의 중요성을 알면서도, 어떤 인플루언서와 협업해야 할지 또는 어떤 브랜드와 협력할 기회를 찾아야 할지 고민합니다. 또한, 협업이 효과적으로 진행되지 않으면 비용 대비 효율성이 낮아질 수 있습니다. 협업 시 타깃 고객층과의 연관성, 협업의 상호 이익 여부, 그리고 적절한 홍보 전략이 모두 맞아떨어져야 성공적인 마케팅 효과를 기대할 수 있습니다.

ChatGPT 활용법

ChatGPT는 인플루언서 선택과 타 브랜드 협업을 위한 적절한 전략을 수립하는 데 도움을 줄 수 있습니다. 예를 들어, 식당의 이미지에 맞는 인플루언서를 추천하거나, 타 브랜드와의 협업 기회를 발굴해 상호 윈-윈하는 마케팅 계획을 제안할 수 있습니다. 또한, 협업을 통해 브랜드 인지도를 높이는 방법이나 비용 대비 효율성을 고려한 홍보 전략을 제시받을 수 있습니다.

구체적인 프롬프트 예시

1. "우리 식당과 잘 맞는 인플루언서를 추천해 주고, 그들과 협업할 수 있는 마케팅 아이디어를 제안해 줘."
2. "음식 리뷰를 잘하는 유튜브 인플루언서와의 협업을 통해 식당을 홍보할 수 있는 방법을 기획해 줘."
3. "지역 커피 브랜드와 협업하여 우리 식당에서 커피와 디저트를 함께 제공하는 프로모션을 기획해 줘."
4. "인플루언서가 우리 식당을 방문해 라이브 방송을 진행할 때, 고객 참여를 유도할 수 있는 이벤트 아이디어를 추천해 줘."
5. "타 브랜드와의 협업으로 특별한 세트 메뉴를 기획할 수 있는 방법을 제안해 줘."
6. "SNS 인플루언서와의 협업을 통해 고객에게 할인 쿠폰을 제공하는 이벤트를 기획해 줘."

7. “인플루언서가 식당을 방문해 사진을 찍고 리뷰를 남길 수 있는 캠페인 전략을 제안해 줘.”

기대효과

ChatGPT를 활용해 인플루언서와 타 브랜드 협업 마케팅을 기획하면, 빠른 인지도 확산과 새로운 고객층 유입 효과를 기대할 수 있습니다. 예를 들어, 한 소상공인은 ChatGPT의 도움으로 음식 리뷰 유튜버와 협업해 리뷰 영상을 제작하고, 이를 통해 신규 고객이 크게 증가했습니다. 이 리뷰는 SNS에서 큰 반응을 얻어, 방문 고객 수가 25% 증가하는 성과를 거두었습니다.

또한, 지역 커피 브랜드와의 협업으로 디저트+커피 세트 메뉴를 기획해, 두 브랜드가 서로의 고객층을 공유함으로써 상호 이익을 창출했습니다. 협업을 통해 각각의 브랜드 인지도가 상승하고, 매출 증대에도 긍정적인 영향을 미쳤습니다.

추가 팁

- **적합한 인플루언서 선정:** ChatGPT에게 식당의 이미지와 타깃 고객층에 맞는 인플루언서 리스트를 요청하세요. 팔로워 수, 연령대, 콘텐츠 스타일 등을 고려해 추천받을 수 있습니다.
- **협업 브랜드 탐색:** 타 브랜드와의 협업을 기획할 때, 식당과 시너지를 낼 수 있는 브랜드를 찾는 것이 중요합니다. ChatGPT

를 통해 상호 보완적인 협업 아이디어를 발굴할 수 있습니다.

- **협업 콘텐츠 기획:** 인플루언서나 타 브랜드와 협업할 때는 콘텐츠의 다양성이 중요합니다. ChatGPT에게 SNS 이벤트, 브이로그, 라이브 방송 등 다양한 콘텐츠 기획을 제안받으세요.
- **협업 이벤트 홍보:** 협업 마케팅은 적절한 홍보 전략이 필수입니다. SNS와 카카오톡 채널을 활용한 효과적인 홍보를 ChatGPT에게 요청해, 협업 이벤트를 더 널리 알리세요.
- **성과 분석 및 개선:** 협업 이후에는 성과 분석을 통해 마케팅 전략의 성공 여부를 파악하고, 이를 기반으로 향후 전략을 개선할 수 있습니다. ChatGPT는 데이터 분석을 통해 피드백을 제공할 수 있습니다.

59. 온라인 리뷰 및 평판 관리 전략 수립하기

주제의 중요성

온라인 리뷰와 평판은 고객들이 식당을 선택할 때 중요한 영향을 미칩니다. 네이버, 카카오맵, 인스타그램과 같은 플랫폼에 남겨진 리뷰와 평판은 잠재 고객의 방문 여부를 결정짓는 중요한 요인이 됩니다. 긍정적인 리뷰는 식당의 이미지를 높이고 새로운 고객을 유치할 수 있는 강력한 마케팅 도구입니다. 따라서 리뷰 관리와 평판 개선 전략을 체계적으로 수립하여, 고객 신뢰를 구축하고 매출을 증대시키는 것이 필수적입니다. 특히, 고객이 가성비가 좋은 메뉴나 특별한 메뉴에 대한 긍정적인 리뷰를 많이 남기도록 유도하는 것이 중요합니다.

문제인식

많은 소상공인들은 온라인 리뷰가 고객 유입에 중요한 역할을 한다는 점을 알고 있지만, 이를 체계적으로 관리하지 못해 부정적인 리뷰에 적절하게 대응하지 못하거나, 긍정적인 리뷰를 유도하지 못하는 경우가 많습니다. 또한, 가성비나 특별한 메뉴와 같은 구체적인 강점을 강조하는 리뷰가 많아질수록 고객들에게 더 큰 신뢰를 줄 수 있지만, 이에 대한 유도 방법이 부족한 경우가 많습니다. 리뷰 관리의 부재는 고객의 신뢰를 저하시킬 수 있으며, 이는 매출 저하로 이어질 수 있습니다.

ChatGPT 활용법

ChatGPT는 긍정적인 리뷰를 유도하고, 가성비가 좋은 메뉴나 특별한 메뉴에 대한 구체적인 피드백을 많이 받기 위한 전략을 제시할 수 있습니다. 이를 통해 고객들이 자발적으로 긍정적인 리뷰를 남기도록 유도하고, 리뷰 관리 시스템을 체계적으로 구축할 수 있습니다. 또한, 부정적인 리뷰에 적절히 대응하는 대응 전략과 고객 피드백 반영 방법도 ChatGPT를 통해 제안받을 수 있습니다.

구체적인 프롬프트 예시

1. "우리 식당의 가성비 좋은 메뉴에 대한 긍정적인 리뷰를 많이 받기 위한 이벤트 아이디어를 추천해 줘."
2. "고객들이 특별한 메뉴에 대해 리뷰를 남기도록 유도하는 방법을 제안해 줘."
3. "부정적인 리뷰에 어떻게 대응하면 고객의 만족도를 높일 수 있을지 구체적인 방법을 알려 줘."
4. "리뷰에 가성비가 좋다는 내용을 강조하게 할 수 있는 온라인 이벤트를 기획해 줘."
5. "고객들이 방문 후 네이버나 인스타그램에 리뷰를 남기도록 유도할 수 있는 전략을 제안해 줘."
6. "온라인 리뷰와 평판을 관리하면서 고객 피드백을 반영할 수 있는 시스템을 구축하는 방법을 알려 줘."
7. "긍정적인 리뷰를 남긴 고객에게 어떤 혜택을 제공하면 효과적일지 제안해 줘."

기대효과

ChatGPT를 활용해 온라인 리뷰 및 평판 관리 전략을 수립하면, 가성비가 좋다는 내용이나 특별한 메뉴에 대한 긍정적인 리뷰가 많이 쌓이게 되어 신규 고객 유치와 기존 고객 유지에 큰 도움이 될 수 있습니다. 예를 들어, 한 소상공인은 가성비 좋은 메뉴를 대상으로 리뷰 남기기 이벤트를 기획하여, 고객들이 식사 후 리뷰를 남기면 다음 방문 시 할인을 제공하는 전략을 사용해 긍정적인 리뷰 수가 크게 증가했습니다. 이를 통해 가성비 좋은 식당으로 소문이 나면서 방문 고객 수가 20% 증가하는 효과를 얻었습니다.

또 다른 사례로는, 특별한 메뉴를 소개하는 고객 리뷰를 유도하기 위해 리뷰에 메뉴 추천 댓글을 남기면 음료를 무료로 제공하는 이벤트를 진행해, 고객 참여율을 높이고 리뷰를 통해 메뉴가 널리 알려지게 했습니다.

추가 팁

- **리뷰 이벤트 기획:** ChatGPT에게 리뷰 남기기 이벤트를 기획하도록 요청하세요. 리뷰를 남기면 할인을 제공하거나, 긍정적인 리뷰를 남긴 고객을 대상으로 추첨 이벤트를 기획하는 아이디어를 받을 수 있습니다.
- **특정 메뉴 리뷰 유도:** ChatGPT를 통해 특정 메뉴에 대한 리뷰를 남기도록 유도하는 방법을 제안받아, 고객이 특정 메뉴에 대한 긍정적인 피드백을 많이 남기도록 할 수 있습니다.
- **부정적인 리뷰 대응 전략:** 부정적인 리뷰는 빠르고 정중하게 대응해야 합니다. ChatGPT에게 부정적인 리뷰 대응 방법을 요청해 고객의 불만을 해결하고, 나아가 이를 긍정적인 경험으로 바꿀 수 있는 전략을 마련하세요.
- **리뷰 작성 유도:** 인스타그램, 네이버 등 소셜 미디어와 연계하여 고객이 리뷰를 남기도록 유도하는 전략을 ChatGPT에게 요청

해 보세요. 리뷰 작성 후 공유하면 추가 혜택을 제공하는 방법을 사용할 수 있습니다.

- **리뷰와 평판 관리 시스템:** ChatGPT를 활용해 리뷰 관리 시스템을 구축해, 고객 피드백을 체계적으로 반영하고, 정기적으로 리뷰를 모니터링할 수 있는 시스템을 설계할 수 있습니다.

60. 로컬 커뮤니티와 연계한 프로모션 기획하기

주제의 중요성

로컬 커뮤니티와 연계한 프로모션은 지역 주민과의 유대감을 강화하고, 지역 내 인지도를 높이는 매우 효과적인 마케팅 전략입니다. 특히, 지역 커뮤니티는 장기적인 고객층을 형성할 수 있는 중요한 기반이기 때문에, 지속적인 소통과 맞춤형 혜택을 제공하는 것이 중요합니다. 이를 통해 식당은 신뢰를 쌓고, 고객 충성도를 높이며, 지역 경제와도 상생할 수 있습니다. ChatGPT를 활용하면 로컬 커뮤니티와의 협력 방안을 도출하고, 맞춤형 프로모션 전략을 쉽게 설계할 수 있습니다.

문제인식

많은 소상공인들은 지역 주민과의 관계를 강화하는 방법을 잘 알지 못하거나, 로컬 커뮤니티를 활용한 프로모션 기획에 어려움을 겪습니다. 일회성 이벤트만으로는 지속적인 효과를 기대하기 어렵고, 지역 사회와의 장기적인 관계를 형성하지 못하면 충성 고객층을 확보하기 어렵습니다. 또한, 커뮤니티 특성을 이해하지 못하면 프로모션이 지역 주민들에게 어필하지 못할 수 있습니다. 적극적인 커뮤니티 참여와 맞춤형 혜택 제공이 필요합니다.

ChatGPT 활용법

ChatGPT는 로컬 커뮤니티와 연계한 맞춤형 프로모션을 기획하는 데 도움을 줄 수 있습니다. 예를 들어, 지역 사회 행사에 참여하거나 지역 주민 대상 특별 할인을 제공하는 프로모션, 지역 상점들과의 협업을 통해 공동 이벤트를 기획하는 방법을 제안받을 수 있습니다. 또한, 지역 온라인 커뮤니티와 SNS 그룹을 통해 홍보하고 소통하는 방법을 함께 제공받아, 지역 주민들의 적극적인 참여를 유도할 수 있습니다.

구체적인 프롬프트 예시

1. "지역 주민들을 위한 특별 할인 이벤트를 기획해 줘."
2. "지역 상점들과 협업하여 공동 프로모션을 기획할 수 있는 방법을 제안해 줘."
3. "지역 커뮤니티 행사에 맞춰 참여할 수 있는 이벤트 아이디어를 추천해 줘."

4. "지역 내 SNS 그룹을 활용해 로컬 프로모션을 홍보하는 방법을 알려 줘."
5. "주변 학교와 협력해 학생들을 위한 맞춤형 할인 프로모션을 기획해 줘."
6. "지역 소상공인들과 함께 협력할 수 있는 상생 이벤트를 제안해 줘."
7. "지역 주민을 위한 멤버십 프로그램을 기획하고, 이를 통해 장기적으로 고객을 유지하는 방법을 추천해 줘."

기대효과

ChatGPT를 활용해 로컬 커뮤니티와 연계한 프로모션을 기획하면, 지역 주민과의 유대감을 강화하고 재방문율을 높이는 성과를 기대할 수 있습니다. 예를 들어, 한 소상공인은 ChatGPT의 도움으로 지역 상점들과 협업해 상점 내 영수증 제시 시 할인 혜택을 제공하는 공동 이벤트를 기획하여, 고객과 지역 상점 모두의 매출을 증가시키는 성공적인 프로모션을 진행했습니다.

또 다른 사례로는, 지역 학교와의 협업을 통해 학생들에게 특별 할인을 제공하는 프로모션을 기획하여 학생들의 방문을 유도하고, 입소문을 통해 지역 내 인지도를 크게 높였습니다. 이와 함께 지역 주민 대상 멤버십 프로그램을 통해 장기적으로 지역 주민들이 단골 고객이 되는 기반을 마련했습니다.

추가 팁

- **지역 행사 참여:** ChatGPT에게 지역 행사에 맞춘 참여형 이벤트 아이디어를 요청해, 축제나 행사에 맞는 특별 메뉴 또는 할인 혜택을 제공하는 방법을 찾을 수 있습니다.
- **지역 상점과의 협업:** 근처 상점이나 소상공인들과 협력해 공동 프로모션을 기획하면, 서로의 고객층을 공유하며 상생할 수 있습니다. ChatGPT를 통해 협업 아이디어를 구체화하세요.
- **지역 온라인 커뮤니티 활용:** 카페나 SNS 그룹 같은 온라인 커뮤니티를 활용해 지역 주민들과 소통할 수 있는 방법을 ChatGPT에게 물어보세요. 이를 통해 프로모션을 효과적으로 홍보할 수 있습니다.
- **멤버십 프로그램 설계:** 로컬 주민 전용 멤버십 프로그램을 만들어 장기적인 혜택을 제공하는 방법을 ChatGPT에게 요청해, 지역 주민들이 지속적으로 방문할 수 있도록 유도할 수 있습니다.
- **학교 및 공공기관 연계:** 주변 학교나 공공기관과 협력해 학생 또는 공무원을 대상으로 한 특별 할인 프로모션을 기획해 보세요. 이를 통해 더 많은 고객을 유치할 수 있습니다.

61. 비수기 및 저녁 시간대 매출 증대 프로모션

주제의 중요성

비수기나 저녁 시간대는 많은 소상공인 식당에서 매출이 저조한 시기입니다. 이때를 효과적으로 공략하는 맞춤형 프로모션을 기획하면, 이 시간대에 매출을 높이고 고객 유입을 증가시킬 수 있습니다. 특별 할인이나 이벤트를 활용해 고객이 부족한 시간대에 방문을 유도하고, 지속적인 매출 증대 효과를 얻을 수 있습니다. ChatGPT를 활용하면 비수기와 저녁 시간대를 타깃으로 한 매출 증대 프로모션을 효과적으로 기획할 수 있습니다.

문제인식

많은 소상공인 식당은 비수기나 저녁 시간대에 고객이 적어 매출이 떨어지는 문제를 겪습니다. 특히, 특정 계절이나 요일에 방문객 수가 급감하거나, 저녁 시간대에 비어 있는 테이블이 많아 매출에 큰 타격을 입을 수 있습니다. 이러한 상황에서 단순히 가격을 낮추는 할인보다는, 고객들이 매력을 느끼고 반복 방문할 수 있는 창의적인 프로모션이 필요합니다.

ChatGPT 활용법

ChatGPT는 비수기와 저녁 시간대를 타깃으로 한 프로모션 아이디어와 고객 유치 전략을 제공할 수 있습니다. 예를 들어,

저녁 시간대 할인이나 세트 메뉴 구성, SNS 이벤트 등을 활용해 고객의 참여를 유도하고, 비수기 특화 프로모션을 통해 매출 증대를 도모하는 방법을 제시할 수 있습니다. 특별 혜택이나 멤버십 할인을 통한 장기적인 고객 유치 방법도 제안받을 수 있습니다.

구체적인 프롬프트 예시

1. "비수기 동안 고객을 유치하기 위한 특별 할인 프로모션 아이디어를 제안해 줘."
2. "저녁 시간대에 방문하는 고객을 위한 특별 세트 메뉴나 할인 혜택을 기획해 줘."
3. "주말 저녁 시간대 매출을 높이기 위해 고객 참여형 SNS 이벤트를 기획해 줘."
4. "비수기에 고객을 유도할 수 있는 한정 프로모션이나 이벤트 아이디어를 추천해 줘."
5. "저녁 시간대에 특정 메뉴를 할인 제공하면서도 수익성을 유지할 수 있는 전략을 알려 줘."
6. "저녁 시간대에만 적용되는 멤버십 혜택을 기획하고 고객 유치를 위한 방법을 제안해 줘."
7. "비수기에 매출을 높이기 위한 특별 메뉴나 테마 이벤트를 기획해 줘."

기대효과

ChatGPT를 활용해 비수기 및 저녁 시간대에 맞춘 프로모션 전략을 기획하면, 방문객 수와 매출이 모두 증가하는 성과를 얻을 수 있습니다. 예를 들어, 한 소상공인은 ChatGPT의 도움으로 저녁 시간대에만 특별 할인을 적용한 세트 메뉴를 기획하고, 인스타그램을 통해 이를 홍보해 저녁 고객 수를 30% 이상 늘리는 데 성공했습니다. 또한, 비수기 특화 이벤트로 매장 방문 후 리뷰 남기기 이벤트를 기획해, 비수기에도 고객의 참여를 유도하며 온라인 리뷰 증가와 방문 유도라는 두 가지 효과를 동시에 얻었습니다.

또 다른 사례로는, 저녁 시간대 멤버십 프로그램을 도입해 정기적으로 저녁에 방문하는 고객에게 할인 혜택을 제공하고, 이로 인해 단골 고객층이 크게 늘어난 성과를 거두었습니다.

추가 팁

- **비수기 특화 프로모션:** ChatGPT에게 비수기에 고객을 유치할 수 있는 테마 이벤트나 할인 프로모션 아이디어를 요청해 보세요. 계절별이나 특정 요일에 맞춘 이벤트를 제안받을 수 있습니다.
- **저녁 시간대 할인 및 세트 메뉴 기획:** 저녁 시간대에만 제공되는 세트 메뉴나 할인 혜택을 기획해 고객의 방문을 유도하세요. ChatGPT는 이를 위한 메뉴 구성과 가격 전략을 제안할 수 있

습니다.

- **SNS 이벤트 활용:** 인스타그램이나 카카오톡 채널을 활용한 저녁 시간대 고객 참여형 이벤트를 기획하면, 고객이 소셜 미디어에서 직접 참여하고, 자연스럽게 홍보도 할 수 있습니다.
- **고객 맞춤 혜택 제공:** 멤버십 프로그램을 도입해 저녁 시간대 방문하는 고객에게 맞춤형 혜택을 제공하면 장기적인 고객 충성도를 높일 수 있습니다. ChatGPT에게 이러한 프로그램 기획을 요청해 보세요.
- **프로모션 비용 관리:** 할인이나 혜택을 제공할 때는 비용 대비 수익성을 고려해야 합니다. ChatGPT에게 비용 관리와 효율적인 프로모션 기획을 요청해 수익성을 유지하면서 매출을 증대시키는 전략을 수립하세요.

62. 쿠폰 및 포인트 프로그램 기획하기

주제의 중요성

쿠폰 및 포인트 프로그램은 고객의 재방문을 유도하고, 충성도를 높이는 효과적인 마케팅 도구입니다. 이를 통해 고객이 더 자주 방문하도록 동기를 부여하고, 할인 혜택이나 포인트 적립을 통해 고객 만족도를 높일 수 있습니다. 적절한 쿠폰 및 포인트 프로그램을 설계하면 매출을 증대시키는 동시에, 단골 고객층을 확보하는 데 큰 도움이 됩니다. ChatGPT를 활용해 고객의 성향과 방문 패턴에 맞춘 효과적인 쿠폰 및 포인트 프로그램을 설계할 수 있습니다.

문제인식

많은 소상공인 식당들은 단기적인 할인을 제공하는 쿠폰이나 포인트 프로그램을 운영하지만, 고객이 이를 충분히 활용하지 않거나, 프로그램이 복잡하여 참여율이 낮은 경우가 많습니다. 또한, 적립 속도나 혜택이 고객의 기대에 미치지 못할 경우, 재방문율이 크게 떨어질 수 있습니다. 과도한 할인은 수익성에 부정적인 영향을 줄 수 있으므로, 효율적이고 지속적인 혜택을 제공하는 구조를 마련하는 것이 중요합니다.

ChatGPT 활용법

ChatGPT는 단순하고 효과적인 쿠폰 및 포인트 프로그램을 설계하는 데 도움을 줄 수 있습니다. 예를 들어, 방문 횟수에 따른 혜택, 포인트 적립률, 특별한 날에 제공하는 쿠폰 등을 제안받아 고객이 쉽게 이해하고 참여할 수 있는 프로그램을 만들 수 있습니다. 또한, 고객이 자주 방문할 동기를 부여할 수 있도록, 가치 있는 보상을 포함한 전략을 세울 수 있습니다. ChatGPT는 프로그램의 단순성과 효율성을 고려해, 고객의 재방문을 유도할 수 있는 방법을 제시합니다.

구체적인 프롬프트 예시

1. "첫 방문 고객에게 제공할 할인 쿠폰을 기획해 줘."
2. "매 5회 방문 시 무료 음료를 제공하는 포인트 프로그램을 설계해 줘."
3. "고객이 포인트를 적립해 사용할 수 있는 다양한 방법을 제안해 줘."
4. "생일에 고객에게 쿠폰을 제공하는 방법을 기획해 줘."
5. "포인트 적립 속도와 사용 조건을 어떻게 설정하면 좋을지 추천해 줘."
6. "고객이 소셜 미디어에 식당을 리뷰하면 포인트를 추가 적립해 주는 방법을 기획해 줘."
7. "단골 고객을 위한 특별 쿠폰이나 포인트 혜택을 어떻게 제공하면 좋을지 제안해 줘."

기대효과

ChatGPT를 활용해 효율적인 쿠폰 및 포인트 프로그램을 설계하면, 고객의 재방문율을 높이고 단골 고객층을 확보하는 성과를 기대할 수 있습니다. 예를 들어, 한 소상공인은 ChatGPT의 도움으로 첫 방문 고객에게 10% 할인 쿠폰을 제공하고, 5회 방문 시 무료 음료를 제공하는 포인트 프로그램을 도입해, 첫 방문 고객이 단골 고객으로 전환되는 효과를 얻었습니다. 고객은 쿠폰과 포인트 적립 혜택을 통해 더 자주 방문하게 되었으며, 이를 통해 매출 증대를 실현할 수 있었습니다.

또 다른 사례로, 생일 쿠폰을 제공해 고객이 생일 달에 방문하도록 유도하고, 이를 통해 생일 파티 장소로 식당을 선택하는 고객이 늘어 매출이 증가하는 효과를 경험했습니다.

추가 팁

- **단순하고 명확한 프로그램 설계:** ChatGPT에게 고객이 쉽게 이해하고 참여할 수 있는 단순한 포인트 및 쿠폰 프로그램 설계를 요청하세요. 고객이 복잡함을 느끼지 않도록 명확한 적립 기준과 사용 조건을 설정하는 것이 중요합니다.
- **특별한 날 혜택 제공:** 생일, 기념일 같은 특별한 날에 제공되는 쿠폰이나 포인트 보너스는 고객에게 특별한 의미를 부여하며, 재방문을 유도할 수 있습니다. ChatGPT에게 고객 맞춤형 혜택을 설계하도록 요청하세요.
- **소셜 미디어 연계:** 고객이 소셜 미디어에 식당을 리뷰하거나 공유하면 추가 포인트를 제공하는 등 SNS와 연계한 프로그램을 기획할 수 있습니다. ChatGPT를 통해 SNS 마케팅과 연계된 포인트 프로그램을 제안받아 보세요.
- **멤버십 프로그램과 연계:** 멤버십 프로그램과 쿠폰 및 포인트 제도를 연계해 VIP 혜택을 제공하면, 고객의 충성도를 더욱 높일 수 있습니다. ChatGPT에게 장기적 고객 유지 전략을 물어보세요.
- **포인트 적립과 혜택 간의 균형:** 포인트 적립 속도와 혜택 간의 균

형을 맞추는 것이 중요합니다. 적립이 너무 느리면 고객이 흥미를 잃을 수 있고, 너무 빠르면 수익성에 문제가 생길 수 있습니다. ChatGPT는 이를 조절할 수 있는 최적의 방안을 제안할 수 있습니다.

63. 프로모션 결과 분석 및 개선방법 찾기

주제의 중요성

프로모션 결과 분석은 식당이 진행한 프로모션의 효과를 평가하고, 미흡한 부분을 개선하여 다음 마케팅 캠페인을 더 성공적으로 만들 수 있는 중요한 과정입니다. 잘 설계된 프로모션이라도 결과를 분석하고 개선 방법을 찾지 않으면 같은 실수를 반복할 수 있습니다. 데이터 기반의 분석을 통해 프로모션의 강점과 약점을 파악하고, 지속 가능한 개선 방법을 도출하면 매출 증대와 고객 만족도 향상을 동시에 이룰 수 있습니다. ChatGPT를 활용해 프로모션 결과를 분석하고 개선 방향을 도출하면, 효율적인 마케팅 전략을 지속적으로 실행할 수 있습니다.

문제인식

많은 소상공인들은 프로모션을 진행한 후 결과 분석을 제대로 하지 않거나, 효과가 미흡한 부분을 제대로 인식하지 못하는 경우가 많습니다. 이로 인해 비용 대비 효과가 낮은 프로모션이 반복되거나, 고객 참여율이 저조한 상태로 유지되는 문제가 발생할 수 있습니다. 어떤 부분에서 성공했는지, 어떤 부분이 개선되어야 하는지 명확히 파악하고 개선해야 장기적인 매출 증가와 고객 유지가 가능합니다.

ChatGPT 활용법

ChatGPT는 프로모션 성과를 정량적 및 정성적으로 분석하고, 이를 바탕으로 개선 방향을 도출하는 데 도움을 줄 수 있습니다. 예를 들어, 매출 데이터, 고객 참여율, 리뷰 등을 바탕으로 프로모션의 효과를 분석하고, 고객 피드백을 반영한 개선 방법을 제안할 수 있습니다. 또한, 효율적인 홍보 방법, 프로모션 비용 조정 등의 구체적인 개선 전략을 제공해, 다음 프로모션의 성공 확률을 높일 수 있습니다.

구체적인 프롬프트 예시

1. "최근에 진행한 할인 프로모션의 결과를 분석해 주고, 개선해야 할 점을 제안해 줘."
2. "SNS 이벤트를 통한 매출 변화를 분석하고, 참여율을 높이기 위한 방법을 제안해 줘."
3. "이번 프로모션의 비용 대비 효과를 분석해 줘. 더 나은 수익성을 위해 어떻게 개선할 수 있을지 알려 줘."

4. “고객 리뷰와 피드백을 바탕으로 프로모션에 대한 개선점을 찾아 줘.”
5. “주간 매출 데이터를 기반으로 프로모션의 성과를 평가하고, 효과를 극대화하기 위한 방안을 제안해 줘.”
6. “이전 프로모션과 비교해 성과가 저조한 이유를 분석해 주고, 이를 개선할 수 있는 전략을 제시해 줘.”
7. “다음 프로모션에서 고객의 관심을 더 끌 수 있도록 프로모션 내용을 어떻게 수정할 수 있을지 제안해 줘.”

기대효과

ChatGPT를 활용해 프로모션 결과를 분석하고 개선 방법을 찾으면, 더 나은 프로모션 전략을 수립하여 매출 증대와 고객 만족도를 동시에 높일 수 있습니다. 예를 들어, 한 소상공인은 ChatGPT를 통해 이전 프로모션의 고객 참여율이 저조했던 이유를 분석하고, 이를 바탕으로 홍보 채널을 다각화하고 참여 조건을 간소화하는 방향으로 프로모션을 개선했습니다. 결과적으로 참여율이 20% 증가하고 고객 재방문율이 높아지는 성과를 얻었습니다.

또 다른 사례로는, 비용 대비 수익성이 낮았던 할인 프로모션을 분석한 후, 할인 폭을 줄이고 대신 고객에게 추가적인 서비스를 제공하는 방식으로 개선하여 수익성을 유지하면서도 고객 만족도를 높였습니다.

추가 팁

- **정량적 데이터 분석:** ChatGPT에게 매출 변화, 참여율, 고객 유입 등 정량적 데이터를 기반으로 프로모션 성과를 분석하도록 요청해 보세요. 이를 통해 효과적인 개선 전략을 수립할 수 있습니다.
- **고객 피드백 반영:** ChatGPT를 통해 고객 리뷰와 피드백을 분석하여, 고객이 어떤 점에서 만족했는지, 어떤 부분에서 개선이 필요한지 파악할 수 있습니다. 이를 반영한 프로모션 전략을 세울 수 있습니다.
- **프로모션 비용 관리:** ChatGPT에게 프로모션 비용 대비 효과를 분석하도록 요청해, 비용 효율적인 전략을 수립할 수 있습니다. 할인 폭이나 추가 혜택을 조정해 수익성을 극대화할 수 있습니다.
- **성과 비교:** 이전에 진행한 프로모션과 비교해 성과 차이를 분석하고, 이를 통해 더 나은 결과를 도출할 수 있는 방법을 찾을 수 있습니다.
- **타깃팅 개선:** ChatGPT를 통해 타깃 고객층을 재분석하고, 다음 프로모션에서 고객 맞춤형 전략을 적용해 참여율을 높이는 방법을 제안받아 보세요.

제6장

ChatGPT를 활용한 물리적 환경 디자인

제6장

ChatGPT를 활용한 물리적 환경 디자인

64. 매장 인테리어 디자인 트렌드 분석하기

주제의 중요성

매장 인테리어는 고객에게 첫인상을 남기는 중요한 요소입니다. 인테리어가 단순히 공간을 꾸미는 것이 아니라, 고객의 경험을 좌우하고 매장의 분위기를 형성하는 핵심입니다. 특히 식당 사업의 경우, 인테리어는 음식의 맛과 더불어 고객이 재방문할 이유를 제공할 수 있습니다. 최신 트렌드를 반영한 인테리어는 브랜드 이미지 제고와 고객 만족도 향상에 기여할 수 있습니다.

문제인식

많은 소상공인 식당 창업자들은 예산과 시간의 한계로 인해 전문 인테리어 디자이너를 고용하지 못하는 경우가 많습니다. 그 결과, 시대에 뒤떨어진 인테리어나 매장의 콘셉트와 맞지 않는 공간 구성으로 인해 고객의 이목을 끌지 못하거나 불편함을 주기도 합니다. 이러한 문제는 매출 감소와 재방문율 저하로 이어질 수 있습니다.

ChatGPT 활용법

ChatGPT는 최신 인테리어 트렌드에 대한 정보를 빠르고 쉽게 제공할 수 있는 도구입니다. 이를 활용하여 매장의 콘셉트에 맞는 디자인 아이디어를 얻고, 유행하는 인테리어 스타일을 분석할 수 있습니다. 또한, ChatGPT는 특정 타깃층에 맞는 디자인을 제안하거나, 트렌드에 맞춘 매장 레이아웃, 색상, 소재 추천 등을 통해 직접적인 도움을 줄 수 있습니다.

프롬프트 예시

1. 최신 인테리어 트렌드는 무엇인가요?

   "2024년 식당 인테리어 트렌드에 대해 알려 주세요. 색상, 소재, 레이아웃 등 상세히 설명해 주세요."

2. 내 매장 콘셉트에 맞는 인테리어 추천받기

   "한식당을 위한 전통적인 분위기와 현대적인 감각을 접목한 인테리어 아이디어를 제안해 주세요."

3. 고객 경험을 향상시킬 수 있는 인테리어 디자인

   "고객이 편안함을 느끼고 머물고 싶어 하는 분위기를 만드는 인테리어 디자인 방법을 알려 주세요."

4. 작은 공간을 효율적으로 사용하는 인테리어

"20평 남짓한 작은 공간을 효율적으로 활용할 수 있는 인테리어 디자인 아이디어를 주세요."

5. 특정 색상을 활용한 인테리어 디자인

"화이트와 우드톤을 활용한 식당 인테리어 디자인을 제안해 주세요. 따뜻하고 편안한 느낌을 주는 공간을 원합니다."

6. 특정 고객층에 맞춘 인테리어 스타일 제안

"젊은 20~30대 여성 고객을 타깃으로 하는 카페형 식당의 인테리어 디자인 트렌드를 분석해 주세요."

7. 인테리어 비용 절감하면서도 효과적인 디자인 방법

"예산을 최소화하면서도 트렌디한 식당 인테리어를 할 수 있는 방법을 알려 주세요. DIY 요소도 포함해 주세요."

기대효과

ChatGPT를 활용해 트렌드를 분석하고 매장에 맞는 인테리어 디자인을 반영한 사례로, 서울의 한 작은 카페가 있습니다. 이 카페는 ChatGPT의 도움으로 최신 스칸디나비아 스타일을 적용한 간결하면서도 따뜻한 분위기의 인테리어를 완성했습니다. 이로 인해 젊은 고객층의 유입이 크게 늘었고, 인스타그램 등 SNS를 통해 입소문이 퍼지며 매출이 20% 이상 상승하는 효과를 거두었습니다.

추가 팁

- ChatGPT에 질문할 때, 구체적인 스타일이나 색상, 콘셉트 등을 미리 생각해 두면 더 맞춤형 답변을 받을 수 있습니다.
- 여러 번 질문을 던져 다양한 아이디어를 수집하고 이를 조합하여 자신만의 독창적인 인테리어로 발전시키세요.
- 트렌드를 분석할 때 너무 유행에만 얽매이지 말고, 매장의 브랜드 이미지와 고객의 취향에 맞는 디자인을 선택하는 것이 중요합니다.

65. 고객 동선 최적화를 위한 공간 설계하기

주제의 중요성

고객 동선은 매장 내에서 고객이 이동하는 경로를 의미하며, 효율적인 동선 설계는 매장의 성공에 큰 영향을 미칩니다. 잘 설계된 동선은 고객이 불편 없이 매장을 이용할 수 있게 하고, 자연스럽게 매장 내 서비스를 이용하도록 유도합니다. 특히, 식당에서 고객 동선은 주문과 대기, 식사, 퇴장의 흐름을 원활하게 이어줘야 하며, 매장 효율성 또한 극대화할 수 있습니다.

문제인식

많은 식당 운영자들이 매장 인테리어는 신경 쓰면서도 고객 동선에는 소홀한 경우가 있습니다. 그 결과, 좁은 통로로 인해 고객이 불편함을 느끼거나, 테이블 배치가 효율적이지 않아 직원들이 서빙하는 데 어려움을 겪기도 합니다. 특히, 피크 타임에 이러한 문제는 더욱 두드러져, 고객 만족도 저하와 매출 감소로 이어질 수 있습니다.

ChatGPT 활용법

ChatGPT는 고객 동선 최적화를 위한 기본 원칙과 구체적인 설계 아이디어를 제공할 수 있습니다. 이를 통해 매장의 공간을 효율적으로 활용하고, 고객과 직원이 원활하게 움직일 수 있는 동선을 만들 수 있습니다. 특히, 매장 구조나 고객 흐름에 따른 최적의 테이블 배치, 카운터 및 대기 공간 설계 등 실질적인 조언을 받을 수 있습니다.

구체적인 프롬프트 예시

1. 고객 동선 최적화를 위한 기본 설계 원칙 알아보기

   "식당에서 고객 동선을 효율적으로 설계하기 위한 기본 원칙을 알려 주세요."

2. 매장 크기에 맞춘 동선 설계

"내 식당이 50평 규모인데, 이 크기에 맞는 최적의 고객 동선 설계 방법을 제안해 주세요."

3. 고객 대기 공간과 서빙 구역의 동선 구분하기

"고객 대기 공간과 서빙 구역이 충돌하지 않도록 동선을 설계하는 방법을 알려 주세요."

4. 셀프 서비스와 직원 서빙이 혼합된 매장의 동선 최적화

"셀프 서비스가 포함된 식당에서 직원과 고객의 동선을 효율적으로 분리하는 방법을 제안해 주세요."

5. 테이블 배치를 고려한 고객 동선 설계

"테이블 배치를 최적화하여 고객이 쉽게 이동할 수 있는 동선 설계를 도와주세요."

6. 좁은 공간에서 고객과 직원 동선 구분하기

"좁은 매장에서 고객과 직원 동선을 구분하는 아이디어를 제시해 주세요."

7. 고객의 이동을 자연스럽게 유도하는 동선 설계

"고객이 매장을 편안하게 이동할 수 있도록 자연스러운 동선을 만드는 방법을 알려 주세요."

기대효과

ChatGPT를 활용해 고객 동선을 최적화한 한 패스트푸드 식당의 사례를 보면, 테이블 배치와 주문대 위치를 조정하여 고객이 효율적으로 이동할 수 있도록 설계한 결과, 고객 만족도가

크게 증가했습니다. 대기 시간이 줄어들고 혼잡도가 감소해 회전율이 높아졌으며, 직원들의 서빙 동선도 최적화되어 전반적인 서비스 품질이 향상되었습니다. 그 결과, 매장 매출이 15% 증가하고 고객 재방문율도 상승했습니다.

추가 팁

- 매장의 도면을 가지고 ChatGPT에게 구체적인 동선 설계 조언을 받을 수 있도록 도면 정보와 함께 질문을 작성해 보세요.
- 실제 매장을 운영할 때, ChatGPT가 제안한 동선 디자인을 작은 규모로 먼저 시뮬레이션해 본 후 개선점을 찾는 것이 좋습니다.
- 고객의 이동 패턴뿐만 아니라 직원의 동선도 고려해, 서비스 속도와 효율성을 높일 수 있는 설계를 추구하세요.

66. 조명과 분위기 설정을 위한 ChatGPT 아이디어 도출

주제의 중요성

식당을 성공적으로 운영하려면 맛있는 음식뿐만 아니라, 식당의 분위기도 중요한 역할을 합니다. 그중에서도 조명은 공간의 느낌을 결정짓는 중요한 요소입니다. 따뜻한 조명은 편안함을 주고, 은은한 조명은 고급스러움을 전달할 수 있습니다. 이렇듯 조명과 분위기는 고객의 식사 경험을 크게 좌우하므로 세심한 계획이 필요합니다.

문제인식

많은 식당 경영자들이 조명에 대해 충분한 고민을 하지 않고, 단순히 밝기를 조절하는 정도로만 끝내는 경우가 많습니다. 결과적으로 식당의 분위기가 원하는 대로 연출되지 않거나, 특정 시간대나 상황에 맞는 조명 변화가 미흡해 고객의 체류 시간이 짧아지거나, 재방문율이 떨어질 수 있습니다.

ChatGPT 활용법

ChatGPT는 다양한 공간 디자인 트렌드와 고객 심리, 특정 테마에 맞는 조명 아이디어를 도출해 줄 수 있는 유용한 도구입니다. ChatGPT를 통해 식당의 콘셉트, 위치, 고객층에 맞춘 조명 설정 아이디어를 얻고, 상황에 맞는 분위기를 연출하는 구체적인 계획을 세울 수 있습니다. 또한, 조명 외에도 음악, 색상 등과 연계하여 더욱 완성도 높은 공간 연출을 할 수 있습니다.

구체적인 프롬프트 예시

1. "작은 카페에 어울리는 조명 아이디어를 추천해 줘. 낮과 저녁에 각각 어울리는 분위기를 연출할 수 있는 방법도 알려 줘."

2. “우리 식당은 이탈리안 레스토랑인데, 로맨틱한 분위기를 위해 어떤 색 온도의 조명이 좋을지 추천해 줘.”
3. “고급스러운 디너 분위기를 조성하기 위한 조명 디자인 팁을 제공해 줘. 스포트라이트나 은은한 조명을 활용한 예시가 있으면 좋아.”
4. “가족 단위 손님이 많이 찾는 식당인데, 편안하고 따뜻한 느낌을 줄 수 있는 조명 계획을 세우고 싶어. 어떤 옵션이 있을까?”
5. “식당에 계절마다 다른 분위기를 연출하고 싶은데, 계절별로 추천하는 조명과 데코레이션 아이디어를 알려 줘.”
6. “오픈 주방이 있는 식당인데, 주방과 홀의 조명을 자연스럽게 구분할 수 있는 방법이 있을까?”
7. “주말 저녁에 바쁜 식당에 활기찬 분위기를 주는 조명 세팅을 추천해 줘. 고객이 재밌고 편안함을 느낄 수 있도록 도와줘.”

기대효과

ChatGPT를 활용하여 식당에 맞는 조명 설정을 계획한 한 레스토랑은 로맨틱한 저녁 식사 시간대에 맞는 조명을 설정함으로써 커플 손님들의 재방문율이 크게 증가했습니다. 또한, 점심 시간대에는 자연광을 활용한 밝은 분위기를 연출하여 주변 직장인들이 편안하게 식사할 수 있는 환경을 제공하였습니다. 이처럼 시간대와 상황에 맞춘 조명 변경으로 손님들의 체류 시간이 길어지고 매출이 증가하는 효과를 보았습니다.

추가 팁

- 조명과 함께 음악과 색상을 결합한 프롬프트를 활용하면 더 완성도 높은 공간 연출이 가능합니다. 예: "조명, 음악, 색상을 조합하여 편안한 저녁 분위기를 만들고 싶어."
- 구체적인 장소 설명을 포함하여 프롬프트를 작성하면 더 맞춤형 아이디어를 얻을 수 있습니다. 예: "좁은 공간의 20석 작은 식당에 어울리는 조명과 인테리어 아이디어를 추천해 줘."
- ChatGPT의 아이디어를 디자이너와 함께 검토하여 실제 구현 가능한 방향으로 조정하면 더 효과적인 결과를 얻을 수 있습니다.

67. 테이블 배치와 좌석 구성 최적화

주제의 중요성

식당 운영에서 테이블 배치와 좌석 구성은 고객의 동선과 편안한 식사 경험을 결정짓는 중요한 요소입니다. 테이블이 잘 배치되면 공간을 효율적으로 사용하여 더 많은 손님을 수용할 수 있고, 동시에 쾌적한 분위기를 제공할 수 있습니다. 잘못된 배치는 혼잡한 느낌을 줄 수 있으며, 고객이 불편을 느끼면 재방문율이 떨어질 수 있습니다.

문제인식

많은 소상공인 식당에서는 공간이 한정적이기 때문에 좌석 배치가 비효율적인 경우가 종종 발생합니다. 너무 많은 테이블을 배치하면 손님과 직원 모두 이동이 불편해지고, 반대로 너무 넓게 배치하면 공간이 낭비되어 수익성이 떨어질 수 있습니다. 이러한 문제를 해결하려면 고객의 동선, 서비스 효율성, 그리고 공간 활용도를 모두 고려한 최적의 배치가 필요합니다.

ChatGPT 활용법

ChatGPT는 식당의 크기, 형태, 고객 유형에 맞는 테이블 배치와 좌석 구성을 최적화하는 아이디어를 제공할 수 있습니다. 다양한 식당 레이아웃을 분석하고, 고객 경험을 향상시킬 수 있는 배치 방식을 제안하며, 고객의 그룹 크기나 시간대에 맞춘 배치 방식도 추천받을 수 있습니다. 또한, 공간 제약을 극복하는 창의적인 좌석 구성 아이디어도 얻을 수 있습니다.

구체적인 프롬프트 예시: 실질적인 활용 프롬프트 7가지 제시

1. "20평 남짓한 작은 식당에서 테이블 배치를 최적화하는 방법을 알려 줘. 두 명, 네 명, 여섯 명 그룹이 자주 방문해."
2. "가족 단위 손님이 많이 오는 식당에서 편안한 분위기를 유지하면서도 최대한 많은 좌석을 배치할 수 있는 방법을 추천해 줘."

3. "직장인들이 점심을 주로 먹는 바쁜 식당인데, 빠른 회전율을 위해 좌석 배치를 어떻게 하면 좋을지 아이디어를 줘."
4. "좁고 긴 형태의 공간에서 테이블을 배치할 때, 이동 동선과 편안함을 모두 고려한 배치 방법을 제안해 줘."
5. "테라스가 있는 식당에서 실내와 실외 좌석 배치를 자연스럽게 연결하는 방법을 추천해 줄 수 있을까?"
6. "비수기와 성수기에 맞춰 좌석 구성을 유동적으로 변경할 수 있는 팁을 알려 줘. 성수기에는 손님이 많아."
7. "식당 중앙에 큰 기둥이 있는데, 이 구조물을 활용해 테이블을 배치하는 방법을 알려 줘."

기대효과

ChatGPT를 활용해 좌석 구성을 최적화한 한 카페는 공간을 보다 효율적으로 사용하여, 동일한 면적 내에서 좌석 수를 20% 이상 늘렸습니다. 이는 고객의 대기 시간을 줄이고, 빠른 회전율을 유지하면서도 편안한 분위기를 제공하는 데 성공했습니다. 또 다른 식당은 테이블 사이 간격을 넓혀 고객의 프라이버시와 편안함을 증대시켜, 손님 만족도가 높아졌습니다. 이처럼 좌석 구성을 최적화하면 고객 만족도와 매출 모두 증가하는 효과를 볼 수 있습니다.

추가 팁

- 고객 유형에 맞춘 테이블 배치가 중요합니다. 예를 들어, 커플 손님이 많은 경우 소형 테이블을, 가족 단위가 많다면 큰 테이블을 배치하는 것이 효과적입니다.
- 동선을 고려한 배치는 필수입니다. 직원과 고객이 충돌하지 않도록 동선을 미리 계산하여, 서비스 효율성을 높이도록 계획하세요.
- 테이블 배치 시 가구 배치도 함께 고려하면 좋습니다. ChatGPT에게 가구 배치 아이디어를 함께 요청해 전체적인 공간 최적화를 도모하세요.

68. 브랜드 아이덴티티를 반영한 인테리어 디자인

주제의 중요성

식당 운영에서 브랜드 아이덴티티는 고객에게 기억에 남는 이미지를 심어주는 중요한 요소입니다. 메뉴뿐만 아니라, 인테리어 디자인에 브랜드 아이덴티티를 반영하면 식당의 개성을 살릴 수 있고, 고객이 더 쉽게 그 브랜드를 떠올릴 수 있습니다. 브랜드 아이덴티티와 일치하는 인테리어는 단순히 예쁜 공간을 넘어 식당의 콘셉트와 가치를 전달하는 강력한 도구가 됩니다.

문제인식

많은 소상공인 식당들이 브랜드 아이덴티티와 인테리어가 일관되지 않는 경우가 많습니다. 예를 들어, 전통적인 한국 음식을 제공하는데 인테리어는 모던하고 차가운 느낌으로 꾸며져 있다면, 고객은 혼란을 느낄 수 있습니다. 또는 식당의 메뉴나 서비스는 독특하지만, 인테리어가 너무 평범해 브랜드의 강점을 제대로 표현하지 못하는 경우도 있습니다. 이렇게 일관성 없는 인테리어는 브랜드의 개성을 흐리게 하며, 고객에게 특별한 인상을 남기지 못할 수 있습니다.

ChatGPT 활용법

ChatGPT를 사용하면 브랜드의 핵심 가치, 목표 고객, 그리고 차별화를 바탕으로 한 인테리어 디자인 아이디어를 얻을 수 있습니다. ChatGPT는 색상, 가구, 장식 요소 등을 제안하고, 그와 어울리는 조명, 소품 등의 세부 사항까지도 추천할 수 있습니다. 또한, 경쟁사 분석을 통해 브랜드만의 독특한 인테리어를 만들 수 있는 팁을 제공받을 수 있습니다.

구체적인 프롬프트 예시: 실질적인 활용 프롬프트 7가지 제시

1. "전통 한식당에 어울리면서도 현대적인 느낌을 줄 수 있는 인테리어 디자인을 제안해 줘. 브랜드는 '정통과 현대의 조화'가 콘셉트야."

2. "내 식당은 젊은 직장인들을 타깃으로 한 빠르고 간편한 파스타 레스토랑인데, 브랜드 이미지에 맞는 인테리어 디자인을 추천해 줘."
3. "자연 친화적인 브랜드 이미지를 반영한 인테리어 아이디어를 알려 줘. 친환경 재료와 자연광을 최대한 활용하고 싶어."
4. "디저트 카페에서 브랜드 로고와 컬러를 반영한 인테리어 디자인을 구상하고 싶어. 고객들이 사진을 찍기 좋은 포인트도 있으면 좋겠어."
5. "전통 차(茶) 브랜드인데, 고급스러운 느낌을 주면서도 현대적인 감각을 더한 인테리어 아이디어가 필요해."
6. "내 식당은 바쁜 도시의 일상 속에서 휴식을 제공하는 것이 브랜드 아이덴티티야. 이걸 반영한 인테리어 디자인을 제안해 줘."
7. "특정 색상(예: 파란색과 금색)을 브랜드 컬러로 사용하고 있어. 이 색상을 중심으로 한 인테리어 디자인을 추천해 줘."

기대효과

브랜드 아이덴티티를 반영한 인테리어 디자인을 통해 성공한 사례로는 "스타벅스"와 같은 브랜드를 들 수 있습니다. 스타벅스는 전 세계 어느 매장을 가더라도 브랜드 특유의 따뜻하고 편안한 분위기를 느낄 수 있도록 인테리어에 일관성을 두고 있습니다. 한 소상공인 식당도 ChatGPT의 제안으로 브랜드 컬러와 철학을 반영한 독특한 인테리어를 완성했습니다. 그 결과, 고객들이 브랜드를 기억하고 사진을 찍어 SNS에 공유함으로써 자연스러운 홍보 효과를 거두었습니다.

추가 팁

- 브랜드 스토리와 연결된 디자인 요소를 반영하면 고객에게 더 깊은 인상을 줄 수 있습니다. 예: "우리 브랜드는 가족의 따뜻함을 중요시해. 이를 표현할 수 있는 인테리어 디자인을 제안해 줘."
- 경쟁 식당과 차별화를 강조하는 인테리어 아이디어를 요청해 식당의 독창성을 더욱 부각시킬 수 있습니다.
- ChatGPT에게 고객 경험 중심의 인테리어 디자인 아이디어를 요청해, 고객이 편안하게 머무를 수 있는 환경을 만들어 보세요.

69. 소음 및 음향 관리 전략

주제의 중요성

식당의 소음 및 음향 관리도 고객 경험에 큰 영향을 미치는 요소 중 하나입니다. 적절한 음향은 식당의 분위기를 향상시키고, 소음을 효과적으로 줄이면 손님들이 더 편안하게 대화하고 식사를 즐길 수 있습니다. 반대로 소음이 과도하면 고객들이 불편함을 느끼고 재방문 의사가 줄어들 수 있습니다. 따라서 소음과 음향을 적절히 관리하는 것은 성공적인 식당 운영의 핵심 중 하나입니다.

문제인식

많은 식당에서는 소음 문제로 인해 고객들이 불만을 제기하는 경우가 많습니다. 주방의 소리, 직원들의 동선 소리, 그리고 다른 고객들의 대화 소음이 어우러져 불편을 초래할 수 있습니다. 반대로, 너무 조용하면 어색한 분위기가 형성되어 고객들이 대화를 주저할 수 있습니다. 음악의 선택도 중요한데, 분위기와 맞지 않거나 볼륨이 적절하지 않으면 고객의 몰입을 방해할 수 있습니다.

ChatGPT 활용법

ChatGPT는 다양한 공간의 음향 문제를 해결하기 위한 실용적인 소음 관리 전략을 제안할 수 있습니다. 소음 흡수 소재, 가구 배치, 음악 선택과 볼륨 조절 등 구체적인 방법을 통해 소음을 줄이고, 분위기에 맞는 음향을 설정하는 데 도움을 줄 수 있습니다. ChatGPT를 활용해 식당의 구조와 분위기에 맞는 맞춤형 음향 관리 아이디어를 얻을 수 있습니다.

구체적인 프롬프트 예시: 실질적인 활용 프롬프트 7가지 제시

1. “내 식당은 오픈 주방인데, 주방 소음을 줄이기 위한 인테리어 디자인과 가구 배치 아이디어를 추천해 줘.”
2. “조용한 분위기의 카페를 운영하고 있어. 고객들이 편안하게 대화

할 수 있도록 소음을 줄이는 방법을 알려 줘."

3. "고객들이 활기차고 밝은 분위기를 느끼게 할 수 있는 음악 장르와 볼륨 수준을 제안해 줘."
4. "바쁜 저녁 시간대에 소음이 너무 심해. 주방 소음과 대화 소리를 줄이기 위한 효과적인 음향 관리 전략을 추천해 줄 수 있어?"
5. "공간이 넓어 소리가 울리는 문제가 있어. 공간 울림을 줄이고 자연스럽게 소리가 퍼지도록 할 방법이 있을까?"
6. "직장인들이 점심에 많이 오는 식당인데, 활기찬 분위기를 만들기 위한 음악 추천과 볼륨 조절 팁을 줘."
7. "우리 레스토랑은 모던하고 세련된 분위기를 원해. 이 분위기에 어울리는 음악 스타일과 음향 시스템 설정 팁을 알려 줘."

기대효과

ChatGPT의 소음 및 음향 관리 전략을 적용한 한 레스토랑은 흡음 패널과 천장 타일을 적절히 사용하여 주방 소음을 크게 줄였습니다. 또한, 고객 동선과 테이블 배치를 조정하여 대화 소음도 개선되었습니다. 이로 인해 손님들은 더 조용하고 쾌적한 환경에서 식사를 즐길 수 있게 되었으며, 고객 만족도와 재방문율이 상승했습니다. 또 다른 카페에서는 적절한 배경 음악과 볼륨 조절로, 고객들이 편안한 대화를 나누는 동시에 카페의 고유한 분위기를 유지하는 데 성공했습니다.

추가 팁

- 소음 흡수 소재를 활용한 인테리어 디자인을 요청하면, 천장이나 벽에 설치할 수 있는 실용적인 흡음 패널 아이디어를 얻을 수 있습니다.
- 음악 선택 시 시간대나 고객 유형에 맞춘 다양한 옵션을 고려하세요. 예를 들어, 아침에는 차분한 음악, 점심에는 활기찬 음악 등으로 분위기를 조성할 수 있습니다.
- 음향 장비 설치에 대한 조언도 ChatGPT를 통해 받을 수 있습니다. 공간의 크기와 구조에 맞는 스피커 위치와 시스템 설정을 추천받아 더 나은 음향 환경을 만들 수 있습니다.

70. 입구 및 외부 공간 디자인 계획하기

주제의 중요성

식당의 입구 및 외부 공간은 고객들이 처음으로 접하게 되는 곳으로, 첫인상을 결정짓는 중요한 요소입니다. 고객들은 식당 입구에서부터 그곳의 분위기와 콘셉트를 느끼게 되며, 잘 설계된 외부 공간은 호기심을 자극하고 매장으로 자연스럽게 이끌 수 있습니다. 외부 공간 디자인은 단순한 장식 이상의 의미를 가지며, 고객의 기대감을 높이고 브랜드 이미지를 강화하는 역할을 합니다.

문제인식

많은 소상공인 식당들이 외부 공간을 제대로 활용하지 못해 매력적이지 않은 입구를 가지고 있습니다. 간판이 눈에 띄지 않거나, 외부 공간이 너무 복잡하거나 단조로운 경우 고객들이 쉽게 지나칠 수 있습니다. 입구 앞에 여유 공간이 있음에도 불구하고, 테이블이나 휴식 공간을 효과적으로 배치하지 못해 공간을 낭비하는 경우도 있습니다. 이러한 문제는 고객 유입에 부정적인 영향을 미칠 수 있습니다.

ChatGPT 활용법

ChatGPT를 사용하여 입구 및 외부 공간을 매력적으로 디자인하는 다양한 아이디어를 얻을 수 있습니다. 공간의 크기, 식당의 콘셉트, 그리고 목표 고객에 맞춘 간판 디자인, 외부 장식, 가구 배치 등을 제안받아 외부 공간을 보다 효율적으로 활용할 수 있습니다. 또한 계절별 장식이나 테마를 반영한 디자인 전략도 구상할 수 있습니다.

구체적인 프롬프트 예시: 실질적인 활용 프롬프트 7가지 제시

1. "작은 식당의 입구를 고객들이 쉽게 찾을 수 있도록 간판과 외부 디자인을 추천해 줘. 트렌디하고 깔끔한 느낌을 원해."
2. "입구 앞에 여유 공간이 있는데, 이 공간을 활용해 고객들이 잠시

쉴 수 있는 좌석과 장식을 배치하려고 해. 어떤 디자인이 좋을까?"

3. "내 식당은 프렌치 레스토랑인데, 외부 공간에 고급스러움을 더할 수 있는 장식 아이디어를 제안해 줘."
4. "계절마다 변화를 줄 수 있는 입구 장식과 외부 인테리어 아이디어가 필요해. 봄, 여름, 가을, 겨울로 나눠서 알려 줘."
5. "식당 앞에 작은 정원이 있는데, 이 공간을 고객들이 사진을 찍고 싶어할 정도로 꾸밀 방법이 있을까?"
6. "입구에서부터 브랜드 아이덴티티를 보여줄 수 있는 간판, 문 디자인, 그리고 색상 조합을 제안해 줘."
7. "테라스 공간을 활용해 고객들이 편하게 앉을 수 있는 휴식 공간을 만들고 싶어. 자연스럽고 편안한 분위기를 줄 수 있는 외부 가구와 배치 아이디어를 알려 줘."

기대효과

ChatGPT의 외부 공간 디자인 아이디어를 적용한 한 카페는 입구 앞에 작은 테라스를 설치해 손님들이 잠시 쉬거나 기다릴 수 있는 공간을 마련했습니다. 이로 인해 지나가던 사람들이 더욱 쉽게 매장에 관심을 갖고 방문하는 사례가 늘었습니다. 또 다른 식당에서는 계절별로 변화를 주는 입구 장식을 활용해 고객들에게 새로운 경험을 제공하였고, 이로 인해 식당 앞에서 사진을 찍는 고객들이 증가해 자연스러운 홍보 효과를 얻었습니다. 결과적으로 유입 고객 수와 매출이 상승하는 효과를 보았습니다.

추가 팁

- 브랜드와 일치하는 디자인을 입구부터 외부 공간까지 일관되게 적용하세요. ChatGPT에게 브랜드 색상과 테마를 반영한 외부 디자인 아이디어를 요청하면 효과적입니다.
- 계절 및 행사에 맞춘 장식을 ChatGPT에게 물어보면, 정기적으로 외부 공간을 새롭게 꾸며 고객들의 관심을 지속적으로 끌 수 있습니다.
- 외부 조명과 간판의 가독성을 고려해 ChatGPT로 디자인을 최적화하세요. 특히 밤에 눈에 잘 띄는 조명과 간판은 유입 고객을 늘리는 데 큰 도움이 됩니다.

71. 화장실 및 부대시설 관리 전략

주제의 중요성

식당 운영에서 화장실 및 부대시설 관리는 고객에게 청결하고 편안한 환경을 제공하는 데 중요한 역할을 합니다. 식당의 음식 맛과 서비스가 뛰어나더라도, 화장실이나 부대시설이 불편하거나 청결하지 않으면 고객의 전반적인 만족도가 크게 떨어질 수 있습니다. 특히, 식당의 청결과 편의성은 고객이 재방문을 결정하는 중요한 기준 중 하나이기 때문에, 화장실과 부대시설의 관리에 세심한 주의가 필요합니다.

문제인식

많은 소상공인 식당에서 화장실 관리는 종종 우선순위에서 밀리곤 합니다. 청결 상태가 불충분하거나, 소모품이 자주 부족한 경우, 또는 환기와 조명이 잘 되어 있지 않아 고객이 불편을 느낄 수 있습니다. 또한, 화장실 공간이 협소하거나 배치가 비효율적이라면 고객이 사용하는 데 어려움을 겪을 수 있습니다. 이와 같은 문제는 식당에 대한 인상을 저하시켜 재방문율에 부정적인 영향을 미칠 수 있습니다.

ChatGPT 활용법

ChatGPT는 화장실과 부대시설을 보다 효율적이고 쾌적하게 관리하기 위한 다양한 아이디어를 제공할 수 있습니다. 예를 들어, 화장실의 청결 유지 방법, 소모품 관리 팁, 효율적인 배치, 그리고 고객 편의를 위한 추가 시설 등을 제안받을 수 있습니다. 또한, 고객에게 긍정적인 경험을 줄 수 있는 향기 관리, 조명, 인테리어 등 세부적인 요소에 대한 조언도 얻을 수 있습니다.

구체적인 프롬프트 예시: 실질적인 활용 프롬프트 7가지 제시

1. “작은 식당에서 공간이 협소한 화장실을 효율적으로 관리할 수 있는 인테리어 및 배치 아이디어를 제안해 줘.”
2. “고객이 편안하게 사용할 수 있는 깨끗한 화장실을 유지하기 위

한 청소 루틴을 추천해 줘."

3. "화장실에서 쾌적한 향기와 공기 흐름을 유지하는 방법을 알려 줘. 통풍이 어려운 구조야."
4. "화장실 조명을 편안하면서도 깔끔하게 보이도록 설정하려고 해. 어떤 색 온도와 밝기가 적당할까?"
5. "화장실에 놓을 수 있는 간단하고 저렴한 장식이나 소품을 추천해 줘. 브랜드 이미지를 반영했으면 좋겠어."
6. "식당의 청결 이미지를 강화하기 위해 화장실에서 사용할 수 있는 친환경 청소 제품과 방법을 알려 줘."
7. "화장실 안에 고객들이 불편 없이 사용할 수 있는 비상용품이나 편의용품을 무엇을 비치해야 할지 추천해 줄 수 있을까?"

기대효과

ChatGPT의 도움으로 화장실 관리 전략을 개선한 한 레스토랑은 효율적인 청소 루틴과 소모품 관리 시스템을 도입하여 항상 청결한 상태를 유지할 수 있었습니다. 또한, 쾌적한 향기와 조명을 관리하여 고객들이 화장실에서도 편안함을 느끼도록 했습니다. 이로 인해 고객들이 남긴 리뷰에서 화장실의 청결과 편안함에 대한 긍정적인 평가가 늘어나면서, 식당에 대한 전반적인 이미지가 개선되었습니다. 더불어, 친환경 청소 제품을 사용하여 브랜드의 친환경 가치를 강화하는 효과도 있었습니다.

추가 팁

- 정기적인 청소 스케줄을 세우는 데 도움이 되는 프롬프트를 사용해 일관된 청결 관리를 유지하세요. 예: "화장실 청소를 하루에 몇 번, 어떻게 해야 할지 스케줄을 짜줘."
- 고객 편의를 위한 비상용품을 준비하는 것이 중요합니다. ChatGPT에게 제안받은 편의용품 예시로는 손 세정제, 생리대, 또는 종이 타월 등이 있으며, 이러한 세심한 배려가 고객에게 긍정적인 인상을 줄 수 있습니다.
- 향기와 조명 관리는 화장실 분위기를 크게 좌우합니다. ChatGPT에게 계절에 맞는 향기 또는 조명 설정 팁을 요청해, 시각과 후각을 모두 만족시키는 화장실 환경을 만들 수 있습니다.

72. 고객 편의성을 고려한 시설 설계하기

주제의 중요성

고객 편의성을 고려한 시설 설계는 식당 운영에 있어 매우 중요한 요소입니다. 고객이 식당을 이용하는 모든 과정, 즉 입장부터 식사, 화장실 이용, 결제까지의 경험이 편리하고 쾌적해야 고객의 만족도가 높아지고, 재방문율 또한 증가합니다. 편리한 동선과 효율적인 시설 설계는 단순히 고객에게 편리함을 주는 것을 넘어, 식당의 운영 효율성을 높이는 데도 기여할 수 있습니다.

문제인식

많은 소상공인 식당에서는 공간 제약으로 인해 고객이 불편함을 겪는 경우가 많습니다. 예를 들어, 화장실 위치가 복잡하거나, 대기 공간이 협소해 고객들이 불편을 느낄 수 있습니다. 또한, 테이블 간 간격이 좁거나 계산대 위치가 비효율적이라면, 고객과 직원 모두 불편함을 겪을 수 있습니다. 고객 편의성이 고려되지 않은 시설 설계는 고객의 만족도를 떨어뜨리고 식당 운영에 어려움을 줄 수 있습니다.

ChatGPT 활용법

ChatGPT는 고객의 편의성을 극대화할 수 있는 시설 설계 아이디어를 제공해 줄 수 있습니다. 입구에서부터 식사 공간, 화장실, 결제 공간까지 동선 최적화, 대기 공간 설계, 테이블 간격 등 구체적인 설계 방안을 제안받을 수 있습니다. 특히, 공간의 제약이 있는 소규모 식당에서도 고객 편의성을 높이는 창의적인 방법을 ChatGPT를 통해 찾을 수 있습니다.

구체적인 프롬프트 예시: 실질적인 활용 프롬프트 7가지 제시

1. "작은 식당에서 고객들이 편리하게 이용할 수 있는 대기 공간 설계 아이디어를 제안해 줘."
2. "식당 내부 동선을 효율적으로 설계할 방법을 추천해 줘. 특히 테

이블 배치와 계산대 위치가 중요해."

3. "고객들이 쉽게 화장실을 찾고 이용할 수 있도록 화장실 위치와 표지판 디자인을 어떻게 해야 할지 알려 줘."
4. "어린이와 함께 오는 가족 단위 손님을 위한 편리한 시설을 추가하고 싶어. 어떤 시설을 고려해야 할까?"
5. "장애인 고객도 편리하게 이용할 수 있는 식당으로 만들고 싶어. 장애인 편의시설 설계에 대한 팁을 줘."
6. "식사 후 결제하는 곳이 혼잡하지 않도록 계산대 위치와 배치에 대한 조언을 부탁해."
7. "고객들이 대기하면서 편안하게 쉴 수 있는 좌석과 소품을 제안해 줘. 공간이 협소해."

기대효과

ChatGPT의 아이디어를 바탕으로 고객 편의성을 고려한 시설 설계를 도입한 한 식당은 대기 공간을 효율적으로 재구성하여 고객이 대기하는 동안 불편함 없이 시간을 보낼 수 있도록 했습니다. 대기 공간에 간단한 소품과 의자를 배치함으로써 고객의 만족도가 높아졌고, 대기 시간도 더 짧게 느껴지게 되었습니다. 또한, 계산대와 동선을 최적화하여 고객들이 결제할 때 혼잡함을 줄이고 빠르게 이동할 수 있도록 설계한 결과, 고객 체류 시간이 단축되고 매장 회전율이 향상되었습니다.

추가 팁

- 공간의 제약이 있는 경우, ChatGPT에게 소형 식당을 위한 공간 절약형 디자인을 요청해 효율적인 설계 아이디어를 얻을 수 있습니다.
- 장애인 및 노약자를 위한 편의시설은 필수입니다. 휠체어가 들어갈 수 있는 경사로, 넓은 화장실 등 세부적인 설계 팁을 ChatGPT에게 요청하세요.
- 가족 단위 고객이 많이 찾는다면, 유아용 의자나 놀이 공간 같은 추가 시설을 고려해 고객 편의를 높일 수 있습니다.
- 결제 과정을 매끄럽게 만들기 위해, 고객 동선과 결제 위치의 관계를 잘 설계하는 것이 중요합니다. ChatGPT에게 매장 크기와 레이아웃을 설명하면, 이를 바탕으로 최적의 계산대 위치와 배치 전략을 추천받을 수 있습니다.

73. 청결 관리와 유지 보수 전략

주제의 중요성

식당 운영에서 청결 관리와 유지 보수는 고객의 신뢰와 만족도를 높이는 핵심 요소입니다. 깨끗한 환경은 고객에게 위생적인 이미지를 심어주며, 이는 식당의 성공에 직결됩니다. 또한, 시설과 장비의 유지 보수를 철저히 관리해야 고장이 발생하는 것을 방지하고, 원활한 운영을 지속할 수 있습니다. 청결 관리와 유지 보수는 식당의 전반적인 분위기와 운영 효율성을 결정짓는 중요한 부분입니다.

문제인식

소상공인 식당들은 바쁜 영업 시간에 청결 관리나 유지 보수를 소홀히 하는 경우가 많습니다. 주방, 식당 홀, 화장실 등의 청결 상태가 좋지 않으면 고객이 불쾌감을 느끼거나 재방문을 꺼리게 될 수 있습니다. 또한, 주방 기기나 시설이 고장 나면 영업에 차질이 생기고 비용이 증가할 수 있습니다. 이런 문제들은 매출 감소와 고객 불만을 초래할 수 있기 때문에, 사전에 문제를 예방할 수 있는 전략이 필요합니다.

ChatGPT 활용법

ChatGPT는 정기적인 청결 관리 계획과 시설 유지 보수 전략을 세우는 데 유용한 도구가 될 수 있습니다. 각 공간별로 어떤 청결 기준을 유지해야 하는지, 주방 기기나 시설의 점검 주기와 유지 방법은 무엇인지 등에 대한 구체적인 조언을 받을 수 있습니다. 이를 통해 식당이 항상 청결하고, 효율적으로 운영될 수 있도록 돕는 청소 스케줄, 유지 보수 체크리스트 등의 맞춤형 전략을 ChatGPT로부터 제안받을 수 있습니다.

프롬프트 예시

1. "식당의 주방과 홀을 정기적으로 청소하기 위한 일일 및 주간 청소 스케줄을 만들어 줘."
2. "냉장고, 오븐, 가스레인지 등 주요 주방 기기의 유지 보수 및 점검 주기를 설정할 수 있는 방법을 알려 줘."
3. "화장실 청결을 유지하기 위한 구체적인 청소 루틴과 필요한 소모품 관리 방법을 추천해 줘."
4. "직원들이 쉽게 따를 수 있는 매일 해야 하는 청결 관리 항목과 이를 체크할 수 있는 체크리스트를 만들어 줘."
5. "식당 홀의 바닥, 테이블, 창문 등 고객이 자주 접촉하는 부분을 깨끗하게 유지하기 위한 팁을 알려 줘."
6. "냉동고와 냉장고의 위생 관리와 효율적인 유지 보수를 위한 세부적인 방법을 제안해 줘."
7. "시설과 장비를 정기적으로 점검하고 고장을 예방하기 위한 유지 보수 계획을 세우는 데 도움을 줘."

기대효과

ChatGPT의 조언을 적용하여 정기적인 청소 스케줄과 유지 보수 계획을 실행한 한 식당은, 항상 청결한 상태를 유지하며 고객 만족도가 크게 상승했습니다. 특히, 주방 기기의 정기 점검을 통해 큰 고장을 미연에 방지하여 비용 절감 효과를 보았습니다. 또 다른 식당은 ChatGPT의 도움으로 체계적인 소모품 관리 시스템을 도입하여 화장지나 세정제 같은 필수 품목이 부족한 상황을 방지하고, 항상 충분한 준비 상태를 유지했습니다. 이러한 노력들은 고객들이 위생적이고 신뢰할 수 있는 식당이라는 인식을 갖게 만들어 재방문율이 증가하는 결과로 이어졌습니다.

추가 팁

- 소모품 관리는 효율적인 청결 유지의 핵심입니다. ChatGPT에게 소모품 관리 전략을 요청하여 자동 주문 시스템이나 필요한 물품 목록을 생성하면 편리하게 관리할 수 있습니다.
- 주방 기기의 유지 보수는 매출과 직결됩니다. ChatGPT에게 주요 기기의 점검 시기와 방법에 대해 구체적인 지침을 받으면, 큰 고장이나 수리 비용을 미리 방지할 수 있습니다.
- 체크리스트 기반의 관리는 실수나 누락을 방지하는 좋은 방법입니다. ChatGPT에게 직원들이 사용할 수 있는 일일/주간 청결 관리 체크리스트를 만들어 요청하면, 직원들의 청결 관리가 보다 체계적으로 이루어질 수 있습니다.
- 위생 규정 준수는 중요한 요소입니다. 식당 위생 관리법이나 관련 규정을 ChatGPT에게 물어보아 해당 지역의 법률을 잘 준수할 수 있도록 하세요.

제7장 ChatGPT를 활용한 서비스 프로세스 개발

제7장

ChatGPT를 활용한 서비스 프로세스 개발

74. 고객 응대 절차 개발

주제의 중요성

고객 응대는 식당 운영에서 중요한 요소 중 하나로, 고객이 식당에서 받는 첫인상과 경험을 결정합니다. 친절하고 일관된 응대는 고객의 만족도를 높이고, 나아가 재방문을 유도합니다. 또한, 원활한 응대 절차는 직원의 업무 효율성을 높이고 서비스의 일관성을 유지하는 데 도움이 됩니다. 효율적인 고객 응대 절차는 식당 운영의 성공을 좌우하는 중요한 시스템입니다.

문제인식

많은 소상공인 식당에서 일관되지 않은 고객 응대로 인해 고객 만족도가 저하되는 경우가 발생합니다. 직원마다 응대 방식이 다르거나, 교육이 부족해 상황에 따라 다르게 행동하는 경우 고객이 혼란스러워할 수 있습니다. 특히 바쁜 시간대에는 응대가 느려지거나 실수가 발생해 서비스 품질이 떨어질 위험이 있습니다. 이러한 문제는 고객 이탈과 재방문율 저하로 이어질 수 있습니다.

ChatGPT 활용법

ChatGPT는 식당의 고객 응대 절차를 체계적으로 시스템화할 수 있는 도구입니다. 직원들이 고객 응대 시 따를 수 있는 구체적인 절차를 세우고, 다양한 상황에 맞는 대응 방법을 제안받을 수 있습니다. 이를 통해 일관된 고객 응대를 보장하고, 신입 직원 교육에도 활용할 수 있는 표준화된 매뉴얼을 만들 수 있습니다. ChatGPT는 다양한 고객 상황(불만, 대기 시간, 예약 등)에 맞춘 대응 전략을 제안해 줍니다.

프롬프트 예시

1. "식당에서 처음 방문한 고객에게 친절하게 응대하는 절차를 단계별로 제안해 줘."
2. "바쁜 시간대에 대기 중인 고객에게 적절히 대응하는 방법과 대기 시간을 효과적으로 안내하는 절차를 알려 줘."
3. "고객이 음식에 불만을 제기했을 때 이를 해결하기 위한 친절하고 프로페셔널한 응대 방법을 단계별로 설명해 줘."
4. "예약한 고객을 맞이하는 최적의 절차와 예약 확인 방법을 제안

해 줘."

5. "식사 중 고객이 추가 요청 사항을 했을 때, 이를 신속하고 예의 바르게 처리하는 응대 방안을 알려 줘."
6. "식사 후 결제할 때 고객에게 감사 인사를 전하고 재방문을 유도하는 효과적인 멘트를 제안해 줘."
7. "고객이 문의 전화를 했을 때, 식당 정보와 예약 안내를 친절하게 전달하는 대화 절차를 단계별로 설명해 줘."

기대효과

ChatGPT로 개발한 고객 응대 절차를 도입한 한 식당은 직원들이 일관된 방식으로 고객을 맞이하고 응대하는 데 성공했습니다. 예를 들어, 바쁜 시간대에도 ChatGPT가 제안한 대기 고객 관리 절차를 적용하여 고객 불만을 효과적으로 줄였고, 대기 시간을 보다 명확하게 안내함으로써 고객의 만족도를 높였습니다. 또한, 신입 직원 교육 시 ChatGPT로 작성한 매뉴얼을 사용해 교육 시간을 단축하고, 모든 직원이 동일한 기준을 따라 응대할 수 있도록 시스템화했습니다. 그 결과, 서비스 일관성이 유지되어 고객들이 더 긍정적인 경험을 하고, 재방문율이 상승했습니다.

추가 팁

- 다양한 고객 유형에 맞춘 맞춤형 응대 절차를 개발할 수 있습니다. 예를 들어, 가족 단위 고객, 커플, 혼자 온 고객 등 각 상

황에 맞춘 응대법을 ChatGPT에게 요청하세요.

- 반복적인 질문이나 상황에 대한 응대 템플릿을 만들어 사용하면 직원들이 빠르게 대처할 수 있습니다. 예: "고객들이 자주 묻는 질문에 대한 응대 매뉴얼을 만들어 줘."
- 고객 불만 대응 시, 구체적인 상황별 대응 방법을 마련해 두면 큰 도움이 됩니다. 예를 들어, 음식에 문제가 있는 경우, 서비스에 불만을 제기한 경우 등 다양한 시나리오를 ChatGPT에게 물어보아 대응책을 마련할 수 있습니다.
- 신입 직원 교육에 활용할 수 있는 매뉴얼을 ChatGPT로 개발해, 효율적인 교육 과정을 만들고 응대 일관성을 높일 수 있습니다.

75. 고객 피드백 분석을 통한 서비스 품질 개선하기

주제의 중요성

고객 피드백은 식당의 서비스 품질을 개선하는 데 있어 가장 중요한 정보입니다. 고객은 실제로 식당을 이용하면서 느낀 불편함과 만족도를 피드백을 통해 전달하므로, 이를 분석하면 강점과 개선할 점을 명확히 파악할 수 있습니다. 피드백을 적절히 활용하면 서비스 품질을 지속적으로 개선하고, 더 나은 고객 경험을 제공할 수 있습니다. 피드백 분석은 고객 충성도를 높이고 식당의 경쟁력을 강화하는 중요한 도구입니다.

문제인식

많은 소상공인 식당이 고객 피드백을 수집하더라도 이를 제대로 분석하거나 반영하지 못하는 경우가 많습니다. 피드백을 일회성으로 확인하거나, 문제점을 놓치는 경우 서비스 개선 기회를 놓치게 됩니다. 또한, 피드백이 부정적인 경우 제대로 대응하지 못하면 고객의 재방문율 저하로 이어질 수 있습니다. 이러한 문제는 식당이 성장하지 못하는 원인이 될 수 있습니다.

ChatGPT 활용법

ChatGPT는 고객 피드백을 분석하고, 이를 기반으로 효율적인 서비스 개선 전략을 제안하는 데 유용한 도구입니다. 피드백을 긍정적, 부정적, 중립적으로 분류하고, 반복적으로 발생하는 문제를 분석해 해결 방안을 도출할 수 있습니다. 또한, 피드백의 패턴을 파악해 고객 만족도를 높일 방법을 제안하고, 더 나은 고객 경험을 제공하기 위한 구체적인 개선 아이디어를 받을 수 있습니다.

구체적인 프롬프트 예시: 실질적인 활용 프롬프트 7가지 제시

1. "고객들이 자주 남기는 긍정적인 피드백과 부정적인 피드백을 구분하고, 각각에 대한 분석을 통해 개선할 부분을 제안해 줘."
2. "최근 1개월 동안 받은 고객 피드백을 분석하여 자주 언급된 문제

점과 이를 개선하기 위한 구체적인 방법을 알려 줘."

3. "서비스 속도에 대한 불만이 자주 제기되고 있는데, 이를 개선할 수 있는 방안을 제안해 줘."
4. "고객들이 메뉴에 대해 남긴 피드백을 분석해, 메뉴 개선 또는 변경에 대한 제안을 줘."
5. "피드백 중에서 서비스 태도와 관련된 문제점들을 모아 분석하고, 직원 교육에 활용할 수 있는 방법을 알려 줘."
6. "부정적인 피드백을 효과적으로 대응하고 해결하기 위한 고객 서비스 개선 절차를 단계별로 제안해 줘."
7. "고객들이 편리하게 피드백을 남길 수 있는 시스템을 제안하고, 이를 통해 효율적으로 피드백을 관리하는 방법을 알려 줘."

기대효과

한 소상공인 식당은 ChatGPT의 도움으로 고객 피드백을 체계적으로 분석하여 서비스 개선에 성공했습니다. 피드백 분석 결과, 고객들이 음식 제공 속도에 대해 불만을 제기한 패턴을 파악하고, 이를 개선하기 위해 주방 효율성을 높이는 전략을 도입했습니다. 또한, 직원의 서비스 태도에 대한 피드백을 바탕으로 신속한 서비스 교육을 실시하여 고객 만족도를 향상시켰습니다. 이러한 변화로 인해 고객들의 긍정적인 피드백이 크게 증가했고, 재방문율도 높아졌습니다.

추가 팁

- 피드백의 긍정적 요소와 부정적 요소를 구분한 뒤 각각에 맞는 강화 전략과 개선 전략을 세울 수 있습니다. 예: “피드백 중에서 칭찬받은 부분과 개선해야 할 부분을 구분해 각각의 대응 방안을 알려 줘.”
- 정기적인 피드백 분석을 통해 서비스 품질을 지속적으로 개선할 수 있습니다. ChatGPT에게 매월 또는 분기별로 피드백 분석 보고서를 요청해 서비스 개선 방향을 설정하세요.
- 고객 피드백에 대한 신속한 대응은 중요한 신뢰 요소입니다. ChatGPT에게 부정적인 피드백에 대한 적절한 응대 문구를 요청하면, 고객 불만을 효과적으로 해결할 수 있습니다.
- 피드백 수집 채널도 중요합니다. ChatGPT를 통해 이메일, 설문지, QR 코드 등 다양한 방법을 제안받아 고객들이 쉽게 피드백을 남길 수 있는 시스템을 구축하세요.

76. 예약 제도 도입 여부 검토와 예약 시스템 적절히 활용하기

주제의 중요성

식당에서 예약 제도를 도입하는 것은 고객 관리와 매출 증대에 큰 영향을 미칩니다. 예약을 통해 미리 고객 수를 파악하고 테이블을 준비할 수 있어 운영의 효율성을 높일 수 있습니다. 하지만 모든 식당에 예약 시스템이 적합한 것은 아닙니다. 예약 제도 도입 여부를 신중히 검토하고, 도입할 경우 효율적으로 활용할 방법을 찾는 것이 매우 중요합니다.

문제인식

소상공인 식당 중 일부는 예약 제도를 도입할지 말지 고민하는 경우가 많습니다. 예약 시스템이 잘 작동하면 운영에 도움을 줄 수 있지만, 예약 노쇼(no-show)로 인해 손실이 발생하거나, 예약과 워크인 손님 간 동선 충돌이 발생할 위험도 있습니다. 반대로, 예약을 받지 않는다면 바쁜 시간대의 대기 시간 관리가 어려워져 고객 불만이 생길 수 있습니다. 예약 제도 도입 여부를 고민할 때는 식당의 규모, 운영 방식, 고객 특성을 모두 고려해야 합니다.

ChatGPT 활용법

ChatGPT는 예약 제도 도입 여부를 분석하는 데 도움을 줄 수 있습니다. 식당의 특성과 운영 방식에 맞는 장점과 단점을 평가하고, 도입 시 고려해야 할 요소를 제안해 줍니다. 또한, 예약 시스템을 효과적으로 도입할 경우, 최적화된 예약 관리 방법과 고객 만족도를 높이는 예약 절차를 개발하는 데에도 ChatGPT의 도움을 받을 수 있습니다.

구체적인 프롬프트 예시: 실질적인 활용 프롬프트 7가지 제시

1. "소규모 카페에서 예약 시스템을 도입하는 것이 유리할지, 장단점을 분석해 줘."
2. "우리 식당은 점심시간에만 바쁜데, 예약 제도를 도입하면 도움이 될지 검토해 줘."
3. "예약 없이 운영하던 식당인데, 예약을 받으면 어떤 운영상의 변화가 필요할지 알려 줘."
4. "예약 노쇼 문제를 줄이기 위한 효과적인 예약 정책과 시스템 활용 방법을 제안해 줘."
5. "식당 규모가 작아 테이블이 많지 않은데, 예약과 워크인 손님을 어떻게 조율하면 좋을지 알려 줘."
6. "고객이 예약할 때 쉽게 이용할 수 있는 예약 시스템을 추천해 줘. 식당 규모와 특성에 맞게 효율적인 시스템을 찾고 싶어."
7. "온라인 예약 플랫폼을 도입할 때, 장점과 단점 그리고 어떤 플랫폼이 우리 식당에 적합할지 분석해 줘."

기대효과

ChatGPT를 통해 예약 제도 도입을 검토한 한 레스토랑은, 바쁜 시간대에만 예약을 받는 방식으로 운영 방식을 변경했습니다. 결과적으로, 예약과 워크인 손님의 균형을 맞춰 불필요한 대기 시간을 줄였고, 운영의 효율성이 높아졌습니다. 또한, ChatGPT가 추천한 예약 확인 문자 발송 시스템을 도입해 노쇼 문제를 30% 이상 감소시켰습니다. 다른 한 소규모 카페는 ChatGPT의 분석을 통해 예약을 받지 않고 대기 리스트를 활용하는 방식으로 고객 만족도를 높였습니다.

추가 팁

- 예약 노쇼 방지를 위해 사전에 고객에게 알림 메시지를 발송하거나 예약금을 받는 제도를 도입하는 것도 고려해 볼 수 있습니다. ChatGPT에게 노쇼 방지 전략을 물어보세요.
- 혼잡 시간대만 예약을 받는 식당이라면, ChatGPT로 시간대별 예약 정책을 설정해 보세요. 예를 들어, 저녁 시간대에만 예약을 받고, 점심에는 워크인 손님을 우선으로 하는 방식입니다.
- 예약 대기 명단을 활용하는 것도 효과적입니다. 예약이 불가능한 시간대에 대기 명단을 운영해, 빈 테이블이 생길 때 빠르게 고객을 안내할 수 있도록 할 수 있습니다.
- 온라인 예약 플랫폼은 운영 효율을 높일 수 있습니다. ChatGPT를 통해 캐치테이블, Naver 예약, 테이블매니저 등 여러 플랫폼을 비교하고, 식당 규모에 맞는 플랫폼을 선택해 보세요.

77. 고객 대기 시간 관리 및 최적화하기

주제의 중요성

고객 대기 시간은 식당 운영에서 고객 경험에 큰 영향을 미치는 중요한 요소입니다. 대기 시간이 길어지면 고객은 불편함을 느끼고, 나아가 식당을 떠나는 경우도 발생할 수 있습니다. 반대로, 대기 시간을 잘 관리하면 고객은 대기 중에도 식당에 대한 긍정적인 인상을 받으며, 재방문 가능성이 높아집니다. 효율적인 대기 시간 관리는 매출 증가와 고객 만족도 향상에 크게 기여할 수 있습니다.

문제인식

대기 시간이 길어지면 고객 불만이 증가하고, 특히 예약을 받지 않는 경우에는 대기하는 고객들이 식당을 이탈할 가능성이 커집니다. 또한, 바쁜 시간대에 대기 시간이 정확히 예측되지 않으면 고객에게 혼란을 주고, 식당 내부가 혼잡해질 수 있습니다. 효율적으로 대기 시간을 관리하지 않으면 고객 경험을 저하시키고, 매출 손실로 이어질 수 있습니다.

ChatGPT 활용법

ChatGPT는 고객 대기 시간 최적화를 위한 여러 가지 전략을 제안할 수 있습니다. 대기 시간을 줄이기 위한 테이블 회전율 관리, 대기 고객에게 제공할 서비스, 고객의 기대 시간을 정확하게 안내하는 방법 등을 통해 대기 중에도 고객이 만족할 수 있도록 돕습니다. 또한, 대기 명단 관리 시스템이나, 효율적인 자리 배치 등을 ChatGPT를 통해 최적화할 수 있습니다.

구체적인 프롬프트 예시: 실질적인 활용 프롬프트 7가지 제시

1. "바쁜 시간대에 고객 대기 시간을 최소화하고 테이블 회전율을 높일 수 있는 방법을 알려 줘."
2. "대기 중인 고객들이 불편하지 않도록 대기 시간 동안 제공할 서비스나 이벤트를 제안해 줘."
3. "식당에서 대기 명단을 효율적으로 관리할 수 있는 방법과 시스템을 추천해 줘."
4. "대기 중인 고객에게 대기 시간을 정확하게 안내하고, 고객이 이탈하지 않도록 도와주는 방법을 알려 줘."
5. "바쁜 시간대에 예약 손님과 워크인 손님을 동시에 관리하는 최적화된 방법을 제안해 줘."
6. "고객 대기 공간이 협소한 식당에서 고객들이 편안하게 기다릴 수 있는 공간 활용 아이디어를 알려 줘."
7. "대기 중인 고객에게 스마트폰으로 실시간 대기 정보를 제공하는 시스템을 추천해 줘."

기대효과

ChatGPT를 통해 대기 시간 관리 전략을 개선한 한 식당은, 대기 시간을 정확하게 예측해 고객에게 실시간 대기 알림을 제공하는 시스템을 도입했습니다. 이로 인해 고객들이 대기 시간을 더 잘 인지하고 이탈률이 크게 줄어들었습니다. 또한, 대기 중 고객에게 간단한 음료 서비스를 제공하여 대기 시간을 편안하게 보낼 수 있도록 하였고, 이로 인해 고객 만족도가 크게 상승했습니다. 테이블 회전율 관리에도 집중하여, 대기 시간을 줄이면서도 매출을 유지하는 데 성공했습니다.

추가 팁

- 대기 시간 알림 서비스를 통해 고객이 스마트폰으로 실시간으로 대기 상태를 확인할 수 있게 하면, 대기 중 불편함을 줄일 수 있습니다. ChatGPT에게 알림 메시지 내용과 시스템 설정 방법을 문의해 보세요.
- 대기 중 제공 서비스로 간단한 음료나 간식을 제공하거나, Wi-Fi와 충전기 같은 편의시설을 준비하면 고객 불만을 줄일 수 있습니다.
- 대기 공간 활용이 중요합니다. 공간이 협소할 경우, 벽걸이형 좌석이나 소형 테이블을 배치하여 고객들이 편안하게 기다릴 수 있도록 하는 방법을 ChatGPT에게 물어보세요.
- 대기 명단 관리 앱을 사용해 고객이 대기 시간을 예상하고, 순서를 실시간으로 확인할 수 있게 하면 고객 이탈을 방지할 수

있습니다. ChatGPT에게 추천받은 시스템을 적용해 보세요.

78. 서비스 속도 개선 방안 도출하기

주제의 중요성

서비스 속도는 식당에서 고객 만족도를 결정짓는 중요한 요소 중 하나입니다. 빠르고 효율적인 서비스는 고객에게 긍정적인 경험을 제공하고, 테이블 회전율을 높여 매출 증대로 이어집니다. 반면, 서비스가 느리면 고객 불만이 쌓이고, 재방문율이 떨어질 수 있습니다. 서비스 속도 개선은 식당의 운영 효율성을 높이고, 고객 만족도를 향상시키는 필수적인 전략입니다.

문제인식

많은 식당이 서비스 속도 문제로 인해 고객 불만을 겪습니다. 특히 바쁜 시간대에 주문이 누락되거나, 음식 제공 시간이 지연되면 고객이 불만을 제기할 수 있습니다. 주방과 서빙 직원 간의 의사소통 부족, 인력 부족, 또는 주문 처리 시스템의 비효율성이 서비스 속도를 저해하는 주된 원인입니다. 이 문제를 해결하지 않으면 고객 신뢰를 잃을 수 있고, 매출 감소로 이어질 수 있습니다.

ChatGPT 활용법

ChatGPT는 서비스 속도 개선을 위한 구체적인 전략을 제시할 수 있습니다. 주방과 홀 직원 간의 의사소통 강화 방법, 주문 처리 시스템 최적화, 그리고 인력 배치 조정 등을 통해 효율성을 높이는 방안을 제안받을 수 있습니다. 또한, 바쁜 시간대의 운영 효율성을 극대화하기 위한 주방 프로세스 개선 및 테이블 회전율 증가 방안도 ChatGPT를 통해 도출할 수 있습니다.

구체적인 프롬프트 예시: 실질적인 활용 프롬프트 7가지 제시

1. “식당의 주문 처리 시간을 줄이기 위한 효율적인 주문 관리 시스템을 추천해 줘.”
2. “바쁜 시간대에 주방과 서빙 직원 간의 의사소통을 개선해 서비스 속도를 높일 수 있는 방법을 알려 줘.”
3. “메뉴별 준비 시간을 분석해 서비스 속도를 개선할 수 있는 주방 프로세스 최적화 방안을 제안해 줘.”
4. “인력 부족 상황에서 서비스 속도를 유지하기 위한 효과적인 인력 배치와 작업 분담 방법을 추천해 줘.”
5. “서빙 직원이 동시에 많은 테이블을 관리할 수 있는 효율적인 동선 계획을 세워 줘.”
6. “서비스 속도를 높이면서도 고객이 만족할 수 있는 메뉴 구성 변경 또는 간소화 방법을 제안해 줘.”
7. “테이블 회전율을 높이기 위한 서비스 절차 개선과 고객 응대 속도를 빠르게 할 수 있는 방법을 알려 줘.”

기대효과

ChatGPT의 도움으로 서비스 속도 개선 전략을 도입한 한 레스토랑은, 주문 처리 시스템을 개선하여 주방과 서빙 직원 간의 의사소통이 원활해졌습니다. 그 결과, 주문 누락이 줄고 음식 제공 시간이 평균 15% 단축되었습니다. 또한, 메뉴 준비 시간을 분석한 뒤, 준비 시간이 긴 메뉴는 미리 일부 준비해 놓거나 메뉴 구성을 변경해 고객 대기 시간을 줄였습니다. 이 외에도, ChatGPT가 제안한 효율적인 동선 관리로 직원들이 더 빠르게 테이블을 관리할 수 있게 되었으며, 테이블 회전율이 크게 증가해 매출 상승 효과를 거두었습니다.

추가 팁

- 효율적인 주문 관리 시스템을 도입하면 주문이 신속하게 주방으로 전달됩니다. ChatGPT에게 POS 시스템 또는 태블릿 주문 시스템을 추천받아 운영을 자동화해 보세요.
- 주방 프로세스 최적화를 위해 메뉴 준비 시간을 분석하고, 바쁜 시간대에는 미리 준비할 수 있는 요소를 파악해 두세요. ChatGPT는 주방 작업 흐름 개선을 위한 팁을 제공할 수 있습니다.
- 서비스 절차 간소화는 시간이 오래 걸리는 절차를 줄여 서비스 속도를 높일 수 있습니다. 예를 들어, 메뉴를 간소화하거나 사전 준비가 가능한 메뉴를 늘리는 방법을 ChatGPT에게 물어보세요.

• 직원 교육도 중요합니다. ChatGPT로 서비스 속도와 관련된 효율적인 직원 교육 매뉴얼을 만들어, 직원들이 더 빠르고 일관된 서비스를 제공할 수 있도록 돕는 것도 좋은 방법입니다.

79. 디지털 주문 및 결제 시스템 개발을 위한 설계하기

주제의 중요성

디지털 주문 및 결제 시스템은 식당 운영의 효율성을 높이고, 고객 경험을 향상시키는 중요한 도구입니다. 고객이 직접 스마트폰이나 태블릿을 통해 주문하고, 결제까지 한번에 처리할 수 있는 시스템을 도입하면 인력 부담을 줄이고, 주문 처리 속도를 크게 개선할 수 있습니다. 또한, 고객의 편의성이 증가하고, 주문 오류가 줄어들어 고객 만족도와 매출이 함께 상승할 수 있습니다.

문제인식

많은 소상공인 식당은 여전히 전통적인 주문 및 결제 방식을 사용하고 있어, 주문 오류, 지연 그리고 결제 대기 시간이 발생하는 경우가 많습니다. 또한, 직원이 주문을 받는 동안 다른 고객 서비스가 지연되어 서비스 속도가 떨어질 수 있습니다. 고객이 현장에서 줄을 서거나, 오래 기다려야 하는 비효율적인 결제 절차는 고객 불만을 야기하고, 매출 손실로 이어질 수 있습니다. 이러한 문제를 해결하기 위해 디지털 시스템을 도입할 필요가 있습니다.

ChatGPT 활용법

ChatGPT는 디지털 주문 및 결제 시스템을 설계하는 데 필요한 다양한 아이디어를 제공합니다. 적합한 디지털 플랫폼 선택, 고객 UX/UI 디자인, 결제 처리 방식 등을 설계할 수 있습니다. 또한, 다양한 결제 옵션을 추가하고, 고객이 쉽게 사용할 수 있는 QR 코드 결제, 모바일 주문 등의 디지털 솔루션을 도입하는 방법을 구체적으로 제안받을 수 있습니다.

구체적인 프롬프트 예시: 실질적인 활용 프롬프트 7가지 제시

1. "식당에서 QR 코드를 활용한 주문 및 결제 시스템을 도입하려고 해. 고객이 쉽게 사용할 수 있는 시스템 설계 방법을 알려 줘."
2. "디지털 주문 시스템을 도입할 때 고려해야 할 UX/UI 디자인 요소와 사용자의 편의성을 높이는 방법을 제안해 줘."
3. "디지털 결제 시스템에서 카드, 간편 결제, 그리고 모바일 결제 등 다양한 결제 방법을 추가하려면 어떻게 해야 할지 설명해 줘."
4. "디지털 주문 시스템에서 고객이 메뉴를 쉽게 선택하고, 수정할 수 있는 기능을 추가하려고 해. 구체적인 설계 방안을 제시해 줘."
5. "현장 직원이 실시간으로 주문을 확인하고 빠르게 처리할 수 있

는 디지털 주문 시스템의 기능을 설계해 줘."

6. "다국어 지원이 가능한 디지털 주문 시스템을 구축하려고 해. 이를 위한 설계 방법과 고려해야 할 점을 알려 줘."
7. "디지털 주문 데이터를 활용해 고객 맞춤형 추천 메뉴나 할인 혜택을 제공할 수 있는 방법을 제안해 줘."

기대효과

ChatGPT의 도움으로 디지털 주문 및 결제 시스템을 도입한 한 식당은, 고객이 QR 코드를 통해 메뉴를 확인하고 직접 주문할 수 있도록 시스템을 설계했습니다. 그 결과, 주문 처리가 50% 더 빨라졌고, 주문 오류가 줄어들었습니다. 또한, 다양한 결제 옵션을 제공하여 고객의 편의성을 크게 높였고, 이는 결제 대기 시간을 줄이는 데 기여했습니다. 또한, 고객 데이터 분석을 통해 맞춤형 메뉴 추천 기능을 추가하여 평균 주문 금액이 상승했습니다.

추가 팁

- QR 코드 주문 시스템은 고객이 직접 스마트폰으로 메뉴를 보고 주문하는 방식입니다. ChatGPT에게 QR 코드 생성과 시스템 연동 방법을 물어보면 쉽게 도입할 수 있습니다.
- 다양한 결제 옵션(예: 카드, 카카오페이, 삼성페이 등)을 통해 고객 편의성을 높이는 것이 중요합니다. ChatGPT는 여러 결제

시스템을 비교하고, 식당에 적합한 결제 방식을 추천해 줄 수 있습니다.

- 사용자 경험을 고려한 직관적인 UX/UI 디자인은 필수입니다. 메뉴 탐색, 주문 수정, 결제까지의 절차를 간단하고 빠르게 할 수 있는 디자인 아이디어를 ChatGPT에게 요청하세요.
- 고객 데이터를 활용한 맞춤형 서비스를 제공하면 추가 매출을 기대할 수 있습니다. ChatGPT를 통해 주문 패턴을 분석하고, 그에 맞는 추천 메뉴나 할인 혜택을 설계할 수 있습니다.

80. 클레임 및 불만 처리 프로세스 최적화하기

주제의 중요성

식당 운영에서 클레임과 불만 처리는 고객 만족을 유지하고, 신뢰를 쌓는 데 매우 중요한 부분입니다. 빠르고 적절한 대응은 부정적인 경험을 긍정적으로 전환할 수 있으며, 이는 고객 충성도와 재방문율을 높이는 효과를 가져옵니다. 반면, 부적절한 처리나 느린 대응은 고객 불만을 더 키우고, 나아가 평판 손상으로 이어질 수 있습니다. 클레임 처리 프로세스 최적화는 성공적인 식당 운영에 필수적입니다.

문제인식

많은 소상공인 식당에서 클레임 처리 절차가 명확하지 않아, 고객 불만을 신속하고 효과적으로 해결하지 못하는 경우가 발생합니다. 이에 따라 고객이 불쾌한 경험을 하거나, 문제가 반복적으로 발생해 부정적인 리뷰로 이어지는 경우가 많습니다. 또한, 직원들이 상황에 따라 일관되지 않게 대응하여 서비스 품질이 불안정해지거나, 처리 과정에서 고객과의 의사소통이 부족해 불만이 커질 위험도 있습니다.

ChatGPT 활용법

ChatGPT는 식당의 클레임 처리 프로세스를 체계적으로 설계하고, 다양한 상황에 맞는 표준화된 대응 절차를 제시할 수 있습니다. 이를 통해 직원들이 일관된 방식으로 문제를 처리하고, 고객 불만을 최소화할 수 있습니다. 또한, 클레임 발생 시 고객과의 소통 방법, 사후 관리 방안 등을 제공해 고객의 신뢰를 회복하는 데 도움이 됩니다. ChatGPT는 구체적인 상황별 대응 매뉴얼도 만들어 줄 수 있습니다.

구체적인 프롬프트 예시: 실질적인 활용 프롬프트 7가지 제시

1. “음식이 늦게 나와서 고객이 불만을 제기했을 때 대응하는 절차를 단계별로 알려 줘.”

2. "서비스 태도에 대한 클레임을 받았을 때, 이를 효과적으로 해결하고 고객 만족도를 회복하는 방법을 제안해 줘."
3. "음식에 문제가 있을 때, 고객에게 사과하고 신속하게 문제를 해결하는 방법을 구체적으로 설명해 줘."
4. "클레임 후 고객에게 제공할 보상 정책과 적절한 보상 범위를 설정할 수 있는 방법을 알려 줘."
5. "직원들이 클레임 처리 시 일관되게 대응할 수 있도록 클레임 대응 매뉴얼을 작성해 줘."
6. "클레임 처리 후 고객이 재방문하도록 유도할 수 있는 사후 관리 방안을 제안해 줘."
7. "온라인 리뷰나 SNS에서 부정적인 리뷰에 대응하는 최적화된 방안을 알려 줘."

기대효과

ChatGPT를 활용해 클레임 처리 프로세스를 개선한 한 식당은, 고객이 음식에 대한 불만을 제기했을 때 신속한 사과와 보상 제공 절차를 도입했습니다. 그 결과, 고객 불만이 즉각 해결되었고, 재방문율이 상승했습니다. 특히 표준화된 클레임 처리 매뉴얼을 도입하여, 모든 직원이 동일한 절차로 대응함으로써 서비스 품질의 일관성을 유지할 수 있었습니다. 또한, 클레임 후 사후 관리로 고객에게 특별 할인 혜택을 제공하여 충성 고객을 유지하는 데 성공했습니다.

추가 팁

- 상황별 대응 매뉴얼을 ChatGPT를 통해 요청하면, 예상되는 클레임 유형에 맞춘 구체적인 대응 방법을 미리 준비할 수 있습니다.
- 보상 정책을 설정할 때, 과도하거나 부족하지 않도록 적절한 보상 범위를 설정하는 것이 중요합니다. ChatGPT에게 다른 식당 사례를 참고한 보상 가이드라인을 물어보세요.
- 사후 관리는 클레임 처리의 중요한 부분입니다. ChatGPT에게 재방문 유도 전략을 요청해, 문제 해결 후 고객에게 쿠폰이나 혜택을 제공하는 방법을 설계할 수 있습니다.
- 부정적 리뷰 관리도 중요합니다. ChatGPT를 통해 SNS나 리뷰 사이트에서 부정적인 댓글에 프로페셔널하게 대응하는 방법을 미리 준비하면, 온라인 평판을 긍정적으로 유지할 수 있습니다.

81. 고객 맞춤형 서비스 제공 방안

주제의 중요성

고객 맞춤형 서비스는 식당이 고객 경험을 향상시키고, 충성 고객을 확보하는 데 중요한 전략입니다. 고객이 개인화된 서비스를 받는다고 느끼면, 식당에 대한 만족도와 재방문율이 높아집니다. 특히, 고객의 취향과 요구에 맞춘 개인화된 메뉴 추천,

특별한 서비스는 경쟁이 치열한 외식업에서 차별화된 장점이 될 수 있습니다. 맞춤형 서비스는 고객의 기대를 뛰어넘는 경험을 제공하여 브랜드 충성도를 높이는 강력한 도구입니다.

문제인식

대부분의 소상공인 식당에서는 일반적인 서비스를 제공하기 때문에, 고객의 개별 취향을 반영하지 못하는 경우가 많습니다. 이는 고객에게 특별한 경험을 주지 못하고, 차별화된 경쟁력을 잃게 됩니다. 또한, 고객의 요구나 선호도를 파악하지 않고 일괄적으로 제공되는 서비스는 고객 만족도를 저하시킬 수 있습니다. 이러한 문제는 고객 유지와 재방문율에 악영향을 미칠 수 있습니다.

ChatGPT 활용법

ChatGPT를 통해 고객 맞춤형 서비스를 제공하기 위한 다양한 아이디어와 전략을 도출할 수 있습니다. 고객의 주문 이력, 선호도, 특별한 요청 등을 분석하여 개인화된 메뉴 추천이나 맞춤형 혜택을 제공하는 방안을 설계할 수 있습니다. 또한, 특별한 기념일이나 이벤트에 맞춘 맞춤형 서비스를 제공하는 방법도 ChatGPT가 구체적으로 제안할 수 있습니다.

구체적인 프롬프트 예시: 실질적인 활용 프롬프트 7가지 제시

1. "고객의 주문 이력을 분석해 맞춤형 메뉴를 추천하는 방법을 제안해 줘."
2. "단골 고객에게 특별한 혜택을 제공할 수 있는 맞춤형 서비스 아이디어를 추천해 줘."
3. "고객 생일이나 기념일에 맞춘 특별한 이벤트나 서비스를 제공하는 방법을 알려 줘."
4. "채식주의자나 특정 알레르기가 있는 고객을 위한 맞춤형 메뉴 추천 방안을 제안해 줘."
5. "고객별로 선호하는 좌석이나 공간을 미리 설정해 주는 맞춤형 좌석 배치 시스템을 만들어 줘."
6. "고객이 재방문할 때 그들의 선호 메뉴를 기억하고 추천하는 시스템을 설계해 줘."
7. "고객의 취향을 반영한 음료나 디저트를 맞춤형으로 제공할 수 있는 방법을 제안해 줘."

기대효과

ChatGPT를 통해 고객 맞춤형 서비스를 도입한 한 식당은, 고객의 주문 기록을 바탕으로 개인화된 메뉴 추천 시스템을 구축하여 재방문 고객들의 만족도를 크게 향상시켰습니다. 예를 들어, 채식주의 고객에게 맞춤형 채식 메뉴를 제안하고, 특정 알레르기 정보를 저장해 안전한 메뉴 선택을 도왔습니다. 또한, 단골 고객에게는 특별 할인 혜택을 제공하고, 생일이나 기념일에는 무료 디저트와 같은 작은 선물을 제공하여 고객 충성도를 높이는 데 성공했습니다. 이러한 맞춤형 서비스는 고객의 긍정적인 리뷰를 이끌어내고, 재방문율이 증가하는 결과를 가져왔습니다.

추가 팁

- 고객 데이터를 효과적으로 수집하고 활용하는 것이 중요합니다. 고객의 주문 이력이나 선호도를 저장하고 분석할 수 있는 시스템을 ChatGPT에게 추천받아 구축해 보세요.
- 단골 고객 관리를 위한 특별 혜택 제공 방안을 ChatGPT에게 물어보아, 포인트 시스템이나 쿠폰 제공 등의 개인화된 혜택을 설계할 수 있습니다.
- 맞춤형 메뉴 추천 시 고객의 식사 패턴이나 특별 요청을 기억하고 반영하는 것이 중요합니다. 이를 자동화할 수 있는 시스템을 설계하면 편리하게 관리할 수 있습니다.
- 기념일 맞춤 서비스는 고객에게 큰 감동을 줄 수 있습니다. 생일이나 특별한 날에 고객이 방문할 경우 축하 메시지와 함께 특별한 선물을 제공해 보세요. ChatGPT는 이러한 맞춤형 기념일 이벤트 아이디어를 제공할 수 있습니다.

82. 고객 만족도 측정 및 평가 시스템 설계하기

주제의 중요성

고객 만족도는 식당의 서비스 품질과 운영 성과를 평가하는 중요한 지표입니다. 이를 체계적으로 측정하고 평가하는 시스템을 도입하면, 고객의 경험을 지속적으로 개선하고 충성 고객을 확보할 수 있습니다. 고객 만족도 측정 시스템은 고객 피드백을 기반으로 서비스와 메뉴, 환경을 개선하는 방향을 제시하며, 이를 통해 식당 운영의 성공 여부를 객관적으로 평가할 수 있습니다.

문제인식

많은 소상공인 식당에서 체계적인 고객 만족도 측정이 이루어지지 않아, 고객의 피드백을 제대로 반영하지 못하는 경우가 많습니다. 이로 인해 서비스 개선 기회를 놓치거나, 문제점을 미리 인식하지 못해 고객 이탈로 이어질 수 있습니다. 또한, 정확한 데이터를 수집하지 못하면 서비스 향상을 위한 구체적인 방향을 설정하기 어렵습니다.

ChatGPT 활용법

ChatGPT를 사용하면 고객 만족도 측정 및 평가 시스템을 체계적으로 설계할 수 있습니다. 설문지 작성부터 데이터 분석 방법까지, 다양한 측정 방식을 제안받을 수 있습니다. 또한, 만족도 조사 결과를 기반으로 개선점을 도출하고, 고객이 어떤 부분에서 만족하는지 또는 불만족하는지를 명확히 파악할 수 있습니다. ChatGPT는 고객 피드백 관리를 위한 구체적인 방안을 제시해 고객 만족도를 지속적으로 모니터링하는 데 도움을 줄 수 있습니다.

구체적인 프롬프트 예시: 실질적인 활용 프롬프트 7가지 제시

1. "식당에서 고객 만족도를 효과적으로 측정하기 위한 설문지 문항을 설계해 줘."
2. "고객 만족도 조사를 위해 설문지와 함께 사용할 디지털 플랫폼을 추천해 줘."
3. "식사 후 간단한 피드백을 받을 수 있는 QR 코드 설문 시스템을 설계해 줘."
4. "고객 만족도 조사에서 중요한 평가 지표와 이를 분석하는 방법을 알려 줘."
5. "고객 불만 사항을 데이터로 분석해 서비스 개선 방향을 설정할 수 있는 방법을 제안해 줘."
6. "설문 결과를 바탕으로 고객에게 맞춤형 서비스를 제공하거나 개선된 혜택을 제안하는 방법을 알려 줘."
7. "정기적으로 고객 만족도를 평가하고, 이 결과를 바탕으로 서비스 개선을 실행할 수 있는 시스템을 설계해 줘."

기대효과

ChatGPT를 통해 고객 만족도 측정 시스템을 도입한 한 식당은, QR 코드를 활용한 간편한 설문지 시스템을 통해 고객의 실시간 피드백을 수집했습니다. 그 결과, 서비스와 음식 품질에 대한 구체적인 문제점을 파악하여, 이를 즉각 개선할 수 있었습니다. 또한, 고객 설문 결과를 바탕으로 개선된 메뉴와 서비스 절차를 도입하여 고객 만족도가 20% 이상 상승했습니다. 정기적인 만족도 평가 시스템을 통해 식당의 서비스 품질을 꾸준히 모니터링하면서, 지속적인 개선을 이뤄냈습니다.

추가 팁

- 고객 만족도 설문지 작성 시, 짧고 간결하면서도 중요한 정보를 얻을 수 있는 질문을 설계하는 것이 중요합니다. ChatGPT에게 식당에 맞는 설문지 예시를 요청해 보세요.
- 디지털 설문 시스템을 도입하면 피드백 수집이 더 쉬워집니다. ChatGPT는 QR 코드 기반 설문 시스템이나 이메일, SMS 설문 방법을 추천해 줄 수 있습니다.
- 정기적인 만족도 조사를 통해 트렌드와 고객 니즈 변화를 파악할 수 있습니다. ChatGPT에게 주기별 평가 방법과 결과 분석 방안을 요청하세요.
- 피드백 기반 맞춤형 서비스를 제공해 고객 만족도를 높일 수 있습니다. 설문 결과를 활용해 고객에게 맞춤형 혜택이나 프로모션을 제공하는 방법을 ChatGPT로 설계해 보세요.

83. 서비스 매뉴얼 개발 및 직원 교육 자료 제작하기

주제의 중요성

서비스 매뉴얼은 식당 운영의 일관성과 서비스 품질을 유지하기 위한 필수 도구입니다. 잘 작성된 매뉴얼은 직원들이 명확한 지침을 따르도록 도와주며, 새로운 직원도 빠르게 적응할 수 있도록 지원합니다. 또한, 직원 교육 자료는 매뉴얼을 기반으로 직원들이 필요한 스킬과 지식을 체계적으로 학습할 수 있게 만들어 서비스 품질을 높이고, 고객 만족도를 유지하는 데 중요한 역할을 합니다.

문제인식

많은 소상공인 식당에서 서비스 매뉴얼이 없거나 불완전한 경우가 많습니다. 이로 인해 직원들이 일관성 없이 서비스를 제공하거나, 고객 응대 시 혼란을 겪을 수 있습니다. 특히, 신입 직원 교육 시 구체적인 자료가 없으면 교육 시간이 길어지고, 서비스 품질에 차이가 발생하게 됩니다. 명확한 기준이 없으면 직원 간 서비스 방식의 차이가 생겨 고객 경험이 불안정해질 수 있습니다.

ChatGPT 활용법

ChatGPT를 활용하면 식당의 운영 방식과 서비스 수준에 맞는 서비스 매뉴얼을 체계적으로 개발할 수 있습니다. 또한, 직원 교육 자료를 만들 때 필요한 핵심 항목, 상황별 대응 지침, 서비스 절차 등을 포함한 자료를 생성해 신입 직원의 교육 효율성을 높일 수 있습니다. ChatGPT는 고객 응대 방식, 클레임 처리, 주문 절차 등을 구체적으로 매뉴얼에 포함시킬 수 있는 아이디어를 제시합니다.

구체적인 프롬프트 예시: 실질적인 활용 프롬프트 7가지 제시

1. "식당의 전반적인 서비스 절차를 매뉴얼로 작성하려고 해. 고객 응대, 주문 처리, 음식 제공 절차를 포함한 매뉴얼 초안을 만들어 줘."
2. "직원들이 쉽게 따라할 수 있는 상황별 서비스 대응 매뉴얼을 만들어 줘. 특히 클레임 처리 절차를 강조해 줘."
3. "신입 직원을 위한 기본 교육 자료를 작성해 줘. 서비스 태도, 기본 응대 방법, 메뉴 설명 등의 항목을 포함해 줘."
4. "고객 주문 시 놓치기 쉬운 사항들을 방지하기 위한 체크리스트 형식의 주문 처리 매뉴얼을 설계해 줘."
5. "고객 불만 처리 상황에서 신속하고 적절한 대응을 위한 단계별 클레임 처리 매뉴얼을 만들어 줘."
6. "테이블 회전율을 높이기 위한 효율적인 서비스 제공 방법을 포

함한 직원 교육 자료를 만들어 줘."
7. "직원들이 서비스 과정에서 주의해야 할 매너와 에티켓을 담은 교육 자료를 작성해 줘."

기대효과

ChatGPT를 활용해 서비스 매뉴얼과 직원 교육 자료를 제작한 한 식당은, 신입 직원들이 일관된 서비스를 제공할 수 있도록 체계적인 교육을 진행했습니다. 매뉴얼에는 고객 응대, 주문 절차, 클레임 처리 방법이 구체적으로 담겨 있어, 직원들이 표준화된 절차를 따라 고객을 응대할 수 있었습니다. 또한, 서비스 매뉴얼을 도입한 후 서비스 품질이 일관성을 유지하면서 고객 만족도가 향상되었습니다. 신입 직원의 적응 시간도 단축되어 효율적인 인력 관리가 가능해졌습니다.

추가 팁

- 서비스 절차 매뉴얼을 만들 때, 고객 응대의 각 단계를 상세히 설명하는 것이 중요합니다. 예를 들어, 첫인사부터 주문, 음식 제공, 결제까지의 모든 절차를 단계별로 작성하세요. ChatGPT는 이런 절차를 쉽게 정리해 줍니다.
- 체크리스트 형식의 매뉴얼을 만들면 직원들이 중요한 부분을 놓치지 않도록 할 수 있습니다. 특히, 주문 처리나 테이블 정리 같은 반복 업무에 효과적입니다.

- 직원 교육 자료에 상황별 시나리오를 추가해 실전과 같은 교육을 할 수 있습니다. 예: “고객이 음식을 반품할 때 대응 방법” 같은 시나리오를 ChatGPT에게 요청해 보세요.
- 정기적인 매뉴얼 업데이트도 중요합니다. 고객 피드백과 시장 변화에 맞춰 매뉴얼을 개선하고, ChatGPT를 활용해 새로운 상황에 맞는 매뉴얼 항목을 지속적으로 추가할 수 있습니다.

제8장

ChatGPT를 활용한 인적 자원 관리

제8장

ChatGPT를 활용한 인적 자원 관리

84. 채용 및 면접 프로세스 설계하기

주제의 중요성

채용 및 면접 프로세스는 식당 운영의 성공을 좌우하는 중요한 단계입니다. 올바른 인재를 채용하면 서비스 품질과 고객 만족도가 높아지고, 팀워크가 잘 이루어져 운영 효율성이 향상됩니다. 반면, 비효율적인 채용 절차나 잘못된 인재 채용은 업무 능률을 떨어뜨리고, 직원 이탈을 높이며 운영에 부정적인 영향을 미칠 수 있습니다. 체계적인 채용 및 면접 프로세스를 설계하면 식당에 적합한 인재를 쉽게 찾을 수 있습니다.

문제인식

많은 소상공인 식당에서는 채용 절차가 명확하지 않거나 면접 과정이 일관되지 않아, 적합한 인재를 선발하는 데 어려움을 겪습니다. 이를 통해 직원이 빠르게 이탈하거나, 서비스 품질이 불안정해지는 문제가 발생합니다. 또한, 면접 시 중요한 평가 기준이 정립되지 않으면 후보자의 역량을 제대로 평가하지 못해 부적합한 인재를 채용할 가능성이 높아집니다. 이는 식당 운영에 있어 시간과 비용의 손실로 이어질 수 있습니다.

ChatGPT 활용법

ChatGPT는 체계적인 채용 프로세스를 설계하는 데 유용한 도구입니다. 채용 공고 작성부터 면접 질문 리스트, 평가 기준 설정까지, 채용 과정의 각 단계를 세밀하게 설계할 수 있습니다. 특히, 면접 시 후보자의 역량과 적합성을 평가할 수 있는 질문을 제안받아, 효과적인 인재 선발이 가능합니다. 또한, 직무에 따른 요구사항과 필요한 역량에 맞춘 맞춤형 채용 절차를 구축하는 방법도 ChatGPT가 도움을 줄 수 있습니다.

프롬프트 예시

1. "식당 직원 채용 공고를 작성하려고 해. 구체적인 직무 설명과 필요한 자격 요건을 포함한 공고문을 만들어 줘."
2. "서빙 직원을 채용할 때 면접에서 물어볼 적합한 질문 10가지를 제안해 줘."
3. "주방 보조 직원을 채용할 때 필요한 역량을 평가할 수 있는 면접 질문과 평가 방법을 알려 줘."

4. “고객 응대 경험이 중요한 직무에서 면접 시 지원자의 소통 능력을 평가하는 방법을 제안해 줘.”
5. “면접 과정에서 신입 직원의 성격과 팀워크 적합성을 평가할 수 있는 질문 리스트를 만들어 줘.”
6. “최종 면접 후 후보자를 평가하고 선발하는 기준을 정하는 데 도움을 줘.”
7. “채용 후 직원이 빠르게 적응할 수 있도록 초기 교육 계획을 어떻게 세우면 좋을지 알려 줘.”

기대효과

ChatGPT를 통해 체계적인 채용 및 면접 프로세스를 도입한 한 식당은, 직무별로 맞춤형 질문 리스트를 활용하여 후보자의 역량을 더욱 정확하게 평가할 수 있었습니다. 예를 들어, 서빙 직원 채용 시 고객 응대 능력을 중점적으로 평가하는 질문과 시나리오를 활용해 적합한 인재를 선발했습니다. 또한, 면접 과정에서 성격과 팀워크를 함께 평가함으로써 조직 적합성이 높은 직원을 채용하는 데 성공했습니다. 이를 통해 직원 이탈률이 줄어들고, 서비스 품질이 일관되게 유지되었습니다.

추가 팁

- 채용 공고 작성 시, 직무에 맞는 구체적인 역할 설명과 필요 역량을 명확히 기재하세요. ChatGPT는 이를 바탕으로 직무 설명

템플릿을 제공할 수 있습니다.

- 면접 시나리오를 만들어 실제 상황에서 후보자의 대응 능력을 평가할 수 있습니다. 예를 들어, 고객 불만 처리 상황을 설정하고 이에 대해 지원자의 대처 방식을 평가하는 면접 방식입니다.
- 후보자 평가 기준을 설정해 면접 후 객관적으로 평가할 수 있는 매트릭스를 사용해 보세요. ChatGPT는 여러 평가 항목을 제안하고 이를 통해 채용 후 성과를 예측할 수 있습니다.
- 팀워크와 성격 평가도 중요합니다. ChatGPT는 성격 유형과 팀워크 관련 질문을 만들어, 식당 내 조직 문화에 적합한 인재를 찾을 수 있도록 도와줍니다.

85. 직원 교육 프로그램 개발하기

주제의 중요성

직원 교육 프로그램은 식당 운영의 서비스 품질을 일관되게 유지하고, 직원들의 역량을 강화하는 데 필수적입니다. 잘 구성된 교육 프로그램은 직원들이 효율적으로 업무를 수행하도록 돕고, 고객 만족도를 높이는 데 기여합니다. 특히, 신입 직원이 빠르게 적응하고 기존 직원의 역량을 지속적으로 개선하기 위해 체계적인 교육 프로그램이 필요합니다. 이는 식당 운영의 성공과 고객 충성도를 높이는 중요한 전략입니다.

문제인식

많은 소상공인 식당에서 체계적인 교육 프로그램이 부족하거나, 일관성 없는 교육으로 인해 직원들이 서비스 품질을 제대로 유지하지 못하는 경우가 많습니다. 신입 직원이 업무 적응에 어려움을 겪거나, 기존 직원의 업무 능력 향상이 더딘 문제도 발생할 수 있습니다. 이러한 문제는 서비스 품질 저하로 이어져 고객 불만을 유발하고, 나아가 직원 이탈률을 높이는 원인이 될 수 있습니다.

ChatGPT 활용법

ChatGPT는 직원 교육 프로그램을 체계적으로 설계할 수 있도록 도와줍니다. 신입 직원 온보딩 교육, 서비스 교육, 주방 운영 교육 등 각 분야별로 맞춤형 교육 과정을 개발할 수 있습니다. 또한, 교육 자료 제작, 상황별 시나리오 훈련 등 실제 업무에 바로 적용 가능한 교육 방법을 제시하여, 직원들이 효율적으로 학습하고 성과를 낼 수 있도록 지원합니다. 이를 통해 체계적이고 일관된 직원 교육 프로그램을 구축할 수 있습니다.

프롬프트 예시

1. "신입 직원을 위한 기본 온보딩 교육 프로그램을 설계해 줘. 서비스 절차와 매장 규정을 포함해 줘."

2. "고객 응대 교육에서 직원들이 알아야 할 기본 원칙과 상황별 대응 방법을 포함한 교육 자료를 만들어 줘."
3. "주방 보조 직원을 위한 기본 위생 교육과 효율적인 주방 운영 방법을 포함한 교육 프로그램을 제안해 줘."
4. "직원들이 메뉴에 대해 잘 설명할 수 있도록, 각 메뉴에 대한 교육 자료와 설명 방법을 설계해 줘."
5. "서비스 속도를 높이기 위한 동선 관리 및 효율적인 업무 분담 방법을 포함한 교육 과정을 만들어 줘."
6. "고객 불만이나 클레임 발생 시 직원들이 신속하게 대응할 수 있도록 단계별 대응 훈련 프로그램을 작성해 줘."
7. "직원들의 지속적인 역량 강화를 위해 정기적인 교육 프로그램을 어떻게 설계하면 좋을지 알려 줘."

기대효과

ChatGPT를 통해 직원 교육 프로그램을 도입한 한 식당은, 신입 직원들이 효율적으로 업무에 적응할 수 있도록 온보딩 교육을 체계적으로 구성했습니다. 특히 고객 응대와 주방 운영 교육을 통해 직원들의 서비스 품질이 크게 향상되었으며, 정기적인 교육을 통해 기존 직원들도 지속적인 역량 강화를 이루었습니다. 이로 인해 고객 만족도와 직원 만족도가 동시에 증가했고, 결과적으로 이직률 감소와 매출 증대로 이어졌습니다.

추가 팁

- 신입 직원 온보딩에서 중요한 부분은 식당의 규정과 절차를 명확히 전달하는 것입니다. ChatGPT에게 온보딩 과정의 필수 항목을 요청해 효율적인 첫 교육을 설계해 보세요.
- 상황별 대응 훈련은 고객 불만 처리 등 실전에서 일어날 수 있는 상황을 가상으로 설정해 직원들이 대응 방식을 배우는 방식입니다. ChatGPT를 통해 다양한 시나리오를 만들고 연습할 수 있습니다.
- 정기적인 교육 프로그램은 직원들의 서비스 수준을 유지하는 데 필수입니다. ChatGPT는 주기적인 교육 내용과 주제를 제안하여 지속적인 학습 문화를 만들 수 있도록 돕습니다.
- 교육 평가 시스템도 도입하여, 직원들이 교육 후 얼마나 효과적으로 학습했는지를 평가하고 개선할 부분을 파악하는 것이 중요합니다. ChatGPT는 교육 후 평가 방법과 기준도 제공할 수 있습니다.

86. 인센티브 및 성과 관리 시스템 설계하기

주제의 중요성

인센티브 및 성과 관리 시스템은 직원들이 동기부여를 받고, 최고의 성과를 내도록 하는 중요한 도구입니다. 체계적인 인센티브 시스템은 직원들이 더 나은 서비스를 제공하고, 목표 달성을 위해 노력하는 데 도움을 줍니다. 또한, 성과 관리를 통해 직원들의 업무 성과를 평가하고, 성과에 맞춘 보상을 제공함으로써 직원 만족도를 높일 수 있습니다. 이는 식당 운영의 효율성과 매출 증대로 이어집니다.

문제인식

많은 소상공인 식당에서는 명확한 인센티브 제도나 성과 관리 시스템이 없어, 직원들이 동기부여를 받지 못하거나, 성과에 따른 공정한 평가와 보상이 이루어지지 않는 경우가 많습니다. 이러한 문제는 직원들의 사기 저하로 이어지며, 서비스 품질 저하와 직원 이탈의 원인이 될 수 있습니다. 인센티브와 성과 평가 시스템이 없으면 공정한 보상이 어렵고, 직원들의 장기적인 성장도 저해될 수 있습니다.

ChatGPT 활용법

ChatGPT는 식당 운영에 맞는 인센티브 제도와 성과 관리 시스템을 설계하는 데 유용한 아이디어를 제공할 수 있습니다. 직원들의 성과를 측정할 지표 설정부터 인센티브 종류, 성과 평가 방법까지 체계적으로 설계할 수 있습니다. 이를 통해 직원들의 성과를 공정하게 평가하고, 동기부여를 할 수 있는 인센티브 구조를 도입할 수 있습니다. 매출 목표, 고객 만족도, 서비스 품질 등 다양한 지표를 바탕으로 맞춤형 성과 관리 시스템을 구축할 수 있습니다.

구체적인 프롬프트 예시: 실질적인 활용 프롬프트 7가지 제시

1. "직원들이 매출 목표 달성 시 받을 수 있는 인센티브 제도를 설계해 줘. 보너스나 휴가 같은 보상을 포함해 줘."
2. "서비스 품질과 고객 만족도를 기준으로 직원 성과를 평가할 수 있는 지표와 그에 따른 인센티브 제도를 만들어 줘."
3. "직원 성과 평가 시 고려할 중요한 요소들을 알려 주고, 이를 바탕으로 평가 시스템을 설계해 줘."
4. "매월 우수 직원을 선정해 인센티브를 제공하려고 해. 우수 직원을 평가하고 보상할 기준을 제안해 줘."
5. "팀 단위로 성과를 관리하고 보상할 수 있는 팀 성과 인센티브 시스템을 설계해 줘."
6. "신입 직원과 기존 직원의 성과 평가 기준을 다르게 설정하고, 각각에 맞는 인센티브 구조를 제안해 줘."
7. "직원들의 지속적인 성과 향상을 위해 인센티브와 함께 교육 기회를 제공하는 보상 시스템을 설계해 줘."

기대효과

ChatGPT의 도움으로 인센티브 및 성과 관리 시스템을 도입한 한 식당은, 매출 목표를 달성한 직원에게 보너스와 유급 휴가를 제공하는 제도를 설계하여 직원들의 동기부여를 크게 향상시켰습니다. 또한, 고객 만족도와 서비스 품질을 기준으로 성과를 평가하고, 이를 바탕으로 매월 우수 직원을 선정하여 추가 보상을 제공함으로써 서비스 품질이 눈에 띄게 개선되었습니다. 결과적으로 직원들의 사기가 높아지고, 재방문율이 증가하며 매출 상승 효과를 거두었습니다.

추가 팁

- 매출 목표 외에도 고객 피드백이나 서비스 속도 등 구체적인 성과 지표를 설정하는 것이 중요합니다. ChatGPT에게 적합한 성과 지표를 제안받아 각 지표별로 점수를 부여할 수 있습니다.
- 인센티브는 금전적인 보상뿐 아니라 교육 기회, 승진 기회 등 비금전적 보상도 포함하는 것이 효과적입니다. ChatGPT는 다양한 인센티브 방안을 제시할 수 있습니다.
- 팀 단위 성과 관리는 팀워크를 강화할 수 있는 좋은 방법입니다. 팀 목표를 설정하고 팀 단위로 보상을 제공하는 방법을 ChatGPT에게 요청해 보세요.
- 정기적인 성과 평가를 통해 공정한 보상이 이루어지도록 하고, 평가 기준과 보상 구조를 주기적으로 업데이트하여 직원들의 만족도와 동기부여를 유지하세요.

87. 근무 일정표 작성 및 직원 배치 최적화하기

주제의 중요성

근무 일정표 작성과 직원 배치 최적화는 식당 운영의 효율성을 높이고 서비스 품질을 유지하는 데 중요한 요소입니다. 적절한 인력 배치는 직원의 업무 부담을 줄이고, 고객 만족도를 높이며, 운영 효율성을 극대화할 수 있습니다. 특히 바쁜 시간대에는 충분한 인력을 배치하여 신속한 서비스를 제공하고, 한가한 시간에는 인력을 효율적으로 조정해 비용 절감을 도모할 수 있습니다.

문제인식

많은 소상공인 식당에서 비효율적인 근무 일정표 작성과 인력 배치 문제로 인해 서비스 품질이 저하되고, 직원들이 과도한 업무를 겪는 경우가 많습니다. 바쁜 시간대에 인력이 부족하거나, 한가한 시간에 인력이 과잉 배치되어 운영 효율성이 떨어질 수 있습니다. 이로 인해 직원의 피로 누적과 고객 불만이 발생할 수 있으며, 장기적으로는 직원 이탈과 비용 증가로 이어질 수 있습니다.

ChatGPT 활용법

ChatGPT는 근무 일정표 작성 및 직원 배치 최적화를 체계적으로 도와줄 수 있습니다. 고객 수요 예측과 시간대별 업무량을 고려한 인력 배치 방안을 제안하고, 효율적인 스케줄링 시스템을 구축할 수 있도록 지원합니다. 또한, 직원의 근무 선호도와 휴무 일정을 반영해 균형 잡힌 근무표를 작성할 수 있으며, 바쁜 시간대와 한가한 시간대에 맞는 최적의 인력 배치 전략을 ChatGPT를 통해 얻을 수 있습니다.

구체적인 프롬프트 예시: 실질적인 활용 프롬프트 7가지 제시

1. "고객이 가장 많이 몰리는 시간대에 맞춰 직원 근무 시간을 효율적으로 배치할 수 있는 방법을 제안해 줘."
2. "주중과 주말의 매출 차이를 고려해, 한가한 시간대와 바쁜 시간대에 맞는 직원 배치 계획을 세워 줘."
3. "직원의 근무 선호도와 휴무 일정을 반영해 균형 잡힌 주간 근무표를 작성하는 방법을 알려 줘."
4. "인력 부족 상황에서도 효율적으로 식당을 운영할 수 있도록 직원 배치를 최적화하는 방법을 제안해 줘."
5. "서빙, 주방, 청소 등 역할별로 적절한 인원을 배치하는 방안을 시간대별로 구분해 설계해 줘."
6. "식당의 성수기와 비수기에 맞춰 유연하게 인력 배치를 조정할 수 있는 시스템을 만들어 줘."
7. "직원 피로도를 줄이기 위한 근무 시간 관리와 교대 근무 스케줄 작성 방법을 알려 줘."

기대효과

ChatGPT를 통해 근무 일정표와 인력 배치를 최적화한 한 식당은 바쁜 시간대에 충분한 인력을 배치해 고객 대기 시간을 줄이고, 한가한 시간대에는 인력을 최소화하여 비용을 절감했습니다. 또한, 직원들의 근무 선호도를 반영해 근무 만족도를 높였고, 그 결과 직원 이탈률이 감소하고, 고객 서비스 품질이 개선되었습니다. 시간대별 업무량을 정확히 예측하고, 이를 바탕으로 효율적인 스케줄링 시스템을 구축한 덕분에, 운영 효율성도 크게 향상되었습니다.

추가 팁

- 고객 수요 예측을 바탕으로 바쁜 시간대와 한가한 시간대를 나누어 맞춤형 근무표를 작성하는 것이 중요합니다. ChatGPT에게 과거 매출 데이터를 기반으로 시간대별 예측을 요청해 보세요.
- 직원 피로도 관리를 위해 교대 근무를 체계적으로 설계하는 것이 중요합니다. ChatGPT로 교대 근무표를 설계하여 직원들의 피로를 줄일 수 있는 방법을 제안받아보세요.
- 직무별로 세분화된 스케줄을 만들어 서빙, 주방, 청소 등 필요한 업무별 인원 배치를 최적화하면 운영 효율을 극대화할 수 있습니다.
- 성수기와 비수기에 맞춰 유연하게 인력 배치를 조정하는 것도 필요합니다. ChatGPT를 통해 성수기 대비 인력 확충 계획을

수립하고, 비수기에는 최소 인력 운영 방안을 설계해 보세요.

88. 직원 복지 및 만족도 관리하기

주제의 중요성

직원 복지와 만족도 관리는 식당 운영에서 장기적인 성공과 운영 효율성을 유지하는 중요한 요소입니다. 직원들이 행복하게 일할 수 있는 환경이 조성되면, 그들은 더 높은 생산성과 서비스 품질을 제공하며, 결과적으로 고객 만족도도 상승하게 됩니다. 또한, 적절한 복지와 직원 만족도 관리 시스템은 직원 이탈률을 줄이고, 팀워크와 직무 충성도를 높여줍니다.

문제인식

많은 소상공인 식당에서 직원 복지가 충분히 제공되지 않거나, 만족도 관리 시스템이 체계적으로 마련되지 않은 경우가 많습니다. 이는 직원들이 스트레스를 받거나 업무 불만을 느끼게 만들고, 결과적으로 이직률이 높아질 수 있습니다. 직원들이 복지 혜택을 받지 못하면 동기부여가 떨어지고, 서비스 품질 저하와 함께 운영 불안정으로 이어질 수 있습니다.

ChatGPT 활용법

ChatGPT는 직원 복지 프로그램을 설계하고, 만족도 관리 시스템을 개발하는 데 필요한 다양한 아이디어와 실질적인 방안을 제안할 수 있습니다. 복지 혜택을 제공하는 방법, 직원 복지 설문조사 설계, 정기적인 만족도 평가 및 이를 통해 개선 방안 도출까지 체계적인 관리 방안을 마련할 수 있습니다. 이를 통해 직원들이 만족스러운 근무 환경에서 일할 수 있도록 하고, 이직률을 감소시키며 서비스 품질을 유지할 수 있습니다.

구체적인 프롬프트 예시: 실질적인 활용 프롬프트 7가지 제시

1. "직원들에게 제공할 수 있는 현실적인 복지 혜택을 설계해 줘. 예를 들어, 휴가, 식사 제공, 건강 관리 지원 등을 포함해 줘."
2. "직원 만족도를 정기적으로 측정하기 위한 설문조사를 설계해 줘. 근무 환경, 복지, 서비스 만족도 항목을 포함해 줘."
3. "직원들의 스트레스를 줄이고 사기를 높일 수 있는 직장 내 프로그램(예: 워크숍, 사내 행사)을 추천해 줘."
4. "직원들이 성장할 수 있도록 교육 기회나 자기 개발 프로그램을 제공할 방법을 제안해 줘."
5. "업무 외 시간에 직원들이 사용할 수 있는 복지 프로그램을 개발하는 방안을 알려 줘."
6. "식당 운영에서 직원 이탈률을 줄이고 장기적으로 근무할 수 있도록 직원 복지 체계를 강화하는 방법을 제안해 줘."

7. "정기적인 직원 면담을 통해 피드백을 받고 이를 바탕으로 근무 환경을 개선하는 시스템을 설계해 줘."

기대효과

ChatGPT의 도움으로 직원 복지 및 만족도 관리 시스템을 도입한 한 식당은, 직원들에게 식사 제공, 유급 휴가, 그리고 건강 관리 지원 등의 복지 혜택을 제공함으로써 직원 만족도를 크게 향상시켰습니다. 또한, 정기적인 만족도 설문조사와 면담을 통해 직원들의 의견을 반영하여 근무 환경을 개선하였고, 그 결과 이직률이 감소하고, 직원들의 업무 충성도가 높아졌습니다. 이러한 복지 프로그램과 만족도 관리 시스템을 통해 직원들은 장기적으로 근무하게 되었으며, 고객에게도 더 높은 품질의 서비스를 제공할 수 있었습니다.

추가 팁

- 유급 휴가 및 탄력 근무제 같은 복지 프로그램을 통해 직원의 워크-라이프 밸런스를 유지하는 것이 중요합니다. ChatGPT는 적합한 복지 혜택 옵션을 제안할 수 있습니다.
- 정기적인 만족도 조사는 직원들의 의견을 파악하는 좋은 방법입니다. ChatGPT를 통해 설문 문항을 설계하고, 이를 통해 개선할 사항을 도출할 수 있습니다.
- 직원 교육과 자기 개발 프로그램은 장기적인 성장을 도모하는

중요한 복지 혜택입니다. ChatGPT를 통해 적합한 교육 기회와 온라인 학습 플랫폼을 추천받아 실행해 보세요.

- 피드백 시스템을 구축해 직원들과 정기적으로 소통하고, 실질적인 개선을 반영하는 것이 중요합니다. ChatGPT는 직원 피드백을 체계적으로 관리하고 반영할 수 있는 시스템을 제안해 줄 수 있습니다.

89. 직무 분장 및 역할 분담 설계하기

주제의 중요성

직무 분장과 역할 분담은 식당 운영에서 효율성과 서비스 품질을 높이기 위한 핵심 요소입니다. 각 직원의 역할과 책임이 명확히 분장되면 업무가 원활하게 이루어지고, 의사소통 문제나 혼선이 줄어들어 더 나은 고객 서비스를 제공할 수 있습니다. 특히, 잘 설계된 역할 분담은 업무 과부하를 방지하고, 팀 내 책임감을 고취시켜 생산성을 극대화할 수 있습니다.

문제인식

많은 소상공인 식당에서 직무 분장과 역할 분담이 명확하지 않은 경우가 많습니다. 이로 인해 직원들이 자신의 업무 범위를 혼동하거나, 중복된 업무를 처리하는 일이 발생해 비효율성이 증가합니다. 또한, 특정 직원에게 업무가 과중되거나, 반대로 책임이 불분명하여 책임 회피가 발생할 수 있습니다. 이러한 문제는 서비스 품질 저하와 팀 내 갈등을 초래할 수 있으며, 장기적으로는 운영 안정성을 해칠 수 있습니다.

ChatGPT 활용법

ChatGPT는 직무 분장과 역할 분담을 체계적으로 설계할 수 있도록 도와줍니다. 각 직원의 책임과 권한을 명확히 정의하고, 팀 내 업무 흐름을 원활하게 만들기 위한 역할 분담 방안을 제시합니다. 이를 통해 주방, 서빙, 청소 등 세부 업무별로 명확한 직무 지침을 설정하고, 업무 과부하 방지와 효율성 극대화를 도모할 수 있습니다. 또한, 직무 간의 의사소통 체계를 강화하는 방법도 제공하여, 팀 내 협업을 촉진할 수 있습니다.

구체적인 프롬프트 예시: 실질적인 활용 프롬프트 7가지 제시

1. "식당에서 주방, 서빙, 청소 등 각 역할별로 구체적인 직무 분장과 업무 내용을 정리해 줘."
2. "서빙 직원이 효율적으로 업무를 수행할 수 있도록 동선과 작업 분담을 최적화하는 방법을 설계해 줘."
3. "주방에서 주방장, 조리사, 주방 보조 사이의 역할 분담을 명확히 하여, 효율적인 주방 운영 방안을 제안해 줘."
4. "바쁜 시간대와 한가한 시간대에 맞춘 직원들의 역할 분담 방식

을 제안해 줘. 인력이 적은 시간대에 어떻게 업무를 분배해야 할지 알려 줘."

5. "업무 과중을 방지하기 위해 서빙과 주방 간의 의사소통 체계를 강화하는 방법을 설계해 줘."
6. "신입 직원과 경력직 직원 간의 역할 분담을 명확히 하여, 신입이 빠르게 적응할 수 있도록 직무 분장 방안을 제안해 줘."
7. "직무별 책임과 권한을 명확히 하여, 모든 직원이 자신의 업무에 책임감을 가질 수 있도록 하는 방안을 설계해 줘."

기대효과

ChatGPT를 활용해 직무 분장과 역할 분담을 체계적으로 설계한 한 식당은, 직원들의 업무 혼선을 줄이고, 책임 소재를 명확히 하여 팀 간 협업이 원활해졌습니다. 예를 들어, 주방에서는 주방장과 조리사 간의 명확한 역할 분담을 통해 주문 처리 속도가 향상되었고, 서빙 직원들의 업무 동선 최적화로 서비스 속도가 크게 개선되었습니다. 또한, 신입 직원과 경력직 직원 간의 역할을 세분화하여 신입 직원이 빠르게 적응할 수 있도록 도왔고, 업무 과부하를 방지하여 직원 만족도가 증가했습니다.

추가 팁

- 세분화된 직무 분장은 업무 효율성을 높이는 데 매우 중요합니다. ChatGPT에게 각 역할의 세부 업무 항목을 요청해, 모든 직

원이 명확한 업무 지침을 따를 수 있도록 설계해 보세요.

- 동선 관리와 업무 분담 최적화를 통해 서빙과 주방 직원이 더 효율적으로 협업할 수 있습니다. 특히 바쁜 시간대에 적절한 인력을 배치하는 방법을 ChatGPT에게 요청해 보세요.
- 신입 직원이 빠르게 적응할 수 있도록 단계별 역할 분담을 도입하면 좋습니다. 예를 들어, 신입 직원이 처음에는 단순한 업무를 맡고, 경력이 쌓일수록 더 복잡한 업무를 담당하게 하는 방식입니다.
- 정기적인 직무 평가를 통해 직원들의 성과를 평가하고, 필요시 역할 분담을 조정할 수 있는 시스템을 설계해 보세요. ChatGPT는 이에 대한 피드백 시스템도 제안할 수 있습니다.

90. 팀워크 및 협업 촉진 방안 설계하기

주제의 중요성

팀워크와 협업은 식당 운영에서 효율성을 높이고, 서비스 품질을 유지하는 데 중요한 요소입니다. 직원들이 원활하게 소통하고 협력하면 업무 흐름이 자연스럽게 이어져, 고객에게 일관되고 신속한 서비스를 제공할 수 있습니다. 특히, 바쁜 시간대에 팀워크가 잘 이뤄지면 서비스 속도와 업무 효율성이 극대화됩니다. 팀워크가 강한 조직은 생산성 향상과 함께 직원 만족도도 높아지며, 이직률을 줄이는 데도 큰 도움이 됩니다.

문제인식

많은 소상공인 식당에서 팀워크 부족으로 인해 발생하는 문제가 자주 나타납니다. 주방과 서빙 직원 간의 소통 부족, 또는 직원들 간의 책임 회피로 인해 업무가 원활히 진행되지 않고, 서비스 품질 저하로 이어지는 경우가 많습니다. 팀원들 간의 협업 부족은 긴급 상황에서 더 큰 문제로 발전하며, 팀 간의 신뢰 부족은 장기적으로 운영 효율성을 저해할 수 있습니다.

ChatGPT 활용법

ChatGPT는 팀워크와 협업 촉진을 위한 다양한 전략을 제안할 수 있습니다. 직원 간 소통을 강화하는 방법, 협력적인 업무 환경을 조성하기 위한 프로그램, 그리고 팀 빌딩 활동 등을 설계할 수 있습니다. 또한, 의사소통 구조를 개선하여 주방과 서빙 직원 간의 협업을 원활히 하는 방안을 제공하고, 팀 내 신뢰를 구축하는 구체적인 방법도 제안해 줄 수 있습니다.

구체적인 프롬프트 예시: 실질적인 활용 프롬프트 7가지 제시

1. “주방과 서빙 직원 간의 소통을 원활하게 하고 협업을 강화할 수 있는 의사소통 체계를 제안해 줘.”
2. “직원 간 신뢰를 높이고 협력을 촉진하기 위한 팀 빌딩 활동을 설계해 줘.”

3. “팀워크를 강화하기 위한 정기적인 회의나 워크숍 프로그램을 추천해 줘.”
4. “긴급한 상황에서 직원들이 협력하여 문제를 해결할 수 있도록 대응 체계를 구축하는 방법을 알려 줘.”
5. “팀 간 역할 분담을 명확히 하고 서로 협력할 수 있는 업무 분담 방안을 제안해 줘.”
6. “신입 직원과 기존 직원이 원활하게 협력할 수 있도록 돕는 프로그램을 만들어 줘.”
7. “팀 내 갈등을 해결하고 협력적인 분위기를 조성하기 위한 갈등 관리 전략을 제시해 줘.”

기대효과

ChatGPT를 통해 팀워크와 협업 촉진 방안을 도입한 한 식당은, 주방과 서빙 직원 간의 의사소통을 개선하여 주문 처리 속도가 크게 향상되었습니다. 또한, 팀 빌딩 활동과 정기적인 소통 회의를 통해 직원들 간의 신뢰가 쌓이고, 서로 협력하는 분위기가 조성되었습니다. 특히, 긴급한 상황에서도 직원들이 빠르게 협력하여 문제를 해결할 수 있었고, 그 결과 서비스 품질과 운영 효율성이 전반적으로 향상되었습니다. 이러한 변화는 직원 만족도를 높이고, 팀 내 결속력을 강화하는 긍정적인 효과를 가져왔습니다.

추가 팁

- 정기적인 팀 회의는 직원들이 서로의 의견을 공유하고 문제를 해결하는 데 중요한 역할을 합니다. ChatGPT는 회의 주제와 진행 방법을 제안해 줄 수 있습니다.
- 팀 빌딩 활동은 협력을 촉진하는 좋은 방법입니다. ChatGPT에게 간단한 팀워크 게임이나 활동 아이디어를 물어보아 팀 간 신뢰와 협력 관계를 강화할 수 있습니다.
- 의사소통 체계를 개선하면 협업이 원활해집니다. 예를 들어, 주방과 서빙 간의 커뮤니케이션 도구나 효율적인 보고 체계를 설계하는 방법을 ChatGPT에게 요청하세요.
- 긴급 상황 대응 체계도 중요합니다. ChatGPT는 갑작스러운 상황에서 직원들이 신속히 협력할 수 있는 대응 매뉴얼을 설계하는 데 도움을 줄 수 있습니다.

91. 리더십 개발 및 관리자 교육하기

주제의 중요성

리더십 개발과 관리자 교육은 식당 운영의 성공에 중요한 요소입니다. 뛰어난 리더는 직원들이 효율적으로 협업할 수 있도록 이끌고, 서비스 품질을 유지하며, 운영의 안정성을 보장합니다. 특히, 리더십이 좋은 관리자는 직원들에게 동기부여를 제공하고, 문제 해결 능력을 발휘해 위기 상황을 효과적으로 대응합니다. 관리자 교육을 통해 리더십을 강화하면 팀의 성과와 만족도가 함께 높아집니다.

문제인식

많은 소상공인 식당에서 관리자들이 리더십 교육 부족으로 인해 직원들과의 소통 문제나 업무 분담의 비효율성을 겪는 경우가 많습니다. 관리자가 적절한 리더십 기술을 발휘하지 못하면 팀 내 갈등이 발생하거나, 직원들의 동기부여가 부족해 서비스 품질 저하로 이어질 수 있습니다. 또한, 위기 상황에서 관리자들이 효과적인 대응 능력을 갖추지 못하면 운영에 큰 차질이 생길 수 있습니다.

ChatGPT 활용법

ChatGPT는 리더십 개발과 관리자 교육 프로그램을 설계하는 데 도움을 줄 수 있습니다. 관리자가 팀을 효과적으로 이끄는 방법, 갈등 관리 및 위기 대응 능력을 강화하는 방법을 포함한 다양한 리더십 스킬을 제안합니다. 또한, 관리자의 역할과 책임을 명확히 설정하고, 의사결정 과정에서 팀과의 협업을 원활히 할 수 있는 구체적인 방안을 제시해 팀워크와 성과를 높일 수 있습니다.

구체적인 프롬프트 예시: 실질적인 활용 프롬프트 7가지 제시

1. "식당 관리자가 팀을 효과적으로 이끌 수 있는 리더십 교육 프로그램을 설계해 줘."
2. "관리자가 팀 내 갈등을 중재하고 해결할 수 있는 갈등 관리 전략을 알려 줘."
3. "직원들에게 동기부여를 줄 수 있는 효과적인 리더십 기술을 포함한 관리자 교육 자료를 작성해 줘."
4. "위기 상황에서 관리자가 빠르게 문제를 해결할 수 있는 위기 대응 훈련 프로그램을 설계해 줘."
5. "관리자가 신입 직원과 기존 직원 간의 소통을 원활하게 할 수 있도록 돕는 커뮤니케이션 전략을 제안해 줘."
6. "팀워크를 강화하고 팀을 결속시키는 리더십 기술을 개발하기 위한 교육 프로그램을 만들어 줘."
7. "관리자가 의사결정을 효과적으로 내리고 팀의 협력을 이끌어낼 수 있는 의사결정 과정 훈련을 설계해 줘."

기대효과

ChatGPT를 통해 리더십 개발 및 관리자 교육을 받은 한 식당은, 관리자가 팀을 효율적으로 이끌고 직원들 간의 협력을 촉진할 수 있는 리더십 기술을 습득했습니다. 특히, 갈등 관리 전략과 위기 대응 능력을 강화하여, 긴급 상황에서도 침착하게 대응할 수 있었고, 팀 내 갈등을 최소화하며 팀워크를 강화할 수 있었습니다. 그 결과, 관리자의 리더십이 직원 사기와 서비스 품질을 동시에 향상시키는 긍정적인 변화를 가져왔고, 운영 효율성과 매출 증가로 이어졌습니다.

추가 팁

- 리더십 기술을 강화하려면, 관리자가 팀원들의 강점과 약점을 파악하고 이에 맞는 역할 분담을 할 수 있어야 합니다. ChatGPT는 이를 위한 평가 방법과 개인 맞춤형 리더십 전략을 제안할 수 있습니다.
- 갈등 관리는 팀의 성과와 직결되므로, 갈등을 미리 파악하고 해결할 수 있는 프로세스를 구축하는 것이 중요합니다. ChatGPT에게 갈등 관리 시나리오를 요청해 교육에 활용해 보세요.
- 위기 대응 능력은 갑작스러운 문제 발생 시 중요한 리더십 기술입니다. ChatGPT는 긴급 상황에서 관리자가 신속하고 적절하게 대처할 수 있는 훈련 프로그램을 설계할 수 있습니다.
- 정기적인 관리자 평가와 피드백 시스템을 구축하여 관리자가 지속적으로 리더십 역량을 발전시킬 수 있도록 하세요. ChatGPT를 통해 평가 항목과 피드백 방법을 설정할 수 있습니다.

92. 직원 이직률 관리 및 방지 전략 도출하기

주제의 중요성

직원 이직률은 식당 운영의 안정성과 효율성에 큰 영향을 미칩니다. 이직률이 높으면 새로운 직원 교육과 채용 비용이 증가하고, 서비스 일관성과 고객 만족도가 저하될 수 있습니다. 반면, 이직률을 줄이면 팀워크와 경험 축적이 가능해져 더 높은 운영 효율성과 서비스 품질을 유지할 수 있습니다. 따라서 체계적인 이직률 관리와 방지 전략은 성공적인 식당 운영의 필수 요소입니다.

문제인식

많은 소상공인 식당에서 높은 이직률로 인해 지속적인 채용과 신입 직원 교육이 반복되는 경우가 많습니다. 이로 인해 서비스 품질이 떨어지고, 고객 만족도에 부정적인 영향을 미칩니다. 직원들이 일터에서 만족하지 못하거나 충분한 동기부여를 받지 못하면, 이직률이 자연스럽게 높아집니다. 특히, 복지 부족, 불균형한 근무 시간, 성과에 따른 보상 부족 등이 주요한 이직 원인으로 작용할 수 있습니다.

ChatGPT 활용법

ChatGPT는 이직률 관리 및 방지 전략을 설계하는 데 필요한 다양한 방안을 제공합니다. 이직 원인 분석, 직원 복지 프로그램 제안, 근무 환경 개선과 동기부여 시스템 설계 등을 통해 직원들의 만족도를 높이고, 장기적인 근무를 유도하는 구체적인 전략을 제시할 수 있습니다. 직원 인터뷰나 만족도 설문조사를 통해 이직 원인을 파악하고, 그에 맞는 맞춤형 방안을 ChatGPT를 통해 도출할 수 있습니다.

구체적인 프롬프트 예시: 실질적인 활용 프롬프트 7가지 제시

1. "직원 이직률이 높은 원인을 분석하고 이를 줄이기 위한 복지 프로그램을 설계해 줘."
2. "직원들이 장기적으로 근무할 수 있도록 동기부여를 높일 수 있는 보상 및 인센티브 시스템을 제안해 줘."
3. "이직을 방지하기 위해 직원들이 불만을 토로할 수 있는 내부 피드백 시스템을 설계해 줘."
4. "직원들이 일터에서 스트레스를 덜 받도록 근무 환경을 개선할 수 있는 방법을 알려 줘."
5. "근무 시간의 유연성을 높이고, 직원들이 균형 잡힌 워크-라이프 밸런스를 유지할 수 있는 전략을 제안해 줘."
6. "이직을 방지하기 위해 정기적인 면담과 만족도 조사를 통해 개선점을 찾는 시스템을 만들어 줘."
7. "직원 이직률을 장기적으로 관리할 수 있는 구체적인 평가 및 개선 시스템을 설계해 줘."

기대효과

ChatGPT를 활용해 직원 이직률 방지 전략을 도입한 한 식당은, 직원들의 근무 환경과 복지 혜택을 개선하여 이직률을 크게 줄일 수 있었습니다. 예를 들어, 유연 근무 시간제와 직원 건강 관리 프로그램을 도입해 직원 만족도를 높였고, 정기적인 면담을 통해 직원들의 불만을 조기에 해결할 수 있었습니다. 또한, 인센티브 프로그램과 승진 기회 제공을 통해 직원들에게 장기적인 동기부여를 주어 재직 기간을 늘릴 수 있었습니다. 그 결과, 서비스 품질이 향상되고, 팀 내 협력도 강화되었습니다.

추가 팁

- 정기적인 만족도 조사를 통해 직원들이 불만을 느끼는 요소를 사전에 파악하세요. ChatGPT는 만족도 조사 문항을 설계하고 분석할 수 있습니다.
- 직원 피드백 시스템을 구축하여 직원들이 자신의 생각을 자유롭게 표현할 수 있도록 하세요. 이는 사전에 이직 원인을 파악하고 해결하는 데 큰 도움이 됩니다.
- 유연한 근무 시간제나 교대 근무는 직원들의 워크-라이프 밸런스를 유지하는 데 중요합니다. ChatGPT는 이러한 시스템을 설계하고 적용할 수 있는 방법을 제안할 수 있습니다.
- 개인 맞춤형 인센티브를 도입하여 직원 개개인의 성과와 기여를 인정하는 것이 중요합니다. ChatGPT에게 성과와 기여에 따른 보상 구조를 설정하는 방법을 요청해 보세요.

93. 고객 서비스 교육 및 평가 시스템 설계하기

주제의 중요성

고객 서비스 교육은 식당의 서비스 품질을 높이고 고객 만족도를 유지하는 데 필수적입니다. 잘 교육된 직원은 고객에게 일관된 서비스를 제공할 수 있으며, 고객 경험이 긍정적으로 유지되면 재방문율과 입소문이 자연스럽게 증가합니다. 또한, 평가 시스템을 도입해 직원의 서비스 능력을 지속적으로 모니터링하고 개선하면, 서비스 품질을 꾸준히 유지하거나 향상시킬 수 있습니다.

문제인식

많은 소상공인 식당에서 체계적인 고객 서비스 교육이 부족해 직원들 간 서비스 차이가 발생하거나, 일관되지 않은 서비스로 고객 불만이 발생하는 경우가 많습니다. 또한, 서비스 수준을 평가할 수 있는 체계가 없다면 서비스 개선이 어렵고, 장기적으로 서비스 품질이 저하될 위험이 있습니다. 평가와 피드백이 없이 단순히 업무를 반복하는 경우, 서비스 품질 유지에 한계가 생길 수 있습니다.

ChatGPT 활용법

ChatGPT는 고객 서비스 교육 프로그램과 평가 시스템을 설계하는 데 도움을 줄 수 있습니다. 고객 응대 방법, 상황별 대응 전략, 서비스 표준 절차 등을 포함한 교육 과정을 제안받아 체계적인 교육을 진행할 수 있습니다. 또한, 평가 기준과 서비스 피드백 방법을 설정해 직원들의 성과를 주기적으로 평가하고 개선점을 도출하는 평가 시스템을 설계할 수 있습니다.

구체적인 프롬프트 예시: 실질적인 활용 프롬프트 7가지 제시

1. "직원들이 고객을 응대할 때 따라야 할 표준화된 서비스 절차를 포함한 교육 프로그램을 설계해 줘."
2. "고객 불만 발생 시 상황별로 어떻게 대응해야 하는지에 대한 교육 자료를 만들어 줘."
3. "고객 서비스 평가 기준을 설정하고, 이를 바탕으로 직원들의 서비스 성과를 평가할 수 있는 시스템을 만들어 줘."
4. "신입 직원들이 빠르게 고객 서비스를 익힐 수 있도록 단계별로 구성된 교육 프로그램을 작성해 줘."
5. "정기적으로 직원들의 서비스 수준을 평가하고, 개선이 필요한 부분을 피드백할 수 있는 평가 시스템을 설계해 줘."
6. "고객 설문조사나 피드백을 통해 직원 서비스 수준을 직접 평가받는 시스템을 만들어 줘."
7. "서비스 교육 후 직원들이 실제로 교육 내용을 잘 적용하고 있는지 점검할 수 있는 체크리스트를 설계해 줘."

기대효과

ChatGPT를 활용해 고객 서비스 교육 및 평가 시스템을 도입한 한 식당은, 체계적인 서비스 교육을 통해 신입 직원들도 빠르게 서비스 표준 절차를 익히고 실천할 수 있었습니다. 또한, 상황별 대응 교육을 통해 고객 불만 처리 과정에서 발생하는 문제를 최소화할 수 있었으며, 정기적인 평가와 피드백 시스템을 통해 직원들이 지속적으로 서비스 개선을 실천했습니다. 그 결과, 서비스 품질이 일관되게 유지되었고, 고객 만족도와 재방문율이 증가하는 긍정적인 효과를 얻었습니다.

추가 팁

- 고객 응대 매뉴얼을 작성해 직원들이 동일한 기준에 따라 고객을 응대할 수 있도록 해야 합니다. ChatGPT는 이를 위한 표준화된 절차를 구체적으로 설계해 줄 수 있습니다.
- 정기적인 서비스 평가를 통해 서비스 수준을 모니터링하세요. ChatGPT를 통해 평가 기준을 설정하고, 서비스 평가 후 피드백 방법을 계획할 수 있습니다.
- 서비스 교육 후 체크리스트를 만들어, 직원들이 교육 내용을 현장에서 잘 실천하고 있는지 확인할 수 있습니다. ChatGPT에게 체크리스트를 요청해 교육 효과를 점검하세요.
- 고객 피드백 시스템을 도입해 고객이 직접 직원의 서비스를 평가할 수 있도록 하세요. ChatGPT는 고객 설문지나 피드백 양식을 설계하여, 이를 통해 직원 서비스 개선에 반영할 수 있습니다.

저/ 자/ 소/ 개

김영갑

- 현, KYG푸드서비스그룹 교수
- 현, KYG상권분석연구원 교수
- 전, 한양사이버대학교 호텔외식경영학과 교수
- 전, 한양사이버대학교 대학원 외식프랜차이즈MBA 교수
- 건국대학교 부동산 대학원 '빅데이터를 활용한 상권분석 3.0' 출강
- 국내 주요 상권분석시스템 개발 및 공공기관 상권분석 관련 프로젝트 자문
- 한양사이버대학교 평생교육원 '상권분석 전문가 과정' 지도교수
- KYG외식경영연구원㈜ '온라인마케팅 전문가 과정' 지도교수
- 사단법인 일자리창출진흥원 원장
- 소상공인시장진흥공단 2016년 가상창업체험서비스 시범사업 자문교수
- 소상공인시장진흥공단 2017년 상권정보시스템 컨설팅 부문 시범사업 자문교수
- 상권육성전문가 자격시험 상권분석 부문 출제위원

저서 및 논문

- 『상권분석론』, 『외식창업론』, 『외식메뉴관리론』, 『외식마케팅』, 『미스터리 쇼핑』, 『호텔마케팅』, 『관광정보론』 외 다수
- 외식소비자의 MSG 허용범위와 사용량인식이 구매의도에 미치는 영향, 레스토랑에서 소비자가 지각하는 가격인지차원의 타당성 검증, Q방법론에 의한 패밀리레스토랑 소비자의 세분화 외 다수

- **유튜브 채널** : 김영갑교수TV (@webkim777)
- **네이버 블로그** : blog.naver.com/webkim
- **강의요청** : webkim@naver.com

소상공인의 식당 경영을 위한
ChatGPT 활용법

1판발행 2024년 11월 25일 **1판 1쇄**

지은이 김영갑
펴낸이 최용구
펴낸곳 도서출판 **이프레스**
주소 (04316) 서울시 용산구 원효로 89길 19 (원효로1가)
전화 02) 537-1720(영업부), 537-1721(편집부), 537-1711(팩스)
이메일 epress01@naver.com | **홈페이지** www.epress1.com
등록 2009년 12월 10일 제16-2710호
기획마케팅 최용구 장만동 송대용 최충구 | **책임편집** 석기은 황가연 | **표지** SDY

ISBN 979-11-91348-78-1 13320
정가 23,000원